共同体なき死

いずれ死にゆく生者たちへ

Death Without Community

真鍋 厚 著
Atsushi Manabe

彩流社

プロローグ　死に取り憑かれて

生への礼賛が、もし本当に深遠で完全なものであるならば、それは死への礼賛でもある。両者を分けることはできない。

オクタビオ・パス『孤独の迷宮　メキシコの文化と歴史』（高山智博・熊谷明子訳、法政大学出版局）

誰にでも強烈な原体験というものがあると思う。

わたしにとってそれは視界いっぱいに広がる「泥の海」だった。

荒れ狂う波濤《はとう》のような激しい泥水のうねりが彼方まで続き、上空には重々しい黒雲が垂れ込めていた。そこに呑《の》み込まれてしまったらひとたまりもないような破壊的なエネルギーと混沌《こんとん》が支配する世界。ドーム型のスクリーンに投影された映像に過ぎなかったが、それが神が人間を創造する前の原初の光景であることを知らされると、幼心《おさなごころ》ながらに畏怖《いふ》したことをよく覚えている。そのような説明をナレーションで聞かされたのか、両親から聞かされたのかまでは記憶にはない。

もう一つ浮かび上がるのは、〝透明人間〟のために毎晩敷かれる「布団」だった。

大規模な木造の神殿の中にその特別な空間が設《しつら》えられていた。そこでは生物学的にはすでに亡くなっている「ある人物」に対して、専属のお付きが三度の食事から風呂、寝床の用意に至るまで日々の身の回りの世話を行なっていた。実際に「ある人物」が食事をしたり、風呂に入ったりする姿が目撃されたことはない。しかし、それが当たり前のこととして受け入れられていた。かつて真夏の夜に同年輩の子どもたちとともに神殿を参拝したときに見たその「布団」には、もちろん誰も寝てはいなかったが、何かが臨在しているように感じられたのもまた事実であった。公式のアナウンスによれば、「ある人物」は、「お姿をお隠しになっているだけで、その魂は今も存命で、人類の救済にお働きくださっている」ということであった。わたしもそこに参集する多くの人々と同様にこのような世界観を自明のものとするようになった。


ここでお気づきの方もおられるだろうが、わたしは奈良県天理市で生まれ育った。

代々天理教の家系で、両親も天理教の信者だった。「泥の海」は、「この世の元初《もとはじ》まりは泥海《どろうみ》であった」とする天理教の創世神話「元初まりの話」(「泥海古記《こうき》」とも呼ばれる)のことで、「ある人物」とは、教祖の中山みきのことだ。天理教では、人の死は「出直し」と呼ばれ、親神様からの「かりもの」である身体を返し、また新たに身体を借りて戻って来るという「生まれ替わり」があるとされる。これがわたしにとって死生観との最初の出会いになった。人が死ねば、身体は失われるが、魂が新しい身体に宿るという再生のイメージが植え付けられた。

だが、ほどなくそのイメージは崩壊する。小学校二、三年生の頃に「自分もいずれは死ぬ」という恐怖に襲われ、半狂乱になって泣きわめいた。直接のきっかけになったのは宇宙にも終焉《しゅうえん》があることを知ったことだった。宵闇《よいやみ》が迫る中、実家の二階に駆け上がって神棚の前に端座《たんざ》し、涙ながらに奇跡を祈ったことも一度や二度ではなかった。だが、そんな錯乱《さくらん》状態の自分をもう一人の自分が見下ろしていることに気づき始めてもいた。妙に醒《さ》めた自分がそこにいたのである。神の力が偏在し、魂の永続性が保証された世界観がガラガラと音を立てて崩れていった。その一方で、それに代わる世界観をゼロから構築することを余儀なくされた。そのトラウマは、後々までわたしの精神形成に大きな影響を及ぼすことになった。まだ宗教二世という言葉もなかった時代の話である。家庭において独立した個人とは認識されず、宗教儀礼を強いられるといった問題は、今振り返ってみると二次的なものでしかなかった。

以後、わたしは死について考えない日はないほど死に取り憑かれるようになった。

◉掘り起こされた遺体の骨を洗う

上京して間もなくのこと。乗り換えのために降りたJR新宿駅のプラットホームに人だかりができていた。白いワイシャツをはだけた上半身裸の中年男性が見え、その胸部には二本の手が添えられていた。心臓マッサージの真っ最中であった。だが、若い男性の努力の甲斐《かい》もなく、中年男性の顔はみるみる青ざめていく。ＡＥＤ（自動体外式除細動器）が到着し、周囲の人々が手分けして準備を整えた。「心電図を調べています。患者に触れないでください」という音声が流れ、電気ショックが何度も試みられた。しかし、全身は弛緩《しかん》したままで脈拍が戻る気配がなかった。不思議な巡り合わせではあるが、その後もほとんど同じ場面に繰り返し遭遇することになった。あたかも人の死に立ち会うことがわたしの宿命であるかのように。

本書の構想は二〇一七年に遡る。その前後からさまざまな死の現場に足を運んだ。最初は孤独死の現場だった。特殊清掃業者の方にお声掛け頂き、死後数週間経過した遺体が残した爪痕を目にすることになった。腐敗した皮膚や筋肉、脂肪、体液などが溶解してできたコールタール状の〝人だまり〟と、それらを目当てに押し寄せる蠅《はえ》や蛆《うじ》などの大量に発生した虫たちの饗宴は、コミュニティの衰退が決定的になった時代の死の形を如実《にょじつ》に物語っていた。

とりわけ貴重な経験となったのは、粉骨サービスとエンバーミング（遺体衛生保全）だった。粉骨は、散骨や自宅安置などを行なう場合に、サイズを小さくしなければならないため、遺骨（焼骨）をすり鉢や機械を使ってパウダー状にすることをいう。興味深かったのは、墓じまいや改葬に伴う遺骨の洗骨も請け負っていたことである。ゆうパックで送られてきた遺骨を見せてもらったのだが、土葬された遺体を掘り起こしたものであるため、骨には土や身体の一部と思《おぼ》しきものが付着し、頭骨《とうこつ》には髪の毛もかなり残存していた。愛用品の櫛《くし》が入っていたことが今も強く印象に残っている。エンバーミングは、遺体の消毒と防腐処理を行ない、場合によっては修復する一連の措置《そち》をいう。人生であれほど長い間遺体と過ごしたことはなかったが、それよりも驚かされたことは、遺体のための安置施設やエンバーミングを行なう処置施設が忌避《きひ》され、社会から徹底的に排除されていることであった。

本書は、現代における死の諸相を広範な文献や記事、取材などで得た現場の人々の声や知見などに基づいて解き明かしたものだ。多くの映画やドキュメンタリーも参考にした。

第一章では、死が生の切断として認識されるようになった近代以降とそれ以前の状況について、臨終の際に死者の名前を呼ぶ「招魂《しょうこん》・魂呼《たまよばい》の儀礼」を例に論述した。身近な他者の死など「人生の有限性」に直面する機会の喪失である「経験の隔離」や、死につながる数多《あまた》の要因を回避すれば死を予防できるとする「致死の脱構築」などの現代的な状況を概観し、死に対する不慣れや死生観の空洞化がもたらす危機の側面を浮き彫りにしている。

第二章は、「無縁社会」をキーワードに、社会において「誰にも弔われない死」をどのように取り扱っていくべきかを、「ご先祖」概念の再検討、新しい共同墓地のあり方、「デスラボ（死の研究所）」による都市構想、「埋葬の脱商品化」といった観点から検討した。葬送の自己責任化に対抗するための「死の社会化」を提起した形だ。

第三章では、日本における死体の位置付けにフォーカスした。一九六〇年代中頃まで遺体の野焼きが行なわれていた地域があり、そこでは変貌する遺体を長時間見続けることによって、「人の死」を受け入れ「自らも慰められる方法を見出していた」文化があった。そのようなエピソードを切り口に、生きている人間が「ご遺体」という別物になる感覚や、脳死体という新しい死体と「最後のオアシス」と化す身体、汎《はん》循環主義とでもいうべき生命観について論評している。

第四章は、死後の世界や臨死体験といった来世を想定するわたしたちの思考の根源を追った。自然現象などの背後に「何者かの意志」が介在していると考え、死後も「心のアナロジー」が適用する振る舞いを進化心理学の視点から分析した。臨死体験における「体外離脱」のメカニズムや、自らのアバターやクローンによる「デジタル来世」の現実味、理想的な臨終のモデルと心理的ケアの重要性などについて検討している。

第五章は、人々が文化的世界観と自尊心という二つの緩衝《かんしょう》材によって、死の恐怖から自分自身を守っているとする「恐怖管理理論」について、コロナ禍《か》で世界中で巻き起こったヘイトクラム（憎悪犯罪）や、日本で拡大した「感染者叩き」「不謹慎狩り」「自粛警察」などの差別行為を例に解説した。人は具体的でコントロールできるものを必要とすることや、文化的世界観への没入がかえって健康を損ない、最悪の場合、身体を遺棄しかねない暗部に関しても言及している。

第六章は、自殺が照らし出す生の不条理について掘り下げた。自殺という概念がわたしたちを不自由にしている現実とともに、「自分の死をコントロールしたい」欲求の背後にある幻想の正体を明らかにしている。その上で、安楽死、自殺幇助《ほうじょ》、自殺、持続的深い鎮静には、それぞれ期待外れが付きまとうこと、自殺という出口を示唆することによって「意味を超えた地平」が切り拓かれる可能性を論じた。

第七章では、ゾンビという映画・ドラマでお馴染みのジャンルを用い、「食べる」「食べられる」といったカニバリズム的な社会のカテゴリー志向について述べた。市場において価値がある存在かどうか、「役に立たない人間」か否かという有用性を内面化し、自他を絶えず品定めせずにはいられない強迫的な心性が、臓器移植や死の自己決定に多大な影響を与えていることを指摘している。

第八章は、永遠に生きるという人類の見果てぬ夢から死の現在地を俯瞰《ふかん》した。「生の質」が死に時《どき》の判断を左右するが、その中身は非常に多様で、それぞれの社会の価値観とも無縁ではないことを提示する。臨終のリアリティを喪失したことによる「死をめぐる誤解」や、意思表示しないことの弊害《へいがい》、治療手段の高度化・多様化が死の準備期間を浪費する可能性、さらには事前指示書の問題点にわたしたちの人間観が凝縮されていることに触れている。

◉自分が死者になったかのような奇妙な感覚

わたしは死の現場に赴《おもむ》くと、必ずと言っていいほど変性意識状態になった。

粉骨ラボで、骨壺から取り出された焼骨を見せてもらったときのことだった。いくつかは骨の形態を保っていたが、その多くは崩れて細かくなり、セラミックの破片のように散らばっていた。全体的には白いが、うっすらと緑色や赤茶色に染まった骨もあった。わたしは焼骨のトレーの横にかれた遺品の眼鏡を一瞥《いちべつ》して、離人《りじん》症のような感覚に見舞われたのだった。おそらく眼鏡という自分と共通するモノに魅入られるようにして、自分がまるでその遺骨の主であるかのような奇妙な錯覚が生じたのだ。死後、幽体となった自分が自分の亡骸《なきがら》をぼんやりと見つめている、とでもいったような現実離れした心地である。それは、自分もいずれ死者になるという意味において、未来の自分の姿であることに疑いの余地はないのだが、その光景を自分の目で見ることは原理的に不可能である。そのため、なおさらありそうもない体験として実感されるのだ。所狭しと並べられた数百体もの遺骨と向き合っていると、自分の肉体が驚くほど軽くなっていくのが分かった。同様の現象はエンバーミングの際にも起こった。自分とは似ても似つかない高齢者の遺体が、頭では赤の他人であることは理解できてはいるものの、いつの間にか自分の身体と同一化してしまい、自分はもうこの世にいないのではないかと訝《いぶか》しむ境地になっているのだ。

本書は、その曰《いわ》く言い難い感覚をくみ取れるよう意図して執筆したようなところがある。なぜなら、死は通常とは異なる意識で考えた方が理に適《かな》っているからだ。科学ジャーナリストのニコラス・ウェイドによれば、わたしたちの先祖たちは、儀礼の舞踏などによってトランス状態に入ることで、神と交信し、死者と再会していたという（『宗教を生みだす本能　進化論からみたヒトと信仰』依田卓巳訳、NTT出版）。そんな現代からあまりに隔絶した特殊な状況に思われる事柄であっても、わずかな変性意識を手掛かりに類推できるかもしれない。作家の青木新門《しんもん》が納棺夫として凄惨《せいさん》な遺体を受け持った際に、「蛆も生命なのだ。そう思うと蛆たちが光って見えた」ことや、解剖学者の養老孟司が遺体と慣れ親しむうちに「『これはオレだ』という感覚になってくるんです」と語った体験には、通常とは別の意識がせり上がってきたことによって、社会で自明視されていた境界を越えたことが見て取れる。これを「変わっている」と言ってしまえばそれまでだが、本質的に「変わっている」のは、実はわたしたちの生のあり方のほうなのだ。そもそも何が「変」なのか、「変」だと思うのはなぜなのか。そして、常識とされる考え方は本当に「変」ではないのか。

本書を通じて少しでも違ったものの見方で世界を眺めて頂ければ幸いである。

目次　共同体なき死——いずれ死にゆく生者たちへ

第二章　ポスト無葬時代の不安な「わたし」……57
――来たるべき弔いをめぐって

第一章　なぜ死はバッドニュースなのか

死が発生すると、それは事故、無能力または不手際のしるし、忘れ去るべき刻印とみなされる。

フィリップ・アリエス『死を前にした人間』（成瀬駒男訳、みすず書房）

われわれのところでの死とは、誰かがこの世からずらかることである。彼はもう交換すべきなにものももたない。彼は死ぬまえからすでに残りかすなのである。彼は、蓄積的生の終わりになって、全体から差しひかれる。つまり経済的取引である。彼は肖像画をつくってもらえず、せいぜいのところ生者にとってのアリバイ、生者の死者にたいする明白な優越性のためのアリバイとして役立つだけである。それは平板で一次元的な死であり、生物学的な経めぐりの終わり、債権の清算である。中身を空にされたタイヤのように「死ぬ」。何という陳腐さだ！

ジャン・ボードリヤール『象徴交換と死』（今村仁司・塚原史訳、ちくま学芸文庫）

◉「意味ある生」が「無意味な断片」に

高校の修学旅行で米国からフランスに行くため、飛行機に搭乗したアレックス・ブラウニングは、離陸後に飛行機が爆発・炎上するヴィジョンを目撃し、「この飛行機は爆発する！」と叫び出したために、止めに入った友人や引率の教師ともども飛行機を降ろされた。

だが数分後、その予感は現実のものとなった。

離陸して間もなく機体が炎に包まれ、打ち上げ花火のように夜空に散ったからだった。当然、FBIは、大惨事を予言したアレックス青年を疑ったが、国家運輸安全委員会（NTSB）による調査の結果を待つまでもなく、単なる偶然の一致であること以上の答えは得られなかった（のちほど油圧ポンプの故障による燃料漏《も》れが原因であることが分かる）。

しかし、本当の悪夢の始まりはこれからだった。

アレックス青年が引き起こした騒動のせいで、図らずも生き残った友人や引率の教師が、次々と謎の死を遂げる異常事態が発生したのである。ある者は風呂場で洗濯物の紐《ひも》で首を吊った状態で亡くなり、ある者はバスに轢《ひ》かれて即死し、ある者は爆発したパソコンのモニターの破片が首に刺さり、その炎がアルコールに引火してガス台が吹っ飛ぶなどの不運に見舞われ、救助の甲斐もなく焼け死んだ。

アレックス青年は、これを「死神の仕業《しわざ》」と考えた。

もともと「死神の筋書き」では、墜落事故により全員が死ぬはずであったが、アレックス青年の突発的な予知能力の顕現という機転によって、彼自身を含む七人の乗客が「それを変えてしまった」と。つまり、どちらにしても「死神」は帳尻を合わせるために、「計画は必ず実行される」のではないかと。「明日にも誰か死ぬかもしれない」「免れる方法は1つ。死神を出し抜くことだ」――。

これは、世界中でヒットしたホラー映画『ファイナル・デスティネーション』（二〇〇〇年、米国、監督：ジェームズ・ウォン）のおおまかな粗筋である。

同作はその後シリーズ化され、現在まで五作リリースされている。シリーズ全体を貫くモチーフは、先の「死神の筋書き」の人為的な書き換え（予知夢による気づき）によって、死の呪いに翻弄《ほんろう》されてしまうサバイバーたちの末路だ。彼らは実に手の込んだ、魔術的ともいえる因果関係に導かれ、凄惨極まりない最期を迎える。飲食店の窓を突き破ってきたトラックの下敷きになったり、仕事先のホームセンターで転倒して誤作動した釘打機に頭を打ち抜かれたり、クレーン作業者のミスで巨大なガラス板が落下して押し潰《つぶ》されたり、芝刈り機に弾き飛ばされた石が眼孔を貫通したり等々……まさに事故死のオンパレードといった趣《おもむ》きである。しかも、これらのシーンで描かれる人体の破壊や死体のディテールは、本物と見紛うようなハイパーリアルな視覚効果を追求したものとなっている。*1

この一連のシリーズの見所ともいうべき死の有り様は、いわば現代人が死に対して抱いている不安の見事なカリカチュアライズ（戯画化）といっていい。

要するに、ここで観客と作り手の間に共有されている死の真意とは、生きている人間が何らかの不運によって、ある瞬間を境に死体になることであり、「意味のある生」が突如として「無意味な断片」と化すことなのである。それは単純な話、ついさっきまで「ごく普通の人間」であったはずのものが、血糊《ちのり》と肉片でできた「不気味なオブジェ」と成り果てることである。そこでは、もはや死の向こう側などというスピリチュアルで超自然的な世界を想像する余地はなく、あの世も天国もまるで実感の伴わないフィクションとしての役割しか与えられない。そして、現代人の多くが心底確信はしているものの、恐ろしくて口にするのがためらわれる問い掛け——「死んだ人間は単なる抜け殻であって、死後の世界は存在しないのではないか？」[*2]——だけがますます妖しく光り輝いている。

このような感受性がわたしたちの社会で支配的になりつつある背景には、主に次の二つの点が大きく作用していることを挙げることができるだろう。

・看取りから葬送に至る「生から死への移行を意味付ける」文化・慣習の衰退に伴い、儀礼による区分を重視する「社会的な死」よりも、医療と法律を重視する「生物学的な死」が全面に露出するようになった

・家族をはじめとする共同体における関係性の希薄化が進み、「親しき者の死」である「二人称の死」だけでなく、親族や共同体のメンバーの死に遭遇する機会がほとんどなくなった

現在わたしたちが「死の瞬間」の典型としてイメージしがちなのは、心電図、血圧、心拍数などのバイタルサイン（生命徴候《ちょうこう》）の停止だ。瀕死《ひんし》の状態にある患者につながれた「生体情報モニタ」の波形が〝フラットライン〟（平坦な基線）になるときが、生と死の境界を踏み越える決定的な事態として認識している。しかしながら、心停止から末端組織の細胞死のレベルにまで分けることができる「生物学的な死」は、かつては「社会的な死」のプロセスに含まれるひとつの状態に過ぎず、取り立てて注目されるような出来事とはみなされてはいなかった。

医療史学者である新村《しんむら》拓は、幕末や明治期における日本人の「生から死の移行」に対する考え方について、三日から一週間の「死の猶予《ゆうよ》期間」のようなものが設けられていたことや、臨終に際して死者の名前を呼ぶ「招魂・魂呼の儀礼」が行なわれていたことを挙げ、「民俗的には死はかなり時間をかけて捉えられるものとなっていた」（『在宅死の時代　近代日本のターミナルケア』法政大学出版局、一二〇頁）と述べている。

「招魂・魂呼」とは、身体から抜け出した霊魂を呼び戻して、死者を蘇らせようとする習俗のことで、明治時代頃まで日本で広く行なわれていた。臨終や死の直後に、身内の男性などが家の屋根や木に登って、大声で死者の名前を呼んだりするという。財団法人民俗学研究所所員として、全国各地の民俗調査に従事していた井之口章次によると、「枕もとで呼ぶもの、屋根など高いところへ上って呼ぶもの、呼ぶ人の位置に関係なく、山・海・井戸の底などに向って呼ぶもの」の三つに分類でき、親近者が行なう場合と近隣組合の人々が行なう場合に大別できるという（『日本の葬式』ちくま学芸文庫、二九〜三八頁)。今ではちょっと想像がつかない行為だが、当時は、他界に向かっていこうとする死者の霊を、呪法によって呼び止められると考えられていた。生と死の境界に「霊が戻ることによる蘇生《そせい》の可能性」という濃密なグラデーションがあったのである。

新村は、それが社会的にも公認されていたと述べる。

前近代までの社会、あるいは近代においても意識のうえで生と死の境を、いわゆる三徴候「死の三徴候である心拍停止・呼吸停止・瞳孔《どうこう》散大(対光反射消失)のこと」というような限局化したポイントで見分けるのではなく、肉体の崩壊によって蘇生の可能性がまったく失われるまでの期間とみており、長い時間の経過の中で社会的にも公認されるかたちで死の確定がはかられていたのである。それが大きく変化したのは近代以降、しばらく経ってからであった。

◉わたしたちの死の見方と「生物学的な死」は関係ない

このような呪術的な習俗は、現代人の感覚からすれば、非科学的な光景に映ることだろう。

しかし、人類学者のナイジェル・バーリーがいみじくも指摘しているように、「生物学的な死のとらえ方は、私たちの文化の中で長い時間をかけて培《つちか》われてきた死の見方とはほとんど関係ない」(『死のコスモロジー』柴田裕之訳、凱風社、六六頁)。つまり、人類史というスパンでみると、わたしたちがリアリティを感じている「三徴候」に代表される「医療＝法律が決定する死」が、あたかも「真正の死」として振る舞っているのは最近の流行なのである。遺体の埋葬後に一定の期間を置いてから掘り出し、遺骨を洗浄する「洗骨」に顕著な「二重葬儀」や、死者となった祖先が生者の生活に継続的に影響を与えることを前提とする「先祖祭祀《さいし》」に象徴される「社会的な死」の方が、長らく「わたしたちの死」のスタンダードだったのであり、それこそほんの一世紀前までは「真正の死」として不動の地位を得ていたのだ。要するに、それは「ライフステージの終わり」などではなく、「次なるライフステージの始まり」というべきものだった。そもそも「三徴候」も、厳密には「生物学的な死」のひとつのポイントに過ぎないものであり、個々の臓器、引いては数十兆あるとされる細胞の死の過程を、「人為的に区切ったもの」でしかない。

このことについて社会学者の澤井敦は、「前近代的な社会では、二重葬儀や先祖祭祀の例をみても、数年、場合によっては数十年という時間をかけて、死者は、生物学的な死を迎えたのちに死者儀礼の諸段階を経て、徐々に生者の共同体から離脱していった。そのあいだ死者は、生物学的には死んでいても霊魂としては存在しており、近隣や山河にあって生者に社会的にはたらきかけをおこなう存在、つまりは社会的には生きている存在と考えられていた」と説明している。「したがって、前近代的な社会で社会的死は生物学的死に後続するといえるとしても、それは生物学的死の生起の後のどこか一時点で社会的死が生起していたというよりは、むしろ生物学的死の後に社会的死へといたる比較的長期間にわたるプロセスが存在していたということを意味している」（『死と死別の社会学　社会理論からの接近』青弓社、一三九〜四〇頁、傍点引用者）。

ここでいう「死者」は、厳密には人々の心の内にあって、何かしら影響を与える（亡くなった親などの）「死者」のことではない。このような心理学的な意味での「死者」は今も現に存在しているし、わたしたちにはこちらの方が馴染みが深いだろう。ここで問われているのは、前述の「招魂・魂呼の儀礼」のエピソードに見られるように、何の疑いもなく社会的な存在としてコミュニケーションが可能とされていた「死者」のことである。

現在、わたしたちが一般的に死と呼んでいる事態は、分かりやすくいえば「生きている人間」が「死体になること」だ。

「生きている人間」が何らかのトラブルに見舞われて、ある時点から「死体」というカテゴリーに分別されるようになる。「遺体」「亡骸」「遺骸《いがい》」「屍《しかばね》」など言い方を変えたとしてもそれは同じことだ。「死体」は、「生物としての人間」の最終地点であって、それ以上でもそれ以下でもない。曹洞宗の僧侶で、数多くの仏教書を著している南直哉は、幼少期に祖父の遺体を目の当《ま》たりにした衝撃を、「私と祖父の間には見えない仕切りがあり、向こう側はまったく無意味になった世界」(『語る禅僧』ちくま文庫、三二頁)と評したが、わたしたちが認識している「死体」像を見事にいい尽くした表現だ。そこには、澤井のいう「生者に社会的にはたらきかけをおこなう存在」「社会的には生きている存在」としての「死者」の気配はほぼ皆無といっていい。

「死者」とは、要するに「生きている人間」が「社会的な死」を経て新しく得る「社会的な身分」のことだ。

歴史学者の佐藤弘夫によると、縄文時代のある時期から「生者の共同体」と「死者の共同体」が峻《しゅん》別《べつ》されるようになったという(『死者のゆくえ』岩田書院)。「死者の共同体」はのちに述べるように、日本では「神仏の世界」としてイメージされるものだ。以後、コミュニティのメンバーは死んだ直後から「生者の共同体」を少しずつ離脱して、「死者の共同体」に加入する過程を辿ることとなる。「前近代的な社会」では普通、「生きている人間」が「生物学的な死」を迎えても、「社会的な死」が確定されるまでは、「完全には死んではいない」とされる。つまり「まだ正式には死者にはなっていない」という位置付けなのだ。「招魂・魂呼の儀礼」における呪法による蘇生可能性が示すように、いわばどっちつかずの「中間的」な状態である。あくまで「生きている人間」と「死者」が重なり合った境界的なもの――「生者という社会的な身分を終えつつあるが、死者という新しい身分は始まっていない」と解される――として現われる。これに関しては、未開社会の誕生と死に関して文化人類学者のレヴィ・ブリュルが言及していたことが参考になるだろう。共同体のメンバーは、死んだ直後はすぐに死者として扱われることはなく、「何も未だ決定していない」状態にあるとされる。同様に生まれた直後の子どもも生者として扱われることはない。「いわば誕生は、死と同じく、順次的な階梯を経て完成される」(『未開社会の思惟』山田吉彦訳、岩波文庫、一四五頁)のである。

そして、さらに、ここが最も肝心なところなのだが、「死者の共同体」への加入を完了した「死者」は、「生きている人間」と同等かそれ以上の社会的な存在として遇されていたことである。なぜなら「生者の共同体」が「死者の共同体」に支えられて初めて成立するものと考えられていたためだ。ここで非常に重要なキーワードとなるのは文化人類学における「交換」という概念である。

「前近代的な社会」に特徴的な傾向であるが、誕生と死は、「霊魂《れいこん》」「精霊《せいれい》」の世界との関わりで理解されていた。子どもは母親の子宮に「霊魂」が入り込むことでもたらされる。死は、端的にその「霊魂」が身体から抜け出てして戻らなくなった状態を意味する。文化人類学者のマルセル・モースは、これらの背後にある強固なメカニズムを的確に言語化している。『贈与論』の中でモースは、多数の民族誌学資料の読み解きを進めながら、「贈与」が「与える義務」「受け取る義務」「返礼の義務」の三つの義務から構成されることを明らかにした。だが、それ以上に本質的なことは、この贈与のシステムが働いている領域が「死者の共同体」を当然のように含んでいたことだ。現代において、「社会」といえば「生者の共同体」のことしか意味しないが、元来は「死者の共同体」の対称性で捉えられるものであったのである。

　人々が契約を結ばなければならない存在、また人々と契約を結ぶためにある存在の最初のものは、死者の霊と神々であった。したがって、それらは地上の物や財貨の真の所有者であった。つまり死者の霊や神々と交換することが最も必要であり、交換しないことは極めて危険であった。しかしながら、それらと交換することは最も容易で最も安全であった。（『贈与論』吉田禎吾・江川純一訳、ちくま学芸文庫、四二頁、傍点引用者）

つまり、「死者の霊と神々」と（生きている）「人々」との関係は、原初的であると同時に必然のものだった。

そのため、誕生と死の場面ではとりわけ「通過儀礼」が重視されるのだ。

地上のすべてのものが「霊魂」「精霊」の世界からもたらされるがゆえに、「与えられたものは受け取らなければならず、与えられたものは元の場所に返さなければならない」――これが「生きている人間」たちが自らの社会のメンバーの死に臨《のぞ》んだ際に、然《しか》るべき手順によって「死者の共同体」

に送り込むことを義務付ける最古の起源なのである。

◉「死体」を「壊れた機械」とみなす感性

哲学者、思想家のジャン・ボードリヤールは、モース以降の文化人類学的な展開を踏まえ、「加入儀礼が遠ざけるのは誕生と死の引き裂き」であると強調した（『象徴交換と死』三一八頁）。「死に生が返されること、それが象徴的なものの働きである」（三一四頁）と。それによって、わたしたちのコントロールが及ばない領域からやって来る誕生も死も「社会関係」の枠内で処理することができるのだ。

この構図について、解剖学者の養老孟司と医学者の齋藤磐根《いわね》は、分かりやすい説明を行なっている。

> 死者も交換される。どこの誰と交換されるのだろうか。それは彼岸の彼方とか、あの世とか、呼び方はいろいろあるが、この世から見た「あちら側」のまだ見ぬ世界の、そしてまだ見ぬ「存在」と交換することになる。
>
> その理由は、死んだヒトの代わりに、新しいヒトを得るためである。つまり死者を「あちら側」の世界に送り出すことで、新しい生命、すなわち赤ん坊を「あちら側」から送ってもらうのである。彼岸の彼方と、ヒトを交換することになるわけである。
>
> 死んでしまえば、単なる骨と蛋白と、脂肪の塊にすぎない死体は、交換されることで、それ

自体価値をもつことになる。だから大事にする。その価値を後に、「魂」と呼ぶようになる。あちら側の存在に対して、死者を送ったことを伝え、新しい生命を送り返してくれることを求めて、儀礼としての埋葬を行なった。埋葬は、ヒトを交換するために行なうものとして、始まったということになる。

人類は、社会形成における一側面として、埋葬を行なうようになったのである。（『脳と墓Ⅰ　ヒトはなぜ埋葬するのか』弘文堂、一七六頁、傍点引用者）

つまり、ここでは「死者の共同体」に住む「存在」も、広義の社会のメンバーに含まれているのだ。「死は与えられ受けとられてこそ意味をもつ。すなわち交換によって社会化されてこそ意味を持つ」（『象徴交換と死』三九〇頁）というボードリヤールの言は、まさにこのことを指している。だから、あくまで「『社会関係』の枠内」と言っているのである。

カンヌ国際映画祭でパルム・ドールを受賞した映画『楢山節考《ならやまぶしこう》』（一九八三年、監督・脚本：今村昌平）は、「姥捨山《うばすてやま》伝説」に基づく深沢七郎の同名小説（正確には『東北の神武《ずんむ》たち』を含む）を映像化したものだが、一見、過酷な環境ゆえの〝非人間的な行為〟の数々は、明らかに「死者の共同体」との対称性を前提としている。

たとえば、映画が始まって一〇分と経たないうちに、主人公の辰平（緒形拳）の弟である利助（左とん平）が、田んぼに打ち捨てられた赤子の死体（映画では「水子《みずっこ》」と呼ばれる）を発見する。「結婚して子孫を残せるのは長男だけ」という村の掟《おきて》に従って、次男以下の夫婦の子どもを身内が「出産後に殺したこと」、つまり「口減らしのための間引き」を意味している。ただ、これは現代の価値観から導き出される「嬰児《えいじ》殺し」という犯罪の枠組みで実行されてはおらず、「まだ人間になり切っていないもの」を「『あちら側』の世界に返す」という「子返し」の枠組みで実行されているのである。日本研究者のウィリアム・R・ラフルーアは、「子返し」について「水子は死ぬことで聖なる世界に逆戻りすると考えられていたようである。私はこの点に、『カエシ』という広く使われた伝統的な表現が、概念としても実践としても重要な意義をもっていたとみている」と述べ、「しかもそうした動きが可能なのは、人間界への水子の参入はまだあまりに希薄で、不確かで、社会的儀礼によって固定されていないからだった」(『水子《みずご》〈中絶〉をめぐる日本文化の底流』森下直貴・遠藤幸英・清水邦彦・塚原久美訳、四五頁)と結論付けている。

◉「神仏の世界」と「大人の世界」を往来する

明らかなことだが、この全体的な死生観から引き出せるもうひとつの「利点」は、人々がその過程に介入することが容認されるという事実であった。もしも人間になることが、この世での生存を保証する一連の儀式にかなりの程度依存しているとすれば、親や関係者がその過程の進行を妨げることもまた、正当な理由があればはるかに許容されることになる。新生児や胎児がしばしば「カミの子」と呼ばれたことから、その子を聖なる世界に強制的に返すことも道徳的に可能な事柄の範囲内にあるとみなすことを可能にした。

そのような場合、〈カエル〉という言葉は〈カエス〉の意味になる。自動詞が他動詞に変換されたのだ。こうした変換が行なわれたのは、流産や死産や幼児期の死の場合ではなく、むしろ堕胎［「中絶」と同じ意味であるが、特定の歴史的文脈を考慮して「堕胎」と訳すことがある］や間引きの場合であり、そこに人間の意図や働きかけが関与するようにしているのである。（『水子』四九頁）

これとまったく同じ「介入」のロジックによって、「齢七〇を迎えた老人」を「『あちら側』の世界に返す」のが、映画の舞台となる寒村で掟となっている「楢山参り《ならやままいり》」＝「姥捨て」というわけなのである。「楢山参り」の決まりである「山へ入った年寄りは、ひと言も声を発してはならない」が象徴的だ。辰平の背負子《しょいこ》（梯子《はしご》状の運搬具）に乗ったおりん（坂本スミ子）が黙したままなのは、すでに「『あちら側』の世界」に踏み込んでしまっていることを示唆している。まさに「死に生が返される」途上にあるといえる。

日本中世史を専門とする歴史学者の黒田日出男は、日本の中世における老人と子どもの姿とその位置について、「神仏の世界」と「大人の世界」を行き来する循環として【図】を用いて説明している。前者は、「死者の共同体」であり、後者は「生者の共同体」とほぼ同義と考えて良い。

子ども＝「童《わらべ》」は「七歳まではとくに神に近い聖なる存在であり、『人』とは異なる存在とみられていたことである。そして、七歳までの子どもの霊魂は、身体から遊離しやすく、すぐに神の世界に戻ってしまいがちであると考えられていた」。そして、「七歳以前に亡くなった子どもは、葬礼も仏事もなされず、袋に納められて山野に捨てられるのが普通の例であったという」（『境界の中世 象徴の中世』東京大学出版会、二二六頁）。

一方、六一歳以上の老人である「翁《おきな》」は、「『童』と同様に神に近い存在とみられていた」としている。それはもうすぐ他界が近いことが大きく影響していたが、老人やいわゆる〝女子ども〟は、「何よりも成人男子を中心に成立している中世身分制の秩序の周縁にいる存在であった」（二二八頁）。要するに、ここでは「神に近いということは、それだけで死にも近いということである」（二二九頁）。

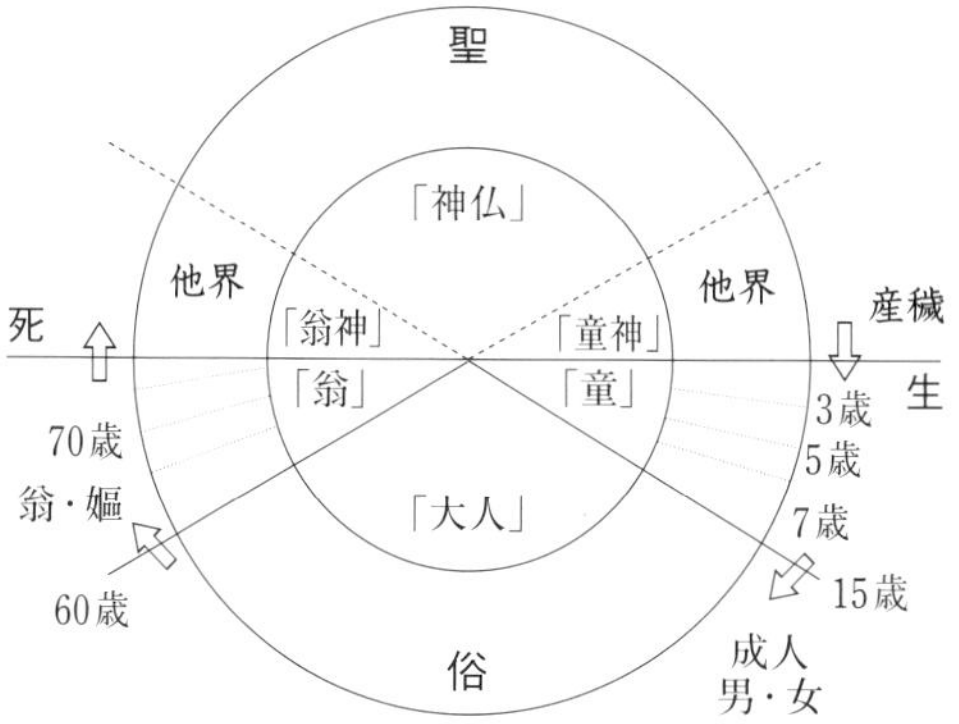

【図】「童」と「翁」の位置（『境界の中世 象徴の中世』228頁）

誕生や死は、現代のわたしたちにとっても大きな謎であり、神秘であることに変わりはない。科学的にその現象を計測したり分析したりすることはできるが、なぜ誕生や死が存在するのかその理由を説明することはできない。それゆえ、わたしたちの先祖に当たる人々は、その不可知のブラックボックスに「霊魂」「精霊」の世界を〝仮構〟することで、二元論的な「引き裂き」を回避する「象徴的な次元」での解決を図ったともいえる。これが黒田のいう「神仏の世界」である。

●「生と死の交換」が存在しない一元的な世界

養老と齋藤は、このメカニズムを「脳内における、死をめぐる帳尻合わせ」とみなす。

> 見たこともない、彼岸の彼方の人（後に「神」にまで成長する）との間で、死者と赤ん坊を交換するという系が、幻想であってもよい。その系が見かけ上、不都合なく交換機能を果たしていると、見えればそれでよい。つまり、統御可能であればよいのである。特に誰も見たこともなく確かめることができないものであれば、収支はどうとでも合わせられる。したがっていつまでも破綻をきたさない。（『脳と墓Ⅰ』一八五頁）

ボードリヤールの言葉を引けば、「ひとは、自然的・偶然的・不可逆的な死から、与えられ、受け取られる死へ、したがって社会的交換のなかで可逆的な、交換によって『解決可能な』死へと移行する。同時に、誕生と死との対立は消えうせる」（『象徴交換と死』三二七頁）……。つまり、真に社会的な存在になるためには必ず「通過儀礼」によって「交換」されなければならず、そのような「交換」によってのみ生と死の連続性は担保されるというわけである。逆のいい方をすれば、万が一それが正しく行なわれなかった場合は、その社会において「身分のない状態」にならざるを得ない。

このような視点から現代社会を見返してみると、「霊魂」「精霊」という媒介《ばいかい》を前提にした「通過儀礼」が失われた世界とは、「象徴的な次元」が表舞台から消え、「生と死が分離」されて、交換先となる「神仏」と、交換されるべき「死者」が雲散霧消《うんさんむしょう》した一元的な世界といえる。

「象徴的な次元」での生と死の交換――つまり、「生者」から「死者」へと社会的な身分が切り替わる――が存在しない、生物学的な事象としてのみ認識され、そのような文脈での理解が主要部分を占める死は、「ヒト」という個体のライフサイクルの消滅としての側面が強まり、使用不能となった「機械のごときもの」として現われやすくなるのだ。「機械はうまく動くか動かないかである。このように生物学的機械は死んでいるか生きているかのどちらかである。象徴的秩序はこのような抽象的ディジタル性を知らない」（『象徴交換と死』三七四頁）。

つまり、死後の生を頭ごなしに否定する一部のラディカルな現代人は、霊魂を実体視する代わりに精神を実体視しているだけなのであり、それゆえ「精神活動の有無」が何にも増して重大な指標として表われるようになるのである。霊魂には次なる「社会的な身分」が約束されているが、精神にはそのような身分は存在しない。脳機能の停止とともにほどなく無を宣告され、よくて「人の記憶」やサイバースペース上に「精神活動の足跡」を残すだけだ。「若くして死ぬのは悲しいだけではない。消費者の権利を踏みにじり、保証を破棄する不当な行為だ。さらに言えば、死は期待外れの機能喪失であり、もはや肉体に対する精神の勝利ではなく、心に対する体の勝利なのだ」（バーリー『死のコスモロジー』二五六〜五八頁）。

生と死の対立を和解させる知恵――「生者」と「死者」の対称性、養老と齋藤のいう「死をめぐる帳尻合わせ」――を喪失した社会では、少なくとも平均寿命を全うできない死は、人体という製品の所有者である「消費者の権利」に対する背信行為と受け取られ、高価な最新ガジェットがわずか数か月で故障するのとまったく同様の「期待外れの機能喪失」とみなされるのである。換言すると、かつては死が「生と交換されることを集団的に贖《あがな》うべき」マクロレベルの危機であったとするならば、今や死は「身体という物質の内部にのみ起こる」ミクロレベルの不幸に変じたのだ。いずれにしても、「死者」という社会的な身分を得ることが困難な（わたしたちの最後の姿である）「死体」が、「一個人の身体」としての役割を終えた単なる「抜け殻」とみなされるとすれば、これは恐るべき極論を引き出さざるを得ないのであるが、わたしたちが生きているときからすでに「中身のない物体」であったのではないか、という疑念を抱かせるには十分である。

『ファイナル・デスティネーション』シリーズにおいて、アクション・ペインティングのようにスクリーン上で血飛沫《しぶき》をまき散らす若者たちの死に様は、わたしたちに襲い掛かる死の運命とあまりにも寸分違わずシンクロしているがゆえに、原始的な恐怖に対する痙攣《けいれん》に似た「歓喜」の悲鳴を上げてしまうのである。

◉病気や死への接触を遠ざける「経験の隔離」

わたしたちは、「他者の死を直接経験する機会がほとんどない」という人類史上前例のない環境に置かれている。

それは、もう少し正確にいえば、近代化の帰結として「人の生き死に」が医師などの専門家に一任される技術的な課題に変わり、人々が消費者の立場から傍観《ぼうかん》することが標準的となり、前述の伝統的な価値観を生きていた家族をはじめとする共同体が衰退するのに従って、親族を含む「近親者の死」、いわゆる「二人称の死」、引いては共同体のメンバーの死と真正面から向き合う機会がほとんどなくなったことを表わしている。

社会学者のアンソニー・ギデンズは、このような「日常生活を、潜在的に不安定な**実存的問題**を提起するような経験、とりわけ病気、狂気、犯罪、セクシュアリティ、死といった経験との接触を分離すること」を「経験の隔離 Sequestration of experience」と名付けた（『モダニティと自己アイデンティティ 後期近代における自己と社会』秋吉美都・安藤太郎・筒井淳也訳、ハーベスト社、二七七頁、太字は引用元どおり）。それは「個人の人生を道徳や人生の有限性などの多くの問題に結びつける出来事・状況との直接の接触がまれになり、避けられやすくなる、ということを意味している」といい、それどころか、現代社会でわたしたちが獲得している心理的な安定なるものは、「日々のルーティーンのレベルで、人間にとって重大な道徳的ジレンマを引き起こす基本的な実存問題から、社会生活を制度的に排除することにかかっている」とすら看破《かんぱ》した（九頁、一七六頁）。

病や死といった実存問題を引き起こす「コントロール不可能なもの」をあらかじめ視界から取り除くことによって、生活全般を「コントロール可能なもの」とみなして維持しようとする社会とは、強いて言うならば、クリーンルームを理想的な空間とする「完全な滅菌化」になぞらえることができるだろう。だが、「自然の産物」であるわたしたち自身を「滅菌」することは不可能だ。「重病人」「臨終の場」「死体」といった「コントロール不可能なもの」を告知する一覧表は、「わたしたちが単なる動物に過ぎないこと」を見ないことで成り立つ近代システムのバグなのである。一部の医療従事者や介護従事者などにとってはあまりに自明で多言を要しないリアリズムを、自らに降りかかるまでは「ないもの」として素通りできてしまう特異な社会といえる。このような傾向はコロナ禍を経てもほとんど変わらなかった。とりわけ日本では人口に占める新型コロナウイルス感染症による死者の割合が欧米諸国と比べて少なかっただけでなく、感染症対策により葬儀規模の縮小を余儀なくされたことも手伝って、むしろ社会全体でギデンズのいう「経験の隔離」がさらに進行したといえるかもしれない。

「霊魂」「精霊」の世界を前提に行なわれる「通過儀礼」の例にも挙げたように、わたしたちは、共同体のメンバーの死がその社会の秩序を動揺させることがないよう、太古の昔からコスモロジー（宇宙観）による人生の意味付けに多大な労力を割いてきた。ギデンズがいうように、「通過儀礼は それに関わる者を広大な宇宙的力に触れさせ、個人の人生をより包括《ほうかつ》的な実存的問題に関係させる」（『モダニティと自己アイデンティティ』二三二頁）ことを主な使命としてきた。そして、そこでは、その社会を生きる人々が身近な人間の死をつぶさに経験することと分かちがたく結び付いていたのである。共同体のメンバーの死は、あらかじめ用意されたシナリオに沿った追体験を反復しつつ、宇宙全体の秩序やライフサイクルにおける意義を付与され、あくまでも「理解可能なもの」として社会の中に組み込まれていたのだ。

だが、現在、このような共同体は日本では（新興宗教を含む宗教共同体などを除けば）ほとんど存在しない。メンバーの死を個人という境界を越えて適切に意味付けるコスモロジー（宇宙観）も信じられなくなってしまった。

では、それ以前はどうだったのか。先に述べた「生から死への移行」が「象徴的な次元」で解決されていたのとパラレルに、看取りから埋葬までのプロセスが「公けのもの」として取り扱われていたのである。

近代化に舵《かじ》を切って以後、日本ではおおむね明治を分岐点にして、地域社会の自立性や紐帯《ちゅうたい》に綻《ほころ》びがみられるようになり、戦後は都市化の進展とともにその傾向に拍車がかかった。それと同時に、医療が臨終の場面を取り仕切る流れに変わっていった。

明治前後の看取りの状況について新村拓は、「親族や隣近所の間では病気見舞いが頻繁《ひんぱん》になされており、危篤の報に接すれば遠くても出かけて死に立ち会っている」ことを強調した上で、家族以外に多くの者が関わっていたことをこう記している。

わが国の医療の歴史において、臨終の場に医師がかかわるようになったのは明治以降のことであるといってよい。それまでは手の施しようのなくなった患者を見たくないという気持ち、あるいは死の穢れを回避したいという気持ちが医師の中にあり、「あとは神仏に祈りなさい」という言葉を残して医師は立ち去っていたのである。臨終の場に残るのは家族・親族・友人であり、僧・山伏・修験者・巫女《みこ》らであった。彼ら宗教者・呪術師は治病・延命の祈りにつづけて招魂・鎮魂の祈りを捧げ、病人やその家族の苦悩を和らげていた。これらは近代医学が切り捨てた部分である。（『在宅死の時代』二八頁）

つまり、社会学者のノルベルト・エリアスが指摘しているように、「かつて死は、現代よりはるかに公共のものであった。多数の人々がそれに関わっていたのである。一人で居ることがまれだったので、そうであるほかはなく、いわば当然の帰結だったのである」。もちろん、共同体のメンバーが総出で「臨終の場」に居合わせるほど解放されたものではなかったが、少なくとも家族という単位に止まらない集団的な営みと呼べるものであった。つまり、「それは人々の集まる機会を同時に意味し、私的なものとはあまり言えなかった」(『死にゆく者の孤独』中居実訳、法政大学出版局、二七頁)。いわば私的領域と公的領域が重なる「セミパブリックな場」である。これは、昨今多用されている口当たりの良い言葉に置き換えるならば、「死の分かち合い(シェア)」とでもいうべきものだが、ノスタルジーを誘いがちな安易な幻想からは距離を置く必要があるだろう。

歴史家のフィリップ・アリエスの「飼いならされた死」という捉え方は、あたかも大昔の人々が「臨終の場」などに慣れ親しんでいたことによって、誰もが「穏やかな死を迎えられた」といったような〝中世像〟を印象付けてしまったところがある(『死を前にした人間』)。このことについては、今日まで多くの識者から疑問が投げ掛けられているが、そもそも当時の人々は個人としての死を死んでいたわけではなく、皆の中の一人として死ぬという「われらの死」を死んでいたことをまず留意しておく必要がある。これは、コスモロジー(宇宙観)とそれを支える社会の堅牢さが人々に死を宿命として甘受する態度を身に付けさせていたとも言い換えられる。「死をなじみ深く、身近で、和やかで、大して重要でないものとする昔の態度」(『死と歴史　西欧中世から現代へ』伊藤晃・成瀬駒男訳、みすず書房、二五頁)を。もちろん、エリアスが付言しているようにその場に「居合わせる人の振る舞い方にもよること」であって、必ずしも瀕死者の心理状態にプラスに作用していたわけではない。また、地獄に対する民衆の恐怖心という別の問題もあった。

しかしながら、当時の人々にとって、程度の差はあれども「身近な人間の死」に接することが、将来における「親しき者の死」あるいは「自らの死」の定めを、漠然としたイメージではなく現実のものとして、明確に受け止める心構えを涵養《かんよう》したことは想像に難しくない。エリアスはいう。「昔は、人が死ぬときには、子どももその場に居合わせていた。あらゆることが人の目の前で行なわれていたところでは、人間の死もまた、子どもの目の前で起きたのである」（『死にゆく者の孤独』二九頁）――幼少期から幾度となく経験される「臨終の場」は、来たるべき本番に向けたリハーサル（予行演習）の役割を果たしていたといえ、現在のように「私的なもの」として「徹底して隔離」されたものではなかったのである。

精神科医のエリザベス・キューブラー＝ロスが幼い頃にみた農民の死を回想し、「人々がまだ冷静に死に直面する能力を持っていた」（『死の瞬間　死にゆく人々との対話』川口正吉訳、読売新聞社、三三頁）といい、歴史学者の立川《たつかわ》昭二が江戸時代の往生について、「死もまた自然のひとつの出来事として自分でかたをつけていくという心構えがあった」（『江戸人の生と死』ちくま学芸文庫、二五五頁）と記していたことは、アリエスもエリアスもともに認めている「かつては死がありふれていたこと」と切り離して考えることはできない。

◉数十人の死に立ち会うのが当たり前

日本近世史を専門とする歴史学者の深谷克己《かつみ》は、近世人が「現代人とは異なる生死《しょうじ》意識があったことは否定できない」理由として、やはり「人の死を目撃する回数」と「人知を超える存在への怖れ」を挙げる。

近世人は、人の死を目撃する回数が現在の人びととくらべて確実に多かった。一緒に暮らした家族の死に立ち会い、死ねばその体の拭いを子供もふくめて行い、棺に納め、発臭してくることも避けないで言葉どおりの通夜を行い、葬列をつくって菩提寺に運び、埋葬にも立ち会う。死や葬式に慣れていると言ってもよいが、それは死者が身近であることを意味している。きれいな死に顔をお別れに棺の覗き窓から見るという現代人とは死の体験の濃さがちがう。

また、近世人は、天・神・仏の超越観念から縁起かつぎの物象にいたるまで人知を超えると想定している存在に対する怖れ、尊崇の気質が現代人よりも強かった。（『死者のはたらきと江戸時代　遺訓・家訓・辞世』吉川弘文館、二〇四頁）

このような傾向は、日本では、地域によっては少なくとも一九六〇年代ぐらいまでは観察することができたようだ。深谷のいう「超越観念」は薄れていたかもしれないが、「人の死」との直接的な接点は慣習的にしばらく残存していた。

文化人類学者の波平《なみひら》恵美子は、およそ半世紀前の看取りの実態についてこう述べている。

一九六〇年代までは、九州の大きな都市でも次のような状況を見出すことができた。老人は九十歳近い人で、過去三年間は脳障害のため自宅で寝たきりであったが次第に衰弱し、意識もなくなり、死亡も数日中だと思われた。老いた妻と中年の娘とが看病していたが、睡眠も充分にとれない日が続いたため、疲労し切っているのをみかねた近所の人々が、昼間だけ交替で重篤の老人の手首を握り、脈動を確かめていた。近所の老人で、その家族と親しかった人が手首を握っている時に、その病人は亡くなった。繰返し礼を述べる家族に対して、七十歳代のその老人は、「こんなに穏やかに死んでいく人に私もあやかりたいものです。御礼を言いたいのは私の方です」と答えた。

一九七六年以来私が調査をしている福島県会津地方の農村では、最近ではほとんどの人が病院で亡くなるが、死亡が近いという知らせが病院から自宅へくるとすぐに親族がかけつけ、十五、六人もの人が病室に集まる。死亡が確認されると、遺族が死体に付き添って帰宅するが、それより以前に親族は死者の自宅に帰って遺体を「お迎え」する。人の死に際には少しでも多くの親しい人が立ち会う方がよいという考え方がはっきりしているので、七十歳代の人であれば、それまでに数十人の人の死に立ち会うことになる。(『いのちの文化人類学』新潮選書、一七六～七七頁)

病院で死亡する者の割合が、自宅で死亡する者の割合を上回ったのは一九六七年のことである。

一九五一年に八二・五％だった自宅死は、二〇〇九年に一二・四％になり、病院死は逆に九・一％から七八・四％に上昇している（厚生労働省「人口動態統計」）。しかし波平の調査から見るに、病院死が自宅死を超えてからもしばらくの間は、病院でも（自宅死と同様に）「死の立ち会い」が行なわれていたということなのだろう。

波平は、「人が病院ではなく自宅で死んでいた頃、死んでゆく人が死を受容しているかどうかといったようなことを周囲の人々は問題にしていなかった」という。「死は、拒否したり受容したりするようなものではなく、死を目前にした人も死を看取る人も当然のものと受け止めた。それは、平静であるとか、嘆き悲しまないということでは決してない」（『いのちの文化人類学』一七六〜七七頁）と。つまり、まだ、文化的な慣習として「人の死」に対するリアリズムを定着させるだけの「経験の機会」が確保されていた――「少しでも多くの親しい人が立ち会う方がよいという考え方がはっきりしている」――のであり、ごく当たり前に死を「必然のもの」「抗いようがないもの」として捉える感性が備わっていたことを示している。

◉「関係性の切れ目」と「他者の消滅」

グローバル化の進展やコミュニティの衰退といった社会変化によって、人々は特定の地域や集団との結び付きが弱まり、関係性はおおむね流動的なものになった。

コミュニケーションの主体を形づくる人間関係が短期的なものとなり、常に「新しい職場」「新しいパートナー」への適応が求められる社会状況においては、「関係性の切れ目」と「他者の消滅

＝死」は相似となって、「死を希釈化する」ような効果をもたらすことは否めない。人材ビジネスや自己啓発市場で頻出している「新しい自分」というキャッチフレーズには、人間関係のリセットを好意的に捉えるライフスタイルの推奨がある。世界的に有名な片づけコンサルタントの「こんまり」こと近藤麻理恵が説く「人脈の片づけ法」に記されているとおり、「ときめく関係」だけを残すというポジティブな側面がある一方で、逆に相手から「ときめかない関係」と判断されてリセットの対象になるというネガティブな側面が併存している（近藤麻理恵／スコット・ソネンシェイン『Joy at Work　片づけでときめく働き方を手に入れる』古草秀子訳、河出書房新社）。いずれにしても「新しい自分」は日常茶飯事《さはんじ》となった人間関係のリセットという「小さな死」の積み重ねによって紡《つむ》ぎ出されることになるのである。

仕事上の付き合いや趣味の交流会で知り合った者とソーシャルメディア上で〝友達〟となり、その後も何度となく打ち合わせや飲み会などで会話を交わす関係になったものの、たまたま疎遠な状態が長期間にわたって続くといったことは特段珍しいことではない。この人物が突然亡くなってしまった場合、親族が本人のソーシャルメディアア上に訃報《ふほう》を投稿したりするが、あえてアカウント自体を削除せずに残したりすることも多い（実際、Facebookには「追悼アカウント」の機能がある。「利用者が亡くなった後で友達や家族が集い、その人の思い出をシェアするための場所」と説明している）。そうすると、故人を知っている人々がソーシャルメディアにログインするたびに、故人のページはまるで存命中の人物であるかのように、プロフィールや過去の投稿が映し出されることになる。たとえば、親族がそのまま利用している場合はオンライン表示となり、ソーシャルメディア上のグループに入っていればメッセージが共有されることもある——。少々奇妙なことではあるが、ここでは（生きている人間と半永久的に）「直接会わないこと」と、（実際の死によってもたらされる）「他者の消滅」はほとんど同一地平に並んでいるような感覚が生じる。これこそが「他者の死を麻痺させる」現代的状況を最も適切に表わしているイメージである。人間関係のリセットが常態となった世界においては、相手とつながっているがコミュニケーションをしないことの内に死の可能性が含まれているのだ。すべては仮初めの関係で何事も長続きしないことが暗黙の了解となれば、意識の上では生きていることと死んでいることの差は以前ほど重視されにくくなる。

　それが家族をはじめとする親密圏や共同体の弱体化ゆえの「身近な者の死」の不在と併せて、死を想起させる直接的な事件から二重に隔てさせているといういい方ができるかもしれない。

　二〇一一年に民間のシンクタンクが行なった調査によると、「死ぬのがとても怖い」と感じる人の割合は二人に一人で、身近な家族（配偶者、子ども、父母、兄弟・姉妹、孫）の死別経験がない年齢階層ほどその割合が高かった。*3 今後、未婚率の上昇や単身世帯の増加によって、その先に待ち受ける「社会的孤立」（家族や地域との関係が希薄で、客観的に見て交流がほとんどない状態）の蔓延《まんえん》によって、また、ギデンズのいう「経験の隔離」のさらなる進行によって、直接的な対面を求められるような「他者の死」は、限りなくゼロに近付いていく恐れすらある。それゆえ、死に対する不安や恐怖はむしろ「経験」の空白に巣食うように膨らみ続ける可能性がある。

　わたしたちの生活空間から「人の死」のダイナミズムが失われた結果として、巷《ちまた》で話題になる死は、極端な話、ニュースで報道される事故や災害で死亡した見ず知らずの他人の個人情報以上のものではなくなってしまった。有名人の死は、ソーシャルメディア上で身近なものとして受け取られ、追悼の対象になったりもするが、それも「経験の隔離」を埋めるほどの濃密さはない。情報空間における「他者の死」は、自分の人生に深刻な動揺をもたらす「非日常的な出来事」とはみなされず、日常の風景から誰かが強制的に退場させられる「暴力的な切断」として意識されるようになっている。コロナ禍で連日報じられた感染者数と死者数も、日本においては欧米諸国などと比べて被害の程度が小さく、基礎疾患《しっかん》を持つ者や高齢者がハイリスク層であることが明確になると、感染状況を把握するための指標でしかなくなり、ほどなく警察署の交通事故発生状況のように見向きもされなくなった。危険性の高い感染症や交通事故などのアクシデントは、誰にでも起こり得るものであるが、大半の人々は自分が当事者になるとは思っていない。世界のどこかでテロ事件や自然災害などが起こると、現場を撮影した大量の画像がインターネット上にアップロードされ、ソーシャルメディアには、黒焦げの死体や手足のない死体が突然映し出されることがある。黒焦げの死体や手足のない死体は、わたしたちの身体が非常に脆弱《ぜいじゃく》で壊れやすい有機物に過ぎない、という身も蓋《ふた》もない真理をこれでもかと突き付ける。そうして脊髄《せきずい》反射的な恐怖の感情とともに、「自分だけはセーフティゾーンにいる」という根拠のない安堵《あんど》の感情をも生み出す……。

情報化された死は、野放図に拡散されることで人々の覗き見趣味的な欲望を技術的に免責しながら、死の普遍性と無作為性についてのメディア由来のリアリティを植え付ける。これこそが『ファイナル・デスティネーション』シリーズのようなホラー映画が心理的な衝撃をもたらす下地であり、それゆえ些細《ささい》なアクシデントの数々がいずれも致死的な兆候を帯びるのだ（「死神」の魔の手にかかる登場人物たちがどちらかといえば、身近な者の死の経験の不在という空白を想像力で補いがちな、思春期の若者に限られる傾向にあるのもこのように解釈することができるだろう）。

「他者の死を経験する機会がほとんどない」世界において、死は、メディアが発信する「アクシデントとしての死」の側面をいよいよ強め、今や「アクシデントの産物」と評すべきものになりつつある。がんや脳・心臓疾患などの疾病《しっぺい》予防や早期発見の失敗といった「不作為」ですらも「広義のアクシデント」とされるようになってきている。つまり、わたしたちがなんとなく意識している自画像とは、アクシデントさえなければ永遠に生き延びることができるかもしれない存在である。アクシデントへの遭遇を最小化する立場からすれば、テロ事件を避けるには海外旅行を取り止めるのが最善で、自然災害を避けるには都市部の免震構造のマンションに住むのが無難と考えるのが〝正常〟なのかもしれない。そういえばコロナ禍の行動制限や過剰な自粛は、まさしく外出をしないことによって感染リスクをゼロに近付けることが国家ぐるみで目指されていた。犯罪不安には、警備員が常駐する高度なセキュリティ・システムが張り巡らされたゲーテッドコミュニティが用意されているし、健康不安には、高級クリニックが運営するメディカルフィットネスクラブが用意されている。あらゆる不安に万全に対処できているという事実の積み重ねによって、エビデンスによる裏付けという説得材料を並べ立てることによって、「自分だけはセーフティゾーンにいる」と断言することができる……。

このように人生の究極的運命を「アクシデントへの対処」に切り分け、あたかも「予防できる」かのごとく「やり過ごす」態度は、澤井敦によれば、社会学者のジグムント・バウマンが「サバイバル・ストラテジー」と呼んでいるものであり、近代では「致死（mortality）の脱構築」が特徴的だという。

「致死の脱構築」とは、死という最終的な運命（mortality）を直視することを回避するために、将来の死という身体の究極的限界を、現時点で直面している特定の限界へと連続的に分解し続けることである。人は、死という究極的運命に抗することはできなくても、死につながるかもしれない無数の原因に対処することはできる。「人はたんに死ぬのではない。人は病気や殺人で死ぬのである。致死を打ち負かそうとしてもできることはない。しかし、血栓や肺ガンを防ぐためにできることは数多くある」。死を、身体・健康管理に関わる無数の心配事へと読み替えて、それに合理的にひたすら対処し続けることで、死をやりすごしていくというのが、この「致死の脱構築」という戦略である。「死と戦うことは無意味である。しかし、死の諸原因と戦うことが人生の意味となる」（澤井敦『死と死別の社会学』一〇五頁）

つまり、「対処可能な諸原因へと分解された死を、やむことなく合理的に処理し続けるかぎりにおいて、人は、死を否定できている、と考えることができる」という論点のすり替えのようなものである。アンチエイジングという名の下に行なわれる健康食品やサプリメントの摂取、管理栄養士によるカウンセリング、ヨガや太極拳《たいきょくけん》などのエクササイズなど、最先端の科学的知見を渉猟《しょうりょう》して実践に明け暮れる態度とは、「生体の時計の針をできるだけ遅らせること」に全生涯を費やそうとすることにほかならない。『ファイナル・デスティネーション』シリーズの台詞《せりふ》——「明日にも誰か死ぬかもしれない」「免れる方法は1つ。死神を出し抜くことだ」——がわたしたちの人生における主旋律《しゅせんりつ》となっていることがいよいよ否定しがたいものであることが明らかとなる。

しかも、わたしたちは、超高齢社会を迎え、健康寿命が延伸し、人生100年時代が現実味を増す中で、かつてのような高齢者像が時代遅れのステレオタイプになりつつある。このため、老衰を除いて高齢で亡くなることが相対的に見て「自然」なことかどうかが微妙になってきている。のちの章で述べるように、医療技術が高度化した結果として、「治療」と「延命」の区別は自明ではなくなり、「自然死」の定義そのものが揺らいでいることもあるが、バーリーが主張したように、「身体という耐久消費財」を耐用年数以上に使い切ることを至上とする消費者的とも、顧客至上的ともいえる時代精神の方が圧倒的に強力だからである。「不可逆的な死」を「部分的なエラー」に対する恒常的なメンテナンスによって回避でき、耐用年数の延長も可能とみなすのは無理もないことなのだ。この場合、「平均寿命分を生きたことによる納得」というものも先々は難しくなるかもしれない。

「死の前において我々は平等なのです」とさらりと語る牧師に反発した友人の台詞——「この子たちが何をした？／まだ18にもならないのに／何が平等だよ」——の裏側には、「生の不条理」というよりも「人知を超えた力」――牧師の言葉を借りると「人の生と死は我々を超えた何者かによって支配されています」――に対する抵抗と拒絶がある。[*4]

そこでとりわけ決定的なものとしてわたしたちの情動レベルに食い込んでいるのが「リスク理論」と称されるものの見方である。

◉「コントロール不可能なもの」の可視化

『ファイナル・デスティネーション』シリーズにおいて演出上最も注目すべきなのは、死の原因をもたらすスーパーナチュラル（超自然的）な力が、何ものかの意思の存在を前提としていながらも、「死神」というキャラクターの形式を用いることなく、偶発的な出来事の連鎖として描写しているところだ。それは、わたしたちの先祖が、死に直結するさまざまな暴力的事象の背後に、精霊や呪術といったものの働きをみていたことと似ていなくもない。

現代人、とりわけ先進国に暮らす比較的豊かな人々にとっての精霊、呪術とは、社会学者のウルリヒ・ベックが唱えた「リスク社会[*5]」的な、予測できない不可視のリスクのことを指している。それが一個人の生死をいとも簡単に左右するものであることが客観的に認識されているだけでなく、大規模なパニックを誘発しかねないほどに過敏化した皮膚感覚として深いところにまで浸透している。複雑化したリスクが招来する重大な結果は、原子力発電所でのシステムトラブルによる放射能漏れから、食品のサプライチェーンにおける細菌やウイルス、有害物質などによる汚染事故まで枚挙に暇《いとま》がない。

ジグムント・バウマンは、これらの脅威を「自然」や「他の人間」を直接の原因とするものから区別して「第三領域」と呼んだ。

それは感覚を麻痺させ精神を摩耗させるような中間的領域であり、いまだ名を与えられてはいないが、そこからいっそう不気味で濃密な不安がにじみ出てきて、われわれの家や職場、身体を、災厄を通じて破壊しようと脅かす――それは、自然的ではあるがまったくそうというわけでもなく、また、人間的ではあるが完全にはそうというわけでもなく、同時に自然的でもあり人間的でもあるが、そのどちらとも同一ではないような領域である。事故や災難に見舞われがちな、不運ではあるが野心的すぎる魔法使いの弟子か、軽率にも壺から召喚されてしまった悪しき精霊にでも責任をとってもらわなければならない領域、といったところだろう。その領域では、電力供給網が崩壊したり、ガソリン供給源が枯渇したり、証券取引が破綻したり、最有力の企業が当然あるものと思われていた数々のサービスや盤石のものと信じられていた数千の職とともに忽然と姿を消したり、ジェット機が無数の安全装置や何百人もの乗客とともに墜落したり、最も貴重で誰もが欲しがる資産が市場の気まぐれによって無価値のものとなったり、その他、想像可能な、あるいは想像もできないような破局がいまにも起ころうと（あるいはもしかしたら起こされようと?）していて、良識ある者も良識のない者も同じように圧倒しようとしている。（『液状不安』澤井敦訳、青弓社、一一二頁）

ありとあらゆるところから絶えず湧き出してくるリスクの気配は、普段と変わらぬ風景に不審の念を抱かせるからこそかえって死の根源的な不安を呼び覚ます。そうして、インクが一滴水に落ちるような微小な異変にも破滅的な予兆を感じ取るパラノイアック（妄想症的）な心性を育むこととなる。しかしながら、今日わたしたちが多かれ少なかれパラノイアのごとき振る舞いを起こすことは避けられない。交通事故の衝撃を吸収するエアバッグの欠陥により、多数の死傷者が続出し史上最大規模のリコールに発展した事件は、潜在的なリスクが差し迫った脅威となり得ることの分かりやすい一例だ。米運輸省道路交通安全局（NHTSA）によると、「危険性が最も高いリコールの最優先グループにおける改修台数は12社合計で約2000万台、改修率は65％にとどまり、まだ約700万台が未改修の状態」で、「全体では、未改修のリコール対象車は米国になお3000万台近くあるという」。二〇一七年に民事再生法の適用を申請した際の記者会見で、自動車部品大手タカタの社長は「なぜ起きたのか非常に不可解だし、いまだに（問題の）再現性がない」と語ったが、「2009年以来、同エアバッグを搭載したさまざまな自動車メーカーの車両で、世界中で30人以上の死者（米国での死者24人を含む）と数百人の負傷者が出ている」[*6]。古いタイプのエアバッグの場合は、NHTSAが行なった試験の結果で、車両が衝突した際、最大50％の確率で危険な爆発が起こることが分かったという[*7]。この事実を受けてロシアンルーレットに例えた専門家がいたほどだ。

コロナ禍は「第三の領域」がパンデミック（世界的大流行）という形で全方位に拡大した。

新型コロナウイルスは、中国の武漢が起源とされているが、それが海鮮卸売市場だったのか、研究所からの流出だったのか未だに争いがある。いずれにしても、全世界で七〇〇万人近い死者を出した病原体が、「自然的ではあるがまったくそうというわけでもなく、また、人間的ではあるが完全にはそうというわけでもなく、同時に自然的でもあり人間的でもあるが、そのどちらとも同一ではないような領域」から到来したのである。新興感染症が開発原病（開発が生態系を乱したことに起因する疾病）の一種であることはよく知られているが、近年、そこに地球温暖化による気候変動も加わったことによって、今回のようなパンデミックをはじめとする「第三の領域」はますます複雑怪奇なものになるだろう。生物地理学者のジャレド・ダイアモンドは、『危機と人類』（小川敏子・川上純子訳、日経ビジネス人文庫）の日本語版文庫の序文で、「人類文明に対する真の脅威はコロナ禍ではなく、気候変動、資源枯渇、地球規模の不平等」だと主張した（六頁）。その上で、これらは「私たちを死にいたらしめるまで時間がかかるし、死因としても曖昧なままになる」という懸念すべき展望を示した。「気候変動は、旱魃や気温上昇、大気汚染、農作物の生産量の減少、熱帯病の温帯地方への蔓延、沿岸部の低地における洪水や高潮、津波から沿岸部を守るサンゴ礁などの死などによって、人間を殺す。あなたがだんだんと栄養失調になって亡くなった、あるいはデング熱（熱帯・亜熱帯地方の感染症）に温帯の日本で感染した、あるいは津波で亡くなったとしたら、あなたの遺族はこうは言わないだろう。『故人は六日前に気候変動にかかりまして……』」。遺族は、気候変動関連の言葉を一言も口にしないだろう」（七頁）。コロナ禍ですら、感染による直接的な健康被害以外の副次的なリスクが強く意識され、わたしたちはリスクという言葉を以前よりも多元的に解釈するようになった。長期間の行動制限によって孤立して運動不足となり、健康状態がかえって悪化し寿命を縮めた人々が大勢現われただけでなく、新型コロナウイルスのワクチン接種後にアナフィラキシーショックなどで死亡したり、後遺症に苦しむ人々が政府の救済を受ける事態も生じた。感染がその人の免疫や持病などの特性によってどのような症状が発現するかが不透明で、リスクが推し量りづらい面がある一方で、感染を極度に恐れることによるライフスタイルの変更も別のリスクをもたらし、感染予防を目的とする新しいワクチンに関してもまた別のリスクが内在していることが明白になったからである。バウマン流に言えば、「致死の脱構築」それ自体が思ってもみなかったアクシデントを招き寄せてしまったのである。わたしたちはいかなる態度を決め込もうとも、遍く広がる「第三の領域」から無関係でいることはできない。このような意味でコロナ禍は、全人類を巻き込んだ大規模なストレステストだったといえるだろう。

わたしたちがバウマンのいう「第三の領域」から日々得ている霊感とは、「コントロール可能なもの」で埋め尽くされた快適な空間を一撃で台無しにする「コントロール不可能なもの」の徴《しるし》、凶兆、悪夢的ヴィジョンのことである。それはコロナ禍などの生物災害に襲われなかったとしても、わたしたち自身——身体という内なる世界《インナースペース》——の深奥《しんおう》から確実にやって来るのである。これが最大のバッドニュースなのだ。ギデンズはいう。「死はゼロ時点となる。つまりそれは、人間存在への人間のコントロールが限界を見出す瞬間に他ならない」(『モダニティと自己アイデンティティ』一八二頁)。「人間存在」そのものがもともとコントロール不可能なものであったことが可視化されて初めて、わたしたちは件《くだん》の映画の登場人物たちのように、「計画は必ず実行」されることを理屈としては知っていながら、「死神」が自分のことだけは見落としてくれるのではないか、といった愚かな空想から解き放たれるのである。だが、そのとき、わたしたちのすぐ手の届くところに、来たるべき運命を受容するための備えもなければ、かつての宇宙観に代わって「個人の死を意味付けるもの」もないのだとしたら？

第二章　ポスト無葬時代の不安な「わたし」
——来たるべき弔いをめぐって

いったいどこから浮かんで来た空想かさっぱり見当のつかない屍体が、いまはまるで桜の樹と一つになって、どんなに頭を振っても離れてゆこうとはしない。

梶井基次郎「桜の樹の下には」（『檸檬《れもん》』集英社文庫所収）

古代以来の長期間にわたる生者と死者とのつき合い方を眺めたとき、近代が生と死のあいだに厳密で越えられない一線を引くことによって、生者の世界から死者を完全に排除しようとする時代であることが理解できるであろう。死は日常から遠ざけられ、だれもが死ぬという当たり前の事実すら公然と口にすることが憚られる。葬儀を終えて、いったん人が死の世界に足を踏み入れてしまえば、生者はただちに普段の生活に戻ってしまう。別世界の住人であるがゆえに、死者はもはや対等の会話の相手ではなく、一方的な追憶の対象にしかすぎないのである。

佐藤弘夫『死者の花嫁　葬送と追想の列島史』（幻戯書房）

◉作り手の不安が投影された「無縁社会」

三万二千人の無縁死。取材を進めていくと、そのほとんどが、身元が判明して家族がいるのに、引き取られないケースだと分かってきた。血を分けた家族や親族があるのに、なぜ引き取られることなく、無縁死していくのか。私たちは、「家族」という「社会」の最小単位の場で、何か異常な事態が起きているのではないかと考え、さらに取材を進めることにした。（NHK「無縁社会プロジェクト」取材班編著『無縁社会 〝無縁死〟三万二千人の衝撃』文藝春秋）

「無縁社会」「無縁死」というセンセーショナルな言葉は、NHKが二〇一〇年に制作した番組において創作した造語だ。

内容ともども衝撃的なものであったために賛否両論を呼ぶことになったが、取材者側の唯一といっていい関心事は「身寄りのない者たちの遺骨のゆくえ」だった。引き取ってくれる人がいない事実にショックを受けるとともに、そのようなケースが増加の一途を辿っていることへの悲しみと憤《いきどお》りを表明していた。「直葬」（通夜や告別式など式典を行なわず、納棺後に火葬のみで済ませるお別れ。火葬式ともいう）や「無縁仏」の拡大といった社会変動に対して、作り手が驚くほどナイーヴに反応している様子がとても印象に残る内容だった。そこに投影されていたのは、おそらくは、自らの「孤立に対する不安」「セーフティネットなき社会への恐怖」であった。

その悪夢を一点に凝縮したような象徴的な存在が「行旅《こうりょ》死亡人」と称される一群の人々だった。

伝統的な家族形態が廃れ、相互扶助の関係性がある広義のコミュニティが衰退した現代では、多くの人々が孤独・孤立の問題を抱えるようになっている。企業が社宅やレクリエーションの機会を進んで提供し、社員の人生に好意的に関与していたような牧歌的な時代は過ぎ去り、核家族化と地域社会の空洞化によって「自分だけ」もしくは「自分の家族だけ」しか頼れない人々が増えているのだ。都市への流入人口の増加と地方の過疎化、個人主義を促進する消費文化が拍車を掛けた。それは、個人が独力で自分の支えとなる関係性を模索しなければならない事態を意味した。そして、最悪の場合、他者のサポートをほとんど望めない状況下で失業や離婚といった人生を左右する大きな出来事と向かい合うことを余儀なくされるのである。現場を取材した記者の率直な告白を借りれば、「自分自身を振り返ってみても、血縁のつながりが密接にあるわけではない。また地域のつながりを見ても、普段は会社で仕事をしているので、近所のつながりがほとんどない」という現実である。*1

もちろん生まれ育ったコミュニティにおいて特定の生き方を強制される可能性はかつてに比べて少なくなり、より自由で多様な選択に開かれるようになったのは事実だ。けれども、関係性が希薄になった世界で、理想的な交遊を重ねたり、互恵的なネットワークに加わることができるのは、個人の社会的な地位や能力に依存する面が非常に大きい。自己の尊厳の保全は自己の資質に掛かっていると言っても過言ではない。このような新しいルールの下では、「関係性の貧困」と呼ぶべきものが現われるのは避けられない。これは新しいタイプの社会的弱者であり、単なる格差社会の問題にはとどまらない一方で、経済的な貧困と切り離せない部分も多く、「ワーキングプア（働く貧困層）」

と密接にリンクしている。その最終形態が名前も出自も分からず、遺体の引き取り手もない死者＝行旅死亡人というわけである。そのため、『無縁社会』がワーキングプアの取材班チームによって生み出されたというのは決して偶然ではない。社会の最小単位は、いわずもがな家族である。だが、これが近年試練にさらされている。広義のコミュニティという外部資源に乏しいため、経済状況の悪化だけではなく、病気や介護などのリスクに脆弱になっており、家族という関係性の維持はもとより、家族形成そのものが危うくなっていることが明らかになっている。つまり、「死をどう意味付ければよいのか」「死んだらどこに行くのか」云々といった死生観の問題以前に、「誰にも弔《とむら》われない死」に対する拒絶反応のようなものが、番組制作そのものを手掛けていた現役世代に強烈に意識されていたということである。

これは、これまで一部の貧困層にだけ関係があるとみられていた「無縁仏」をめぐる問題、「社会的孤立」の問題が、日本人全体を覆い始めているという前代未聞の事態が初めてマスコミに認知されたことを意味する。それと同時に、隠蔽《いんぺい》されていた「(無縁）死というリアリティ」に直面し、無防備な個人であることに気づいてしまった膨大な数の人々が、「絆」を取り戻そうと焦り始めた3・11以降の日本社会の状況を先取りするものであった。しかし、そのエッセンスはすでに娯楽作品という形で広く共有されていたことを忘れてはならない。

◉死が絆を回復するための〝触媒〟に

『おひとりさまの老後』（上野千鶴子、二〇〇七年）と『葬式は、要らない』（島田裕巳、二〇一〇年）

に挟まれるようにして、二〇〇八年に公開され大ヒットした映画『おくりびと』（監督：滝田洋二郎）がそれだ。

同作は、青木新門の『納棺夫日記』にインスパイアされた物語であるが、青木本人は自分が訴えたかった「宗教とか永遠が描かれていない」として、「原作」表記を辞退したことで知られている。青木は具体的な理由について、「生者と死者のきずなが大事だよと映画は教えてくれるけど、最後は『癒し』なんですよね」「ヒューマニズム、人間中心主義で終わっている」などと述べている[*2]（これは、のちに説明することになるが、わたしたちの死生観を考えるうえで、重大な問いかけとなっている）。

確かに、映画の最大の山場は、主人公の小林大悟（本木雅弘）が自分の父の死に直面するエピソードであり、幼少時に若い女性と駆け落ちした父との和解、そして妻である美香（広末涼子）のお腹で育つ子どもの誕生を示唆して終わっており、死という出来事が絆を回復するための単なる〝触媒〟にされているようにみえる。

事実、同作に登場する納棺を業《ぎょう》とする会社の関係者は、大悟をはじめとして社長の佐々木（山﨑努）や事務の上村（余貴美子）も、単身であったり事情があって親族と疎遠であったりするなど、いわば「希薄な共同性」を生きることを運命付けられた人々、つまりはわたしたち現代人の自画像として描かれている。大悟が（生まれてから）二七年間まともに遺体を見たことがないキャラクターとして造形されていることからもそれは明白だろう。

まさに宗教学者の島薗《しまぞの》進が評したように、「『おくりびと』では父と子、母と子、そして妻と夫のか細くはかない絆が問題になっている。ハッピーエンドに終わっているようだが、けっしてがっちりとした温かい絆の回復が期待されているわけではない。個々人が習得する入念精妙なパフォーマンスに支えられて、かろうじて絆が実感される」のである。それゆえ「厳しい死の表象を媒介とすることで、かろうじて薄くか細い絆への信頼感を呼び覚まそうとしていると見るべきだろう」(『日本人の死生観を読む　明治武士道から「おくりびと」へ』朝日新聞出版、三七〜三八頁)。大悟の父が孤独死に近いシチュエーションで亡くなっていたことを考えると、「やっぱり家族が大切」などといった保守的な情感に訴える意図があったことは否めない。

「入念精妙なパフォーマンス」の最たるものは、『おくりびと』で披露される納棺の儀式だ。昨今最も重視される傾向にある葬式の心理的な効用、遺族のグリーフケア(死別の悲しみに対する支援)が洗練された所作への参加を通じて達成されることに異論はない。筆者も実際に納棺の儀式を見せてもらったことがあるが、現代では久しく失われた荘重な時空間を作り出しており、遺族からの評判が高い理由が理解できた。しかし、これらの死者を丁重に送り出す儀礼空間が適切に機能するのは、多少なりとも絆を構成するに足りるメンバーがいることが前提である。なぜなら、グリーフケアとは、あくまで「故人と関係していた生者」しか射程に入っていないからだ。共同性そのものが失われた荒野を想定してはいないのだ。

●〝送り主〟のない葬送儀礼は無意味か

『おくりびと』から五年後に製作された映画『おみおくりの作法』(監督・脚本:ウベルト・パゾリーニ、二〇一三年、英国・イタリア)は、身寄りのいない者への葬送はどのような意味を持つのか、というより切実なテーマへの挑戦を試みている。

　同作は、監督のパゾリーニが一人で亡くなった者の葬儀を行なう仕事があることを英『ガーディアン』紙で知り、自治体の職員に半年間密着して作り上げたフィクションである。主人公は、英国・ロンドンのケニントン地区で民生係として働くジョン・メイ（エディ・マーサン）。孤独死した人の遺族を探し出すとともに、身寄りがない場合は、火葬から葬儀、埋葬まで執り行なっている。遺品を調べる中で見えてきた趣味や人柄などを想像して、葬儀に相応《ふさわ》しい音楽を選び出し、弔辞《ちょうじ》も書いて、火葬後の遺灰も丁寧に処理する――メイはこの仕事を天職と感じ、充実した日々を送っていた。しかし、役所の経費削減によって解雇が言い渡される。これがストーリーの大まかな設定だ。

　冒頭のシーンで、弔問客が一人もいない葬儀会場で音楽が大音響で鳴っている様子を、あえて滑稽《こっけい》な感じに演出しているのは観客に対する挑発といえるだろう。これはメイに解雇を告げる上司の台詞で明瞭に言語化されることとなる。「君の仕事のことを考えていたんだ。葬儀は死者のためのものじゃない。弔う者がなければ不要だ。残された者にしても葬儀や悲しみを知りたいとは限らない。どう思う?」。これに対しメイは、「そう考えたことは一度も」と言って絶句してしまうが、上司は「とにかく死者の想いなど存在しないんだ」と断言する。

　『おくりびと』は、他者の死が「希薄な共同性」を結び付ける契機となり、「入念精妙なパフォーマンス」がそれを微調整してくれるが、『おみおくりの作法』では、そもそも共同性は跡形もなくなった状態であり、最後には「観客がいない（弔問客のいない）パフォーマンスは無意味だ」と宣告されるのである。

葬儀は、送る側があくまで生きていることを想定しているものだ。そのため、送る側の不在が明らかな場合、簡素化、さらには「無葬化」（葬儀を行なわず、火葬の立ち会いもなし）という選択肢《し》――上司の台詞には「火葬でいいのに葬儀が多すぎる」というのもあった――はさほど違和感のない流れになってしまう。昨今かまびすしい合理化、効率化の傾向を挙げるまでもなく、「無縁仏」の増大は「金のかかるお荷物」として表われざるを得なくなるのだ。

同作では、福祉サービスを提供する公的機関が舞台となっているが、私的領域においてはとりわけ「縁の切れ目が葬儀の切れ目」となっている。「葬儀」はいわば贅沢品として消費される、共同性に与《あずか》れる者だけの特権と化しつつある。「共同性なき死」は、先進国を中心に世界的な広がりをみせている。要は、近い将来、「共同性なき死」が多数派となる可能性が高いことが予測されているにもかかわらず、救済策は真剣に検討されず「個人の問題」とみなされていることから、〝送り主〟のない「葬送儀礼」――というシュールな場面が他人事として片付けられ、自らの社会の問題として捉える機会を失っている状態にあるといえる。もっと言えば、自分の死の可能性を棚上げにして初めて成立する死後の尊厳に対する鈍感さである。

◉「蛆も生命なのだ。そう思うと蛆たちが光って見えた」

ここで青木新門の問いかけが、大きなヒントを与えてくれる。

『納棺夫日記』と『おくりびと』の立ち位置の違いを最も示している場面がある。

孤独死した高齢者の遺体を運びに行った際の話だ。『おくりびと』では、大悟が初めての仕事で腐乱死体に対面して吐き気を催すといった喜劇的な使われ方をしており、青木が自身の死生観を転換するきっかけとなった「不思議な体験」を省略したのであった。以下、該当の場面を対比させてみよう。まずは『おくりびと』の方からだ。

大悟と社長が孤独死の現場となった家に到着する。葬儀会社の者から「死後二週間」経過していて、「結構遺体が傷んでいる」ことを口頭で告げられる。玄関を上がって廊下に入ると、薄暗い畳敷きの部屋の布団から、赤茶けた足が二本覗いているのが見える。食物には蛆が湧いている。社長は、大悟からビニール製の納体袋を受け取ると、尻込みする大悟に部屋の中に入るよう促す。その際、大悟は腐ったバナナを踏んでしまう。ギョっとして顔をしかめていると、社長が「ちょっと手貸して」と大悟に声を掛ける。そして、社長は思い切って蠅が飛び回っている布団を剝ぎ取る。〇・一～二秒ほど腐乱死体らしきものが現れ、大悟は顔を一瞬背けてしまう。次に大悟は、社長から足を持つことを指示されるものの、足を持つこともままならず吐き気のため作業ができなくなる。

『納棺夫日記』の方を見てみよう。

開けられた窓から覗いてみた。物置のような部屋の真ん中に布団が敷いてある。その中に死体があるらしい。

目の錯覚のせいか、少し盛り上がった布団が動いたような気がした。それよりも、部屋の中に豆をばらまいたように見える白いものが気になった。

よく見ると、蛆《うじ》だと分かった。蛆が布団の中から出てきて、部屋中に広がり、廊下まで這い出している。

背中がぞくっとした。横にいた若い警察官に、どうします？ と言ったら、どうしよう、という顔をした。なんとかして、お棺に入れてくれという。パトカーの無線を使って、箒《ほうき》とちり取りとビニール製の納体袋などを届けるよう会社へ連絡してもらった。

とにかく蛆をなんとかしないと近づけない。

まず玄関から廊下にかけての蛆を箒で寄せてはちり取りで取った。布団の横へお棺を置ける状態にするまで1時間ほどかかった。

お棺を置き、布団をはぐった瞬間、一瞬ぞっとした。後ろにいた警察官は顔をそむけ後退りし、箒を届けに来た男などは、家の外まで飛び出していった。

無数の蛆が肋骨の中で波打つように蠢《うごめ》いていたのである。

警察官と布団の端をもって、お棺の中へそのまま流し込んだ。棺が大学の法医学解剖室へ向かった後も、蛆を取っていた。蛆だけになったら、近所のおばさんが箒とちり取りを持ってきて、手伝いはじめた。そして、近所に住んでいながら気づかなかったことを一生懸命弁明していた。以前、病院へ入院していたことがあったので、また入院しているのかと思っていたとか、東京に養子の息子家族がいるはずで、そこへでも行っているのかと思っていたとか言いながら、蛆を取っていた。

何も蛆の掃除までしなくてもよいのだが、ここで葬式を出すことになるかもしれないと、蛆を掃き集めていた。

蛆を掃き集めているうちに、一匹一匹の蛆が鮮明に見えてきた。そして、蛆たちが捕まるまいと必死に逃げているのに気づいた。柱をよじ登って逃げようとしているのまでいる。

蛆も生命なのだ。そう思うと蛆たちが光って見えた。(『納棺夫日記』文春文庫、五四〜五六頁)

◉身寄りのない死者との境界を取り払う

青木は、「蛆たちが光って見えた」ことについて、「この不思議な体験は私に転機をもたらした。死体に対して嫌だなと思う気持ちがなくなって、死者をいとおしく思う気持ちが強くなっていた」と述べている(『それからの納棺夫日記』法藏館、三六頁)。それは、自分自身が生命存在として「蛆と同じであること」「身寄りのない死者(無縁仏)と同じであること」への気づきであり、言語的な限界を超えて「対象と一つになる」コミュニケーションのあり方である。のちに青木は、「そうか、いのちの光の前には人間も蛆虫も隔てがないのだ!」という明快な言い方をしている(『それからの納棺夫日記』三七頁)。仏教的に言えば、生命というものの「真如《しんにょ》」(ありのままの姿)を目にした瞬間であり、いわば、自分と蛆を分かつ境界が取り払われ、同等に尊くはかない存在として現われた感動を、ワンフレーズの言葉に凝縮したものといえる。宗教的な次元とでも評すべき体験だろう。

このような視点から見れば、『おみおくりの作法』のメイは、おそらく自分と身寄りのない死者とを分かつ境界を取り払った人物であろう。自分が担当した死者たちの写真を収めたアルバムを聖書のように繰り、死者たちが眠る公園墓地に臆することなく寝そべる――それゆえ、終盤では、解雇され雇用関係が切れたにもかかわらず、最後の案件をやり遂《と》げるために、遺族を探して回るという行動に出るのだ。最後の仕事は、メイの真向かいのアパートで独りで亡くなっていたビリー・ストークという男性であり、メイはそこに分身というべき「もう一人の自分」＝ある種のドッペルゲンガーを見出し、その軌跡を追体験することによって「相手の死」と融合《ゆうごう》する。そうして最終的には、「自分の死をも受容する気構え」が出来上がるのである。

青木は言う。

私には体験から学んだ確信があった。死を恐れ、死に対して嫌悪感を抱いていては死者に優しく接することなどできないということ。すなわち生死を超えて対処しなければ、納棺夫の仕事は務まらないということ。（『それからの納棺夫日記』八〜九頁）

このような「生死一如《しょうじいちにょ》」の観点からもう一度わたしたちの社会を見つめ直せば、あらかじめ「死者」となることが運命付けられている「生者としてのわたしたち」は、送る者のいない「共同性なき死」が主流となりつつある時代のとば口で、「誰を、どのようにして、弔うべきか」といった切実な課題と向き合うことができるのではないだろうか。

◉「ポジティブな選択肢」としての匿名の共同墓地

少なくとも二〇世紀の葬送においては、例外を除けば担い手である遺族がかなりの数存在した。しかし今後、その担い手を欠く人々はますます多くなってくるだろう。核家族の最晩年の姿は、夫婦同時にでも死なない限り「独居」である。別居している子どもの数もごく少数で、一人しかいない子どもが長命の親より先に死なないとも限らない。親戚もほとんどいない。また、未婚・非婚者や子どもをもたない夫婦も多くなるだろう。世紀を越える今、「家の墓」を代々子孫が「永代」に守っていく「継承システム」が制度疲労を起こし、代替のシステムが模索されているのだ。

その一つが、自然志向の墓石を立てない「脱墓石化」「無形化」「無名化」の傾向である。それは、墓を代々誰かに守ってもらわなくてもいいという「死後の自立」=「脱継承化」の一現象でもある。

代替のシステムはそればかりではない。「継承者を必要としない墓」も登場した。家族を単位とせず、みんなで入り、守っていくという「共同化」の形態が多く、これは七〇年代までは想像にも及ばなかった、永続性を重視してきた「家」からの脱却（「脱家」）でもある。また、継承制はとるが期限を切る「有期限化」、さらに担い手がいなくても自分の葬儀を生前に託すことができる「生前準備システム」も登場した。これは、「葬送の担い手は家族である」という自明性が崩壊したことを意味している。

しかし一方では、法律や行政用語に、継承者を確保できない状況として「無縁」の用語が、いまだに生き続けてもいる。（『墓をめぐる家族論　誰と入るか、誰が守るか』平凡社新書、一一二～一一三頁）

これは、二〇〇〇年に上梓《じょうし》された社会学者の井上治代の著作からの抜粋である。ここにすでに「無縁社会」ブームを生み出す源流となった諸問題が見事に言語化されている。単身世帯の増加により「墓守」を想定した「家の墓」の存続は困難となり、それは当然ながら「葬送の担い手」の不在が珍しくなくなる新しい時代の到来を含意している。まさにＮＨＫの取材班が不安と恐怖を覚えた「無縁化」問題の核心部分である。

井上は、現代の日本のような状況がいち早く訪れ、「代替のシステム」を採り入れた海外の事例を紹介している。社会学者の善積《よしずみ》京子が報告しているスウェーデンの匿名《とくめい》性の共同墓地だ。「ミンネスルンド（Minneslund）」と呼ばれているもので、日本語に翻訳すると「追憶の杜《もり》」となる。一九八〇年代から急速に普及し始め、現在、国全体に五〇〇か所ほどあり、現在も増え続けているという（『墓をめぐる家族論』一一三～一一四頁）。

この動きは世界的な傾向といえるものであり、井上によれば、これまでマイナスのイメージが強かった「無名墓地」が見直されているとし、「日本でもこれまで『絶家』したり、行き倒れの人など祀り手をもたない人は、寺の一角にある『無縁塚』『無縁塔』に納骨されていた。しかし、『継承を前提としない墓』が、家族・血縁を超えて入る『ポジティブ』な選択肢として新たに出現している」ことを強調している（一四頁）。

日本での先駆けは、すがも平和霊苑にある「もやいの碑」が有名だ。すがも平和霊苑は、真言宗の寺院である功徳院（大分県）が運営する墓地である。檀家制度を持たず、宗教宗派の違いや、後継者の有無を問わず、誰でも利用できることを謳っている。*3 一九八九（平成元）年に「地縁血縁国籍宗教不問の会員制合葬墓」である「もやいの碑」を建立した。その背景には、都市社会学者である磯村英一の働きがあったという。*4 磯村は、少子高齢社会の到来を見据え、無条件に入れる合葬墓の必要性を説いていたからだ。碑の運営は磯村が初代会長を務めた「もやいの会」が行ない、生前入会した会員同士が月例会、旅行会などを通じ、いわゆる「墓友《はかとも》」として継続的に交流しているのが特徴である。一九九三（平成五）年に発足した「葬儀等生前契約」を受諾する「りすシステム」と併せることで、身寄りがなくてもひと通りの葬送を完了させることが初めて可能になった。

◉「誰にも弔われない死」の正当化に飛び付く

「死後の自立」＝「脱継承化」と言えば聞こえはいいが、逆の言い方をすれば「自立」以外の選択肢は望めない、という酷薄《こくはく》な現実でもある。放っておいても誰かが継承してくれる身分を享受《きょうじゅ》できる者はごく少数になりつつあるからだ。つまり、将来的に「家族・親族に葬ってもらえる立場の人々」がマイノリティ（少数派）になるのである。

第三章で改めて触れることとするが、海や山などへの散骨行為が、日本で伝統的な埋葬方法に反しており、「家の墓」文化を破壊するといった批判がなされることがある。だが、これは完全に筋道があべこべになっている。時系列的には、「家の墓」を維持できる家族構成の世帯が減少したことがまず最初にあり、それゆえ「家の墓」に囚われない「代替のシステム」が必要とされたのである。もし、「家の墓」や「墓」文化を守ろうとするのであれば、「継承者」「担い手」を気にしなくて良い、安価で多様なニーズに応えるサービスを充実させるしかない。シニア生活文化研究所所長の小谷みどりが言うように、「そのためには、まず遺骨の収蔵場所としての墓を子々孫々で管理することを強制しない仕組み」が求められているのだ。[*5]

宗教学者の島田裕巳《ひろみ》の「ゼロ葬」（直葬＋遺骨を引き取らない）が脚光を浴びたり、葬式不要論などが持てはやされる背後には、「死後の自立」を受け入れざるを得ないものの、人間関係または金銭的な理由などから、最低限の「葬送」すら期待できない階層が拡大していることが挙げられる。また、超高齢社会のさらなる進展は、親族や友人がいても健康上の問題で葬儀に参列できないなど、関係者そのものが激減することも影響しているだろう。このような階層はかつてはかなり特殊な部類であったが、今では誰もがその可能性を排除できなくなった。「誰にも弔われない死」が避け難いのであれば、場合によっては、むしろそれを正当化する言説に飛びつくといった、自己防衛的な思考が加速していくことは想像に難くない。

書店の新刊コーナーは「時代を映す鏡」とよく言われるが、近年、孤独や孤立、その先にある「孤独死」は不幸ではない、といったような人生観の称揚が目立つようになってきている。[*6] 確かに、「孤独死」や「孤立死」という言葉は、「無縁死」という言葉と同様、「誰にも看取られない死」を針小棒大《しんしょうぼうだい》のごとく騒ぎ立て、さも「悲惨な最期＝人生」であったかのような印象を与える語意がある。「独りで亡くなった後、しばらく発見されないこと」は、単身で生活をしていれば起こり得る〝事故〟といえる面があり、人生の幸・不幸はもとより死に方で決まるようなものではない。しかしながら、ニッセイ基礎研究所の「セルフ・ネグレクトと孤立死に関する実態把握と地域支援のあり方に関する調査研究報告書」によると、「孤独死」と称されるものの八割程度が、福祉や医療のケアが必要とされる「セルフ・ネグレクト（自己放任）状態」にあることが分かっている。[*7]しかも、別の調査では「近親者の死亡や病気」「自分の病気」「失業」「経済的困窮」などをきっかけにセルフ・ネグレクトになっていることも指摘されている。[*8]「死に方」の問題と「社会的支援」の問題を切り分ける必要があるのだ。つまり、先の「最低限の『葬送』すら期待できない階層」が、自らの「実存的な不安」から逃避するために、現状を肯定してくれるような死生観――一遍上人は「わが屍は野に捨て、獣に施すべし」と言った等々――にしがみついてしまうと、かえって本来発すべきSOSの芽を摘むことになりかねない。そうすると、いわゆる「野垂れ死に肯定論」なるものは、インドの身分制度である「カースト」（ヴァルナ・ジャーティ）における窮状《きゅうじょう》を自明視する、ヒンドゥー教の輪廻《りんね》転生（サンサーラ）の教義のように、「階層」を固定化させる悪しき思想として機能してしまうだろう。平成に入って以降、増加している献体希望者の中には、大学側が火葬費用を負担し、慰霊碑（共同墓地）に納骨もでき、墓守や墓の購入で煩《わずら》わされることがないとして、終活の一環として献体登録をしている者もいる。[*9]これは他に問題解決の手段があれば違っていた可能性を示唆している。葬送の多様化は、同時に「誰にも弔われない死」からの逃避の多様化も推し進めるということなのだ。

そして、最も重大な問題は、現代に相応しい「代替のシステム」が設えられない場合、「誰にも弔われない死」の「スティグマ（負の烙印《らくいん》）化」がさらに進行し、果ては「社会はそのような死者を弔わない」という排除のメッセージになりかねないことだ。これは社会そのものの正当性に対する疑念を引き起こすだろう。

◉「ご先祖」の概念が作り出す「無縁の霊」

ただし、葬送文化自体が消滅するといった懸念は的外れだ。

仏教式などの伝統儀礼が生き残るかは別にして、人間関係がある限り「故人を送る」行事は途絶えることはないだろう。けれども、昭和のような定型的なライフコースの形骸《けいがい》化により、「正しい葬儀」などというものもはや存在しないため、近親者や自分も含めて「何が相応しい葬儀なのか」を模索していくしかない。故人の遺骨を何らかの形で埋葬する行為も継続されていくだろう。散骨の認知度そのものは高まっているものの、さまざまな調査結果に目を通す限り、遺骨をすべて自然に還す散骨を希望する人は二割に満たず、しかも実際にそれが行なわれる割合はさらに低いことが想像されるからだ。[*10]

官民双方で「合葬墓」の新設や増設が相次いでいる事情からもそのことを容易にうかがい知ることができる。

近年、日本では「合葬墓」の需要は増す一方だ。二〇一九年、朝日新聞は「公営の『合葬墓』、大都市圏で急増」を報じた。記事によると、「東京都と20政令指定都市のうち、都と12指定市が公営墓地に合葬墓を設け、3指定市が新たに造る。超高齢化による死亡者の増加と、墓の『無縁化』を懸念する人が増えていることが背景にある」という。[*11] ここ数年のニュースを見ても、青森県つがる市（二〇二三年度に合葬墓を整備）、鹿児島県鹿児島市（二〇二三年度に合葬墓を整備）、千葉県千葉市（二〇二三年秋の利用開始を目指し、合葬式の樹木葬墓地を整備、神奈川県小田原市（二〇二三年四月から合葬式墓地の供用を開始）、栃木県真岡市（二〇二四年度に合葬墓地を開設予定）などとなっており、合葬墓のニーズは衰えを見せない。興味深いのは、「家」から「個人」への変遷を指摘した記事だ。秋田県秋田市は、二〇一八年に合葬墓を募集した際、先着順で即日締め切りの人気ぶりだったため、増設を決定して再度募集を掛けたという。前回の応募者の八割が「生前応募」であることを踏まえ、生前応募の場合は「子や孫がいない人」と条件を限定したところ、生前応募が大きく減って定数の三分の一未満しか来なかった。このような結果について、担当者は「合葬墓は承継者がない無縁墓を防ぐ目的が大きかったが、実際には承継不要の個人墓需要を掘り起こした側面がある。こうした墓需要の変化に市営墓地としてどう対応していくか、検討し直す必要がある」と述べ、子どもや孫がいても継承不要の個人墓が強く求められている実態を浮き彫りにしている。[*12]

ここで最も重要なのは、「誰にも弔われない死」という悲劇的なものの見方を作り出している概念に着目することだ。

それは日本においては、「家」「家系」「家族」「親類」といった血縁から零《こぼ》れ落ちた者＝縁なき者たちは、自分たちに関係がないから「弔わなくても良い」といった排他的な論理から来ている。民俗学者の柳田國男《やなぎたくにお》は、「死んで自分の血を分けた者から祭られねば、死後の幸福は得られないという考え方が、いつの昔からともなくわれわれの親たちに抱かれていた。家の永続を希う心も、いつかは行かねばならぬあの世の平和のために、これが何よりも必要であったからである」（『明治大正史　世相篇（新装版）』講談社学術文庫、二七七頁）と述べたとおり、それは「ご先祖」への上昇を意味する「祖霊という一かたまりのものに融合同化する」観念に支えられていた。「無縁の霊は、祖霊信仰の中では祖霊に融合できず、供養してくれる人がないから成仏もできず、十万億土へ行きつくことができない」（井之口章次『日本の葬式』五九～六〇頁）というわけだ。今後はこのような狭隘《きょうあい》な観念を固持し続けることは、残念ながら社会全体の公正さの障害にしかならないだろう。そう考えると「無縁社会」「無縁死」という概念も、柳田の指摘したような「死後の幸福」観念の残滓《ざんし》から派生した不幸観なのかもしれない。

社会学者の大岡頼光は、スウェーデンの「ミンネスルンド」が実現された直接的な要因として、高齢者のケアを国家や社会が引き受けなければならないとする、「家の境界」という「個別主義」を超えた「普遍主義」があるという。その思想的バックボーンを形成しているのは、福祉国家の根幹となるイデオロギーであるペール・アルビン・ハンソン（スウェーデンの政治家。首相を二度務めた）らによる「国民の家」という考え方と、自分とのつながりの有無とは関係なしにすべての高齢者の中に聖性を認める「人格崇拝」的な考え方ではなかったかとみている。前述の「もやいの碑」をはじめとする合葬墓は、「家の境界」を越えてさまざまな人々が結び付く形態の墓だ。井上が述べているように、先に挙げた「継承を前提としない墓」を整備する動向が、「家族・血縁を超えて入る『ポジティブ』な選択肢」として明確に示されることが重要なのだ。「家の墓」から見捨てられスティグマ化していた「無縁」の墓を、他の墓と何ら遜色《そんしょく》のないものにする「フラット化」こそが必要なのである。それは、のちに論じるように「無縁の縁」を結ぶ新しい公共の場としての役割が求められる。日本では、合葬墓はまだ緒《しょ》に就いたばかりだが、前例が蓄積されていくことで風景は確実に変わっていくだろう。

●自分の遺体を自分で処理することはできない

結論から言えば「ゼロ葬」はなかなか定着しないだろう。

すでに述べたように「ゼロ葬」や葬式不要論は、急激な社会変化における「過渡期の混乱」の産物といえるからだ。遺骨をゆうパックで寺に送る「送骨」サービス（による納骨）の爆発的な普及、遺骨の一時預かりである「預骨《よこつ》」サービスの拡大は、遺骨を然るべき場所に安置しなければ「気持ちが落ち着かない」わたしたちの精神性を示している。そもそも、いくら本人が生前から「ゼロ葬」を希望していたとしても、遺族の意思などを無視してそれを強行することは不可能だろう。「自分の遺体を自分で処理する」ことなどできないからだ。いくら葬送が自由化されたとは言え、死後は本人が誰かに託すしかないのだから、何もかも自由になるわけではない。「ゼロ葬」は、遺族などへの理解を考えると、場合によっては献体と同じくらいハードルが高いかもしれない。

結局のところ、「継承者」「担い手」の不安がない「代替のシステム」が供給されることによって、「墓」そのものに収まることへのニーズがより鮮明になったといえるだろう。合葬墓とともに（後述する）「樹木葬墓地」の人気にもそれが表われている。いわば埋葬方法のトレンドが「合葬」や「樹木葬」

へ様変わりしただけであって、明治以降の家制度の名残りである「家の墓」という形態が退潮しつつあるに過ぎない。

「家の墓」の減少に危機感を表明する者が少なくないが、章の前半で触れたように広義のコミュニティはとっくの昔に崩壊しており、経済成長や「人口置換水準」（人口が長期的に増減しない出生水準）の安定性に依存し、地域社会の共同性をも前提とする制度や慣習は衰退せざるを得ない。その最終的な結果として、「空き家化した実家」の処理問題と似た文脈で「無縁化した家の墓」の継承問題が表面化しただけである。

一部には、「家の墓」というものがなければ、「ご先祖」の観念が生じないと危惧《きぐ》する意見もある。確かに「家の墓」という「慰霊空間」の消失が進めば、物理的に墓参りという行事ができなくなり、子どもたちは「ご先祖」というものを身近に感じづらくなる可能性はある。だが、これから先、「家の墓」というものが贅沢品となることが避けられず、特権階級の持ち物のようなものになることが確実視される中で、むしろ「無縁の霊」をも慰撫《いぶ》する「新しい慰霊空間」の創出こそが必要になっているのだ。それは「家」という小さな枠組みに狭められていた「ご先祖」の観念を、もっと普遍性のある観念へと統合することでもある。

そもそも「ご先祖」の観念は、日本の土着宗教のようなものなので簡単にはなくならない。井上が指摘しているように、「私たちの中には、先祖は比較的身近にいて、盆や正月、春分、秋分には生者の近くに戻ってくるという、民間信仰の先祖観がずっと生き続けている。つまり、死者の霊は『この世にいない』という仏教と、『生者の身近にいる』という民間信仰の二つの矛盾する考えを、私たち日本人は同時に受け入れてきたのである」（『墓をめぐる家族論』五五頁）。

「〇〇家」のご先祖といったルーツ的な感覚も、そんな簡単には廃《すた》れることはないだろう。[*13] 特定の家系や地域社会に帰趨《きすう》するような「ご先祖」の観念が薄い人であっても、何百年も前に日本列島に住んでいた人たちをひとまとめにして、「ご先祖」と形容することに齟齬《そご》を感じないのではないだろうか。幕末・明治初期の古い写真に映った人物などに「他人の空似」的な世代を超えたつながりを想起するように、日本列島という広がりに引き伸ばされた「ご先祖」の観念といったものに、わたしたちは常日頃から親しんでいるのではないだろうか。

◉「死者を隔離する状態は、社会にとって適切でない」

「生きる市民は墓地ではあまり多くの時間を過ごさないし、墓地はフェンスが張り巡らされていて、外の世界と通じる口は数少ない。生きる人間のためのスペースと、死者のためのスペースの間の緊張関係から発展して、死者を隔離する状態は、社会にとって適切でないと感じるようになりました。過去10年間は、追悼の場所を、都市における生活に再統合する可能性を考える研究をしてきました[*14]」

カーラ・マリア・ロススタインは、都市計画にいかに「死」を組み込むべきかについて思考し続けている建築家だ。コロンビア大学大学院建築学部の准教授であり、二〇一三年に同大に設立された「デスラボ（死の研究所）」のディレクターを務めている。
ロススタインの主張はとてもシンプルだ。それでいて非常に重要な問題提起をしている。世界的な人口増加が予測される中（二〇五五年には一〇〇億人を超えるという）、それに応じて増加するであろう遺体の「置き場所」がほとんど議論されていない。特に墓地として利用されるスペースが都市部で不足することが懸念されている。これは、人口減少の局面に入っているにもかかわらず、流入人口で溢《あふ》れ返る日本の大都市圏にも当てはまる課題でもある（日本の場合は、正しく言えば、比較的好立地で手頃な価格帯の墓地の不足だ）。むろん、郊外などに広大な墓地を設けることは可能であり、実際米国においてもそのような対応がなされている。だが、ロススタインは「遠くの土地に遺体を埋葬する方法は死者を遠ざけているだけで、追悼の場所は、社会により近いところにあるべきだ」との立場なのだ。「統計的に、遺された人々が墓地を訪れる回数は、死後2年」を境に下落することや、「墓地という不動産を恒久的に所有する必要があるのかという問題」、また「墓地には死者を社会から隔離するというネガティヴな要素」があることを指摘している。[*15]
米国でも、日本と同様、単身者の人口割合が増えているのが現状だ。加えて、無宗教の者も多くなっている。現在の埋葬方法の大半が既存の宗教観とリンクしたものであり、「自分を埋葬してくれる家族がいるという前提」で維持されている。そのため、「墓地を恒久的にもつというやり方は、現実的でないうえに、特権的でもある」との認識を明確にしている。「デスラボ」に「死を民主化する」というサブタイトルを付けたのもそれが理由だという――ロススタイン曰く「誰であろうと、死後には敬意を払われるべきだと思うから」。

ここに来て、「誰にも弔われない死」は、富裕層と貧困層への二極化やシングルのまま生涯を終える人々の急増といった社会経済的な要因にとどまらず、伝統的な宗教観の空洞化という時代状況と相まって、「死後にも及ぶ差別」「弔いをめぐる格差」というセンシティヴな問題と直面せざるを得ないことを示している。近い将来「私的な追悼」や「家や個人を刻んだ墓」が、一部の階層しか享受できなくなる可能性がきわめて高いからだ（これは前述の合葬墓の必要性と重なる部分が多い）。

しかしながら、海や山などへの散骨は「追悼の場所」が確保しづらいとして、ラボでは、伝統的な要素を排した追悼の方法を考えることを提起している。

例えば、ラボで考案されたプロジェクトのひとつに、マンハッタンとブルックリンをつなぐマンハッタン橋の下腹部を追悼の場所に使うというアイデアがある。下腹部から舟状になった容器を吊るし、そこでメタン生成を使って1年かけて遺体を分解させる。分解のプロセスで発生するエネルギーがライトを点灯させる。ライトは1年の間、徐々に弱くなり、1年経ったときに、容器は次の死者に使われる。マンハッタン橋の下にある公園は、遺族にとって常に追悼の場所でありつづける。これは、ラボが提案する新しい可能性のほんの一例だ。[*16]

一般的な感覚からすれば、かなりユニークな取り組みだ。

ロススタインの意見に全面的に同意するわけではないが、「生活の場所」から「追悼の場所」が遠ざかることは、死のにおいすらも手早く消毒される都市部において、さらなる死者の忘却を推し進めることにしかならず、長い目で見れば次善策にもならないことは確かだ。つまり、身近なところに「追悼の場所」があることが最善だろう。

キーワードになるのはここでも「隔離」である。

「生きている市民」も一人の例外もなく「死んでいる市民」になることは論を俟《ま》たない。誰もが日本でいうところの「ご先祖」につらなるであろう新しい死者への第一歩を踏み出すのだ。しかも、一九二三（大正一二）年に発生した関東大震災から百年を迎える昨今、東京都を中心とする首都圏では巨大地震などの大災害の可能性が指摘されており、仮に数千人から数万人規模の死者が出た場合、追悼施設や合葬墓のようなものが必要となる。大規模災害時の遺体の埋火葬に関する研究では、東日本大震災の経験を振り返って、遺体の火葬作業が追い付かず、仮埋葬を余儀なくされたことを課題に挙げている。[*17] これは埋葬場所にも当てはまるだろう。これらの問題点を踏まえれば、もともと都市計画の中に、現代のライフスタイルに見合う「市民の眠る場所」を定めておくことは、「死後の不安」に対処できる「弔いの公平性」を保障するまたとない機会となり得る。そして、その場所は、亡くなった者と日常的に接することができ、ある種のコミュニオン（交感）が生じるような、死者と生者のコモンズ（共有地）であることが望ましい。つまり、先の自治体による「継承を前提としない」合葬墓の進化形態として、「身寄りのない者を分け隔てなく弔う」場を提供する、いわば「死者追悼のフェアネス化」を実践するものでなければならない。

●家族やお金がなくても埋葬されるシステムの構築へ

二〇一八年九月、群馬県の民家でミイラ化した死体が発見された事件が報じられた。死体は、その家に住む六一歳の男性の弟で、半年ほど前に寝室で死亡しているのを見つけたが、男性は自宅にある物置まで運んで遺棄《いき》したという。警察の調べに対し男性は「葬式の費用がなかった」と供述した。二〇一九年一〇月、埼玉県で八〇歳の母親の死体を自宅に放置していた事件では、五二歳の息子が同様に「葬儀費用がなかった」と話したという。

近年、このような死体遺棄事件が後を絶たない。遺棄を行なった本人の大半が無職であることが特徴で、「引きこもり」である場合も多い。社会における共同性の崩壊は、すなわち「孤独死」や「無縁死」と呼ばれるものの拡大に止まらず、単純に「遺体が放置される」例、「遺体の引き取り手がない」例が爆発的に増える事態を意味する。また、家族がいても貧困化や、孤立化によって家族そのものがセーフティネットにはなり得ず、むしろ「共倒れリスク」として各人に圧し掛かる可能性が高い。つまり、「まともな葬儀」や「まともな埋葬」は夢のまた夢という階層、遺体に通常の処置を施すことはおろか、故人を人並みに〝送り出す〟ことすら困難な階層が珍しくなくなりつつあるのだ。

これは「弔いの市場化」が極限に達した現代の陰画といえる。

森謙二は、「死はすべての人間に平等に訪れるが、私たちが考えるほど民主的ではない」として、「埋葬」の「脱商品化」を提案する。ロススタインの「死の民主化」ともリンクする意思表明である。

ここで「埋葬」の脱商品化とは、死者が市場に依存しないで「埋葬」されること、と定義しておきたい。「埋葬」の脱家族化も必要であるが、「脱商品化」も必要である。ことばを換えるならば、誰もが「埋葬」される権利を社会＝国家が保障すべきなのである。

脱家族化が、「埋葬」における家族＝親密な他者の関与を否定するものでないように、脱商品化が葬送における市場の関与を否定するものではない。つまり、すべての墓地の公有化を目指し、公的な管理の下におくことを主張するものでもない。まずは、すべての人に「埋葬」される権利を保障した上で、家族がいなくてもお金がなくても市場に依存しなくても「埋葬」されるシステムを構築するべきなのである。

個々人にとって福祉の担い手となるのは、家族・市場・国家（地方自治体）である。家族や市場によって死後の安寧あるいは死者の尊厳が確保されないのであるから、国家（地方自治体）が関わる必然性がある。（『墓と葬送のゆくえ』吉川弘文館、一九九～二〇〇頁、傍点引用者）

「一億総無縁化」時代の現状をこのまま放置すれば、「葬送の中世化」がますます進行することは火を見るより明らかだ。中世には、一般庶民層に現代のような墓はなく、皆遺体を特定の場所に放置していた。墓を持てるのは貴族などの位の高い層だった。今と大きく異なるのは、「他界観」が根付いていたことだ。そのため、「風葬」に近い遺体の処理は当たり前だったが、わたしたちが生きている現代では、「他界観」は拡散しており、遺体の遺棄は残酷な行為にしか映らない。

民間では、異常な安さの永代供養墓・合葬墓の乱立が目に付くようになり、廉価《れんか》な「価格破壊」ともいえる遺骨の引き取り・整理サービスが雨後《うご》の筍《たけのこ》のごとく現われている。相場はだいたい二万

〜三万円(二万円という業者もいる!)。これは、実質的に遺骨の廃棄処分と言っていい。実際、インターネットで検索すると「処分」を宣伝コピーに入れている業者も少なくない。そして、多くの場合、遺骨を捨てると、刑法第一九〇条の「死体損壊等」に該当し、犯罪になると警告している。電車内などに遺骨を放置していく置き去りがたびたび話題に上がるのは、わたしたちが思っている以上に共同性の崩壊が深刻な状況になっているからだ。

●「社会のために葬送を行なう」という大転換

本章の前半に提示した課題、「誰を、どのようにして、弔うべきか」に対する回答は次のようなものとなるだろう。身寄りの有無にかかわらず、「葬送は誰のために行なうものか」と問われれば、「社会のために行なうもの」と応じる――このような大転換が急務になっているのだ。まさに森謙二の言うように、「家族や市場によって死後の安寧あるいは死者の尊厳が確保されないのであるから、国家(地方自治体)が関わる必然性がある」。先進的な自治体によるエンディングプラン・サポート事業は、「身寄りのない高齢者」の「死後の尊厳を守る」ことを第一義としているが、死者となった市民を平等に追悼するシンボリックな機会と場を、何らかの形で確保するところまでわたしたちは思い至る必要があるだろう。かつて柳田國男は、人と人の関係性が絶えることによる「孤立貧」に喘《あえ》ぐ未来を危惧したが、現在それは、社会の分断と孤立化の拡大に伴う諸問題に刻印されている。このような事態を防ぐために柳田は、新しい共同性を形成する必要性を訴えた。葬送の格差については、経済的な格差と同様、「自己責任」の観点で語られることが多い。「孤独死」から「直葬」に至るルートでそれが特に表われている。周囲と一切関わらずに没交渉でいたのが〝本人のせい〟というわけだ。しかし、心身の健康を害して動けなくなったり、死別などにより近親者に去られたりすれば、誰にでも起こり得る事態であることがなぜか抜け落ちてしまっている。しかも、正確には、欧米の個人主義に基づく自己責任という概念などではなく、「家族のことは家族内で解決すべき」と考える「イエ意識」の副産物によるものである。もちろん、昔と異なり核家族やいわゆる「ひとり家族」（単身世帯）が非常に多くなっている。つまり、家族のサイズが極小化して実質的に「個人」となったにもかかわらず、「（ひとり）家族のことは（ひとり）家族内で解決すべき」という前時代の価値観だけが踏襲されてしまっているのだ。この過渡期の混乱にあって、『おみおくりの作法』の問題――「身寄りのない者の葬儀は必要か」――の反社会性が了解されるであろう。

増井葬儀社代表の増井康高は、「弔いの格差」に危機感を持つうちの一人だ。

「故人は皆生前どうであったかによって序列化されず、同じ仏《ほとけ》として弔うような統一的な感覚が必要だと思う。人の死の重さと生の尊さを担保できる価値を『新しく発明』しないと、葬送を取り仕切っているわたしたちの産業自体が成り立たなくなる」[*18]と警鐘を鳴らす。これは単純な商売云々の話ではない。産業規模が縮小してしまうと、サービスの水準が担保できなくなる可能性が高いからだ。私的なレベルでの実行が不可能になりつつある葬送を、公的なレベルでどのように補うことができるのか。わたしたちが「身寄りのない死者」を弔わなくなることと、「身寄りのない生者」をケアしなくなることは相似である。社会がいかなる死者をも蔑《ないがし》ろにすることなく、鎮魂《ちんこん》と祈りの対象とすることを模範として示すこと、そして増井の言葉を借りれば、そのような「価値を『新しく発明』」すること――これが自分たちの社会に責任を持つ者の最低限の務めではないだろうか。

そのような考え方から自ずと導き出される追悼の場は、現存している郊外の大規模な霊園や、市街地にある最新型の巨大納骨堂などとはまったく異なる位相に立つものだ。

学際的な立場から米国の公園、庭園、墓地などの研究を行なっている黒沢眞里子によると、米国では一九世紀初頭から田園墓地（rural cemetery）あるいは庭園墓地（garden cemetery）と呼ばれる墓地が登場し、独特の墓地文化を発展させてきた[*19]。その大きな特徴は「自然風景観」と「多機能空間」だという。「審美的なもの、つまり美しい景観をつくりたいという欲求」に支えられ、植物学、造園学などの知識を存分に投入して設計されていることと、「墓地が野外博物館、美術館、植物園、森林公園などさまざまな機能を付加されて、墓地を超えた存在」であることが重要と考えているのである。代表的なもののひとつが、カリフォルニア州ロサンゼルス郊外に設立されたフォレスト・ローン・メモリアル・パーク（ウォルト・ディズニーやエリザベス・テイラーなどの有名人の墓が多いことで知られる）であり、黒沢は、ダビデ像などイタリアで製作された本格的な彫刻作品を多数設置して、「単に遺体を納める墓地の存在を超えて文化施設となることを目指したこと」、イースターやクリスマスの催しなどで、近隣の家族がやってきて楽しむための場として開放し、「墓地を共同体に奉仕する施設として、田園墓地以来再度位置づけようとしていること」がポイントとしている。ロススタイン的には、米国の従来型の墓地の「郊外」「不動産としての所有」という面が問題視されているが、この二つの要素を退けたところで、「自然風景観」と「多機能空間」に要約される価値は少しも揺るがない。

現在、この「自然風景観」と「多機能空間」を併せ持つ可能性が高いのは、墓石の代わりに樹木を用いる樹木葬墓地だと思われる。エコロジー的な価値観の浸透や、死後自然に還る死生観などから、樹木葬墓地のニーズは高まっており、日本では、二〇〇六年に自治体が初めて手掛けた樹木葬墓地が「横浜市営墓地メモリアルグリーン」（横浜市戸塚区）に設けられた。いわゆる墓地らしくない雰囲気が、欧米の樹木葬墓地と共通している。

死者と生者のコモンズ（共有地）は、このような開放性と同時に包摂性のある、生活空間と地続きの墓地こそが相応しいのではないだろうか。死者と生者が時空を共有すること、分かち合うことを前提とした、レクリエーションと追慕が交わるような憩いの場所である。いずれにしても死者は生者の良き隣人として社会に包含《ほうがん》される存在となる。

●社会全体の問題としての「死の社会化」

個人化の時代とは、家族がもはや葬送の担い手になり得ない新しい時代の幕開けである。かといって、すべてを市場サービスに委ねてしまえば、「隔離」はより進行することになるだろう。死はこれまで以上に「脱社会化」され、「生活の場所」から完全に排除されるのだ。第三章で触れるが、これは教育上、大いに問題がある。「人という生命のライフサイクル」を考慮に入れない公共サービス、あるいは都市設計は、早晩死者に復讐されるだろう。数多の霊に憑りつかれたり、呪い殺されると言っているのではない。死者は生者の写し鏡でしかないのだから、誤解を恐れずに言えば、わたしたちはすでに自らを「不用品」「廃棄物」にしつつあるのだ。死者になった途端に「不用品」「廃棄物」に分類されるわけではなく、すでに生者にその兆候が見られた段階、共同体的なネットワークから疎外された段階で、自他ともに「不用品」「廃棄物」へとポジショニング（位置決め）してしまうのだ。

死が生とひと連なりであることを忘却した末路である。

小谷みどりは、日本と対照的な例として葬送を社会全体で支えるスウェーデンの仕組みを取り上げている。スウェーデンでは、ビグラヴニングスアヴィフト（begravningsavgift）という税金のようなものが国民に課せられており、これが葬儀や納骨費用に充当されている。自分の葬儀費用のために積み立てるのではなく、「国民でみんなの葬儀にかかる費用を負担しよう」という趣旨のものである。[*20]

> ストックホルム市民は給料から天引きされるが、その他の自治体では、たとえばスウェーデン教会に所属している人は、教会に支払う月会費にこの葬儀費が含まれている。毎月の葬儀費用額は所属している教会によって違うが、どんな人も亡くなれば、遺体搬送代、葬儀会場の使用料、遺体安置代、火葬代が無料になるのに加え、二五年間は墓地を無料で使用できる。

これを踏まえ、小谷は、日本でも「死の社会化」が必要なのではないかと問う。

日本では、親族がいるのに弔われない死者や遺骨の増加が新たな問題となっている。社会や家族のかたちが変われば、弔いも変容するのは当然だが、社会の一員として生きた人をみんなで弔うという視点こそが、多様な生き方を認め合う社会におけるこれからのあり方なのではないだろうか。高度成長期までの日本は地域共同体の結びつきが強固で、地域のみんなで育児や養老、弔いをしていたはずだが、地域共同体の弱体化によって、それが個や家庭の問題になってきた。しかしもはや個や家庭だけでは、老・病・死を担いきれなくなっているなか、社会全体の問題として、死の社会化を進めていく必要があるだろう。*21

「もやいの碑」を構想した磯村の危機意識に通じるものであり、筆者は小谷の問題認識に完全に同意する。

「弔いの公平性」と「ライフサイクルの可視化」という観点から、誕生と同様、死についても社会全体が適切な配慮を行なうべき段階に来ている。伝統的な家族や地域社会などの広義のコミュニティの強度が失われるプロセスでは、特定の帰属集団の中であらかじめ決められていた定型的なライフコースから個人を解放する半面、定型的なライフコースの心地良さに後戻りすることも著しく困難になった。これはさまざまな慣習に煩わされない「かけがえのない個人」の誕生を促すと同時に、ライフプランの全責任を引き受けなければならない「不安なわたし」の出現をも招来した。この二つは同じ現象の裏と表である。「無縁社会」「無縁死」という言葉の真意は、ライフプラン全体に浸透してしまったこのような不安が、死後の取り扱われ方にまで延長されたものなのである。

「社会の一員として生きた人をみんなで弔うという視点こそが、多様な生き方を認め合う社会におけるこれからのあり方」だとすれば、わたしたち個々の死生観に見合う何らかの葬送儀礼が提供されなければならない。それが贅沢な欲求だと非難するのは容易《たやす》いが、他者の死が存在しないかのように装われた社会が、果たして子々孫々に誇ることができる〝健全な社会〟なのかどうか、そんな愚かな問いに答えなければならない時代になっているのだ。ギデンズは、「伝統的儀礼は、宗教的信仰と同様、個人の行為を道徳的枠組みおよび人間存在についての基本的な疑問に関わらせる。儀礼の喪失は、こういった枠組みへの関わりの喪失でもある。そのような枠組みがいかに曖昧に経験されようと、またそれが伝統的な宗教的言説といかに緊密に結びついていようと、同じことである」と主張している。わざわざ「そのような枠組みがいかに曖昧に経験されようと」と述べている点が重要だ。筆者は一九七九年生まれだが、過去の記憶を振り返ると、祖母や祖父の葬送に立ち会う中で、経験したことが脳裏に焼き付いている。祖父の遺骨を墓地に納骨する際に、親族のおばさんが骨壺を開けてお骨を見せてくれたのだが、風のせいで遺骨の一部が舞ったのである。その瞬間、「いずれ自分もこんなふうになるのだな」と思ったことをよく覚えている。また、義理の叔母の葬送に立ち会ったとき、何気なく遺体の手に触れたことがあった。死後硬直で乾いて固くなった皮膚の感触がしばらく消えなかった。叔母の遺体は、親族の控室になっている部屋の布団に横たわり、顔には白い布がかぶされていたが、そこには間違いなく自分を含む人々の「未来の遺体」が含意されていた。このような種類の経験は、いわば〝ありふれたもの〟だった。葬送儀礼によってわたしたちは、俗なる時間から聖なる時間に踏み入ることになり、他者の死を介しつつ「人間存在についての基本的な疑問」と出会うのである。

もうかれこれ何十年も前から国内外のさまざまな地域で、現代に相応しい「死の社会化」についての議論が行なわれ、数え切れないほどの試行が積み重ねられている。

これは、名も知らぬ死者の問題などではない。生者である「わたしたち」自身の問題なのである。

第三章　生きている死体と向き合う
——「身体の延長」としての死体論

私はここへ初めて来た時、命の誕生と死がいかに違うか驚いた。当時、産科でヘルパーをしていた私は病理科に標本を持っていった。そこで私が見たものは死体だった。人生の終着点だ。私の死生観は変わった。死者も以前は私と同じ生身の人間だったのだ。私は自分の死を想像しながら彼らを扱う。

『死体解剖医ヤーノシュ　エデンへの道』

生きている構造、すなわち「有機体」と、死んでしまった構造との差は、ほとんどわからない。だから、死んでしまった人を解剖して、相当の知識を得ることができる。その間に天地の差があると思うのは、自分の死を考えるからである。器官は別々に死に、そのなかの細胞はさらに別々に死ぬ。個体全体としての死は、論理的な定義というより、便宜的な定義である。

養老孟司『日本人の身体観の歴史』（法藏館）

◉自然界ではリサイクルされる有機物質

東京・渋谷のスクランブル交差点に近い歩道の脇に座っている男性がいる。黒いレザーキャップを目深《まぶか》にかぶり、ずっと体育座りの姿勢でうつむいている。

信号待ちしている人が時折、饐《す》えたような異臭が漂って来ることに気が付くが、ホームレス特有の体臭ではないかと思って何ごともなく通り過ぎていく。実際、男性はすっかり退色した元は深緑色だったと思しき薄緑色のスポーツウェアと、複数のシミで黒ずんだ灰色のズボンという汚れた身なりをしていた。また足下には小銭が入った紙コップが置かれていた。

しかし、顔の周囲に小さな蠅がたかり始めると、さすがに通行人の誰かが警察に通報したようだ。最寄りの交番から警察官が駆け付けて来た。息をしていないことが判明したその人物の周囲は、すぐにブルーシートによって目隠しがされ、検視が行なわれることになった。事件性がないことが判明すると、遺体は速やかに現場から搬送された。警察署の霊安室では、医師が死因や死後経過時間などを医学的に判断する検死が実施された。死亡していたのは六〇~七〇代の男性と推定され、手術痕《あと》、注射痕などから病死が疑われたが、直接の死因はうっ血性心不全で、低栄養状態による餓死に近かった……。

これは、もし都市のど真ん中で亡くなった人が放置されていたらどうなるかを、さまざまな実例から再構成して素描したひとつのシミュレーションだ。

そこにいるのが「人」ではなく「死んだ人」だと分かると、掌《てのひら》を反《かえ》したようにわたしたちの社会はそれを処理しようと躍起《やっき》になる。それは「死んだ人」である以上に「忌《い》むべきもの」であり、公衆衛生上問題のある「汚染された物質」となるのである。

孤独死の現場がまさにその典型だ。

全国で年間およそ二万七〇〇〇人が自宅で死後二日以上経ってから発見され、その半数以上が死後四日以上が経っていると推計され、季節などにもよるが死体の腐敗は相当進んでいることが想像される。*1 不動産会社や家主の依頼を受けた特殊清掃業者が現場を清掃・消毒し、場合によってはその後工務店などが入ってリフォームすることもある。いずれにしても清掃技術の進歩と市場競争の激化により作業自体はスピーディになっている。たとえかなり腐乱した状態の死体であっても、短時間の間に体毛ひとつ、臭気《しゅうき》ひとつ残さずに、システマティックに除去できてしまう。

人間は心肺が停止すると、血液の循環が止まるため、一時間も経たないうちに重力の影響によって、血液が下の方に溜まり始める。血液就下《しゅうか》という現象だ。仰向けの状態であれば、背中に血液が集まって、表皮が赤紫色に染まる。これを死斑《しはん》という。

次に死後硬直が数時間のうちに現われ、筋肉や関節が固まって動かせなくなる（その後、腐敗によって緩解《かんかい》する）。毛細血管から血が引くとともに、水分蒸発で乾燥が進むため、顔から血色が失せて蒼白《そうはく》となり、早ければ一日で眼球の瞳孔が白濁する。そして、元々体内にあった消化酵素《こうそ》などが細胞や組織を壊す自己融解が始まる。さらに、口腔《こうこう》から内臓にかけて常在菌や、空気中から入り込んだ細菌の活動が活発化する。これがいわゆる腐敗の最初の過程である。大腸菌、ブドウ球菌などが消化器官を中心に増殖して下腹部が淡い緑色に変色する。それが次第に上腹部などに拡大していく。全身の血液の腐敗溶血によって、静脈に沿って暗青色に変色する。これが俗にいう「青鬼」状態だ。硫化《りゅうか》水素、アンモニア、メタンなどによる強烈な腐敗臭が発生し、皮下組織内にこれらの腐敗ガスが急激に蓄積され、死体そのものが膨張する段階に入ることとなる。いわゆる法医学用語が表現するところの「巨人様観《きょじんようかん》」を呈して来る。生前の面影はほとんどなくなり、全身がパンパンに膨れ上がり、二倍くらいの大きさになる場合もあるという。皮膚に無数の腐敗性水泡が出現し、ちょっと触るだけで簡単に剝《は》がれて真皮が露出する。頭髪も頭皮ごと剝落《はくらく》する。夏場であれば、一週間から十日程度でこの状態になってしまう。

また、死体には蠅が集まって来るだけでなく、蟻《あり》やゴキブリ、カツオブシムシなどが蚕食《さんしょく》しに訪れる。蠅の場合、口や鼻などの腐敗した粘膜や皮膚などに卵を産み付けると、半日程度で孵化《ふか》して、幼虫である蛆虫《うじむし》が体液などを啜《すす》る。それらの蛆虫は一週間を過ぎると蛹《さなぎ》になり、二週間後に新たに成虫となる。この過程を何度となく繰り返すことで、蠅・蛆虫・蛹がそれぞれ大量発生することとなる（以上、渡辺博司・齋藤一之『新訂　死体の視かた』東京法令出版、六四〜七三頁の記述を参考にした）。

法医昆虫学の第一人者であるマディソン・リー・ゴフは言う。「検死にかかわった人間なら誰もすぐに、死体とウジとの関係に気づくようになる。自然界でくりひろげられる物質循環の主役を演じるのは昆虫であり、自然界にあっては死体はたんにリサイクルされるべき有機物質なのである。自然の営みは、与えられた環境に応じて、速やかに多様な生物群集を死体にすみつかせるが、それらすべての種のはたらきによって遺体はその基本的な成分にまで分解される」（『死体につく虫が犯人を告げる』垂水雄二、草思社、一二三頁）。

◉食物連鎖の〝外にいる〟という思い込み

わたしたちが同じ人間の腐敗のメカニズムを直視することに耐え難いのは、自らも生態系に組み込まれた生物個体のひとつに過ぎないという現実を突き付けられるからだ。

動物写真を撮り続けている写真家の宮崎学は、学校図書館出版賞を受賞した写真集『死を食べる』（偕成社）で、キツネの死骸の変化を定点観測した写真を時系列で示し、きわめてフィジカル（身体的）な存在論を突き付けることに成功した。一時間ごとに写真を一枚ずつ撮影するロボットカメラを設置するという単純な方法だが、死体と腐食動物が織り成す食物連鎖の真髄をひと目で理解することができる。三日経つとキンバエやニクバエが飛来し、目元や口元などの柔らかい箇所などに産卵し、二週間後にはキツネの身体が膨張して来る。一七日後にカメラのチェックを兼ねて現場に行ってみると、死体の悪臭は最高潮に達しており、腹の中で内臓を食べていた蛆虫が毛皮を破って外に溢れ出していたという。写真を見ると、胴体部分に蛆虫の大群が蠢《うごめ》いている様子が分かる。一カ月後には、ハクビシンが現われ、蛆虫を捕食している。これを評して宮崎は「動物たちのつながりは、じつに、うまくできている」（一一一頁）と述べる。半年後、若干の毛皮と白い骨だけを残して、土に還ろうとしている死骸を見て、ロボットカメラの撮影を終了している。このほかにも、ヤブキリ、アマガエル、ヒミズ、ヒメネズミなどの経過を同様に観察している。

現在、このような実相を主に都市部で目撃しているのは、警察官や法医学関係者を除けば、特殊清掃業者ぐらいであろう。特殊清掃業者は遺体そのものを片付けるわけではないが、腐敗が進行した遺体の場合、搬送されるのはあくまで本体だけであり、漏出《ろうしゅつ》した体液や剝落した皮膚などとともに、群がった腐食動物もそのままにされるからだ。

「遺品整理マインドMind（マインドカンパニー合同会社）」代表の鷹田了《たかださとる》は、「現場には、遺体から漏出した体液や血液、溶解して剝落した皮膚や脂肪、髪の毛、歯、爪などが置き去りにされており、中には眼球が落ちているケースがある」という。*2「事件現場清掃会社」代表の高江洲《たかえす》敦は、典型的な現場の様子についてこう描写する。「腐敗した遺体が残した強烈なにおいと、体の中から湧き出したウジ虫とハエ、畳から湧き出したであろうハサミ虫、さらに得体の知れない不気味な虫たちの死骸、そして目、鼻、耳、口、体中の穴から流れ出した血液と体液が人型になって残っている」（『事件現場清掃人が行く』飛鳥新社、一三頁）。㈱ファーストソリューション代表の高橋大輔は、マンションの八階で死後四〜五日後に発見された遺体の残留物を清掃した際、およそ数百匹に上る蛆虫が発生している状況を目の当たりにしたと証言する。一二月という寒い時期であったが、エアコンがフル稼働だったため、腐敗が早まった可能性が高かった。「遺体が身を横たえていた腐敗液まみれの敷布団を捲《めく》ると、一瞬その下に白いカーペットがあるように見えたが、それは錯覚ですべて大量発生した蛆虫のかたまりだった」と述べた。*3

これは、リー・ゴフが書いていたように、わたしたちが「自然界」の中の「たんにリサイクルされるべき有機物質」であることをまざまざと見せ付けられる瞬間である。筆者も業者の計らいで何度か孤独死の現場などに足を運んだが、これほどまでに食物連鎖を意識させられる場面はないだろう。のちに詳しく論述するが、わたしたちの社会は、わたしたち一人ひとりが自らの身体を適正にコントロールできることを前提とし、そのような仮想に基づいて社会経済システムの安定性が確保されている。それゆえ、死体は、身体が究極的には制御不能であることを告知する禍々《まがまが》しい凶兆とみなされるのだ。

細菌などの分解者と昆虫などの腐食者が表舞台に立つシチュエーションそのものが「あってはならない」ことになるのである。なぜなら、わたしたちは、そのような食物連鎖の〝外にいる〟（あるいは超越している）と半ば本気で思い込んでいるからだ。

◉死体を九つの段階に分けて観想する

わたしたちの多くが忘却の彼方に放逐《ほうちく》してしまっているが、日本では中世以降、死体が腐敗して白骨になるまでの様子を描いた「九相図《くそうず》」と称される絵画が受け継がれてきた。これは、日本人の深層心理に底流する無常観と親和性があるものだ。

九相図は、日本中世絵画史を専門とする美術史学者の山本聡美によれば、「出家者が、自分自身や他者の肉体に対する執着を断ち切るために、皮膚・筋肉・内臓・体液・骨、そして死体などの不浄の様子を観想する」「不浄観」を行なうための補助具であった。「特に、壊死《えし》（腐乱死体）を観想すれば全ての欲を除くことができる」とされていた（『九相図をよむ　朽ちてゆく死体の美術史』角川選書、二六頁）。「不浄観」の中でも死体を九つの段階に分けて観想することを「九相観」と呼んでいる。つまり、自分たちの肉体がいずれは朽ち果てる「有機物質」に過ぎず、一時的に形作られた「常ならないもの」であることを瞑想《めいそう》によって会得《えとく》するものといえる。

『摩訶止観《まかしかん》』が説く九相の内容（正確には八相）はこうだ（二八頁）。

一　脹《ちょう》相

　これらの死屍は、顔色が黒ずみ、身体は硬直《こうちょく》して手足が花を散らしたようにあちこちを向く、膖脹した身体が風をはらんでふくらんだ革袋のようである。九つの孔からは、汚物が流れ溢《あふ》れ、はなはだ穢れ醜悪である、行者は自らおもう、我が身もこれと同じであるし、未だ愛着を断ち切ることのできない愛人もまた、これと同じである。この相を見れば、心が少々定まり徐々に落ち着くのである。

二　壊《え》相

　またたく間に、この膨張した屍は、風に吹かれ日に曝されて、皮や肉が破れ壊れ、身体が坼《たく》裂《れつ》して形や色が変わってしまい、識別不可能となる。

三　血塗《けちず》相

　坼裂したところから血が溢れ出る。あちこちに飛び散り溜り、所々を斑《まだら》に染める、溢れて地面に染み込み悪臭が漂う。

四　膿爛《のうらん》相

膿爛し流れ潰える死体を見る。肉が溶けて流れ、火をつけた蝋燭のようである。

五　青瘀《しょうお》相

残りの皮やあまった肉が風や日に乾き炙《あぶ》られ、臭く腐敗し黒ずむのを見る。半ば青く半ば傷んで、痩《や》せて皮がたるんでいる。

六　噉《たん》相

この屍が狐、狼、鵄《とび》、鷲に噉食されるのを見る、肉片を奪い争い、引き裂いて散り散りになる。

七　散相

頭と手が異なるところにあるのを見る、五臓が散らばってもはや収斂《しゅうれん》しない。

八　骨相

二種の骨があるのを見る、一つは膿膏を帯び、一つは純白で清浄である。ある時は一具の骨で、またある時は散乱している。

九　焼相

焼相については、『摩訶止観』では名称だけが書かれており、具体的な説明がないという。

（『九相図をよむ』一一八頁、筆者が一部修正した）

ちなみに九については、『摩訶止観』が焼相を「骨を最後に焼成させ苦しい修行から逃れてしまうことになる」「劣った方法」として退け、「焼相に進まずに第八番目の骨相でとどまって修行を続ける『不壊法《ふえほう》』の九相観こそが、煩悩滅却を可能とするすぐれた方法として奨励」しているからだ（二一七頁）。

宮崎学が『死を食べる』で試みたロボットカメラによる死後変化の記録は、まさにこのプロセスの現代版とも言うべき行為になぞらえられるであろう。もちろん被写体は本物の人体ではないが、適切なイメージを定着させる手段として、動物の死体の腐敗過程は「すべての生物の運命」という普遍性――『摩訶止観』の「行者は自らおもう、我が身もこれと同じである」――に類推可能だ。

このようにして、わたしたちも動物たちも否応なしに「リサイクルされるべき有機物質」として同一平面上に並ぶ。それは幸・不幸を超えた端的な現実だ。

●「消された死体」とダークツーリズム

他者の死体を見て、自らを「死すべき存在」だという強烈な認識を得るのは教養小説の王道だ。青春映画の代名詞となっているスティーヴン・キング原作の映画『スタンド・バイ・ミー』（一九八六年、米国、監督：ロブ・ライナー）は、思春期に差し掛かった少年四人が「列車に撥《は》ねられて死亡した少年の死体」を探しに行くだけの話である［ちなみに原作の原題は *The Body*（死体）！］。

類似作品として日本では、湯本香樹実《かずみ》原作の『夏の庭　The Friends』が挙げられ、同タイトルで映画化されている（一九九四年、監督：相米《そうまい》慎二）。本作も少年三人が「近所で一人で住む高齢者男性の死」を目撃したいがために、隠れてその生活の一部始終を監視しようと奮闘する話である。こちらは思いがけず高齢男性との交流が生まれることで、一定の関係性が構築された後に本人の遺体に遭遇する展開になっている。どちらにも共通しているのは、抽象的な死に対する好奇心から出発し、死のリアリティに触れることによって、死についての思考が一挙に進むところだ。つまり、観念的で雲を掴むような想像の世界から、具体的で傍観できない現実の世界へと思考の枠組みが鋳直《い》されるのだ。「この子は、なにひとつ、できないし、しないし、しようとしないし、なにもせずにいることもないし、しなければならないことも、するはずのことも、できるはずのことも、しないのだ。ターミナルが〝否《いな》〟と告げている装置の側にいるのだ」（『スタンド・バイ・ミー』山田順子訳、新潮文庫、二五四頁）。「ここにあるのはおじいさんの抜け殻で、おじいさんそのものではない、そんな感じだ。おじいさんはもう、この体でもってぼくと話をしたり、いっしょにものを食べたりすることは絶対にないのだ」（『夏の庭』新潮文庫、一九四頁）。

九相観が「死とはこういうものである」という原型を作る営みであるとすれば、他者の死（死体）に対する飽くなき〝観察欲〟についても、その種の営みに類するものとして捉えられることができるのではないだろうか。

とどのつまり、誰もが一見、他人の死体を見ているようでいて、そこに自分の死体、自分自身の死の片鱗《へんりん》を確認しているのである。「自分だけは死なない」というイモータル（不死的）な万能感に満ちた存在から、「自分も死ななければならない」というモータル（可死的）な限界を知った存在へと翻身《はんしん》を遂げるのである。

二〇一八年、米国の人気ユーチューバーとして若者に人気のローガン・ポールが青木ケ原樹海で自殺したとみられる男性の遺体の映像をYouTubeに投稿し、批判が殺到し本人が謝罪したことが話題になった。自殺の名所として世界的に知られるようになった青木ヶ原樹海に多くの人々が誘引《ゆういん》されるのは、人が「たんにリサイクルされるべき有機物質」であることを自分の目で確認したいといった欲求を少なからず抱えているからではないのか。それが修行かツーリズムかなどといった目的論で眺めることにあまり意味はないように思われる。実際、海外の旅行情報サイトを見ると、ダークツーリズム的な興味を公言して、参加する者が一定数いる。ネットフリックスのドキュメンタリー番組『世界の〝現実〟旅行』(Dark Tourist)などで取り上げられたこともあり、観光地として市民権を得つつあると言ってもいいだろう。だが、別の見方をすれば、一般の人々にとっては、今や「九相図」的な経験を経るということ自体が、希少な美術品の鑑賞のごとき代物と化していることが分かる。

芸術学者、美術批評家の布施英利《ひでと》は、一九九〇年代に『死体を探せ! バーチャル・リアリティ時代の死体』(法藏館)という挑発的なタイトルの本を書いたが、それは「自然の産物」であるはずの人間の死が見えなくなることへの危機感からであった。当時も今も誤解されやすいのだが、布施の主張は、死体を「公衆の面前にさらせ」という意味ではない。死んだ人間を「異常なものとして取り扱うな」ということだ。死んだ人間は「グロ」でも「猟奇」でもない。さっきまで生きていた普通の人間だ。しかし、わたしたちの社会は、死ぬと同時に「人間ではないもの」にしてしまうのである。今や死体はますます物理的に素早く隠蔽される以上に、わたしたちの生活空間において「あってはならないもの」になっている。

わたしたちはまるで死が過去の遺物となったような近未来SF的な生を謳歌《おうか》しているのだ。しかし、それは家族をはじめとする血縁関係のコミュニケーションが希薄になる中で、葬式に立ち会う機会が無に等しくなっている状況とともにある。親しい友人ですら死後しばらく経ってから訃報《ふほう》を聞くことが珍しくなくなっている。コロナ禍でこの状況はより悪化した。病院死も介護施設での死も、在宅死も孤独死もおしなべて同じように、直接他者の目に触れないよう細心の注意を払われて、何ごとも起こらなかったかのように運び去られていく。「何ごとかが起こった」ということを一切悟られないことが、これらの作業の成否を分けているかのように。食肉加工のプロセスが魔法を掛けたように人々の意識から消え失せ、「お肉」としてしか認識されない生活空間とまったく同じ目くらましである。それは、わたしたちの社会が惰性《だせい》的に容認してしまっている、死体の発するオーラを遮断《しゃだん》するファイアウォールが正常に働いている証拠だ。わたしたちは、果たして、樹海に興味本位で乗り込む若者たちを悪趣味だと批判できるのだろうか。

◉お腹から沸騰した内臓が湯気を立てて飛び出す

山口県東部の山村では一九六五年ごろまで野焼きがおこなわれ、遺族が火葬をおこなうことが慣習になっていた。自分の親や兄弟姉妹、時には自分の子を火葬にした人たちの話を聞くと、とくに酷いとか嫌だとか恐ろしいという感じはもたなかったという。タテ棺の中に身体を座らせた姿勢で折り曲げて入れているので、火葬中に熱のせいで身体が膨張すると、棺の外へ両手や両脚が飛び出すことがあった。その勢いが強いと、「まだこの世に執着があった」とか、「死ぬ前に言いたいことがあったようだ」とか、「意地が強かったから死んでもまだ自己主張している」などと話しながら火葬にした。多くは十数時間もかかるので、いったん家に帰り翌朝早く火葬場へ行き、焼け残ることの多かった頭部や腹部を集めて薪《まき》や藁《わら》を足して焼いた。自分が慣れ親しんだ人の身体が火葬によってその様相を大きく変えることについて遺族が抱いた感想は、「人が死ぬというのはこういうことだと思った」というものである。自分にとってきわめて近い関係の人の身体を自ら焼き、その過程や結果を見つめ続けるうちに、むしろ死者を慰めまた自らも慰められる方法を見出していた（波平恵美子『日本人の死のかたち　伝統儀礼から靖国まで』朝日新聞社、二一四〜二一五頁）。

これは、波平恵美子が自身のフィールドワークに基づいて得た知見を記したものだ。波平によると、一九六〇年代前半まで、真宗教徒（門徒）の多い農山漁村では、地域の人々が火葬を手掛ける事実上の「野焼き」が当然のように行なわれていたという。

現在のように死体の処理が完全にアウトソーシングされている状況と、「自分にとってきわめて近い関係の人の身体を自ら焼き、その過程や結果を見つめ続ける」状況では雲泥《うんでい》の差がある。想像するまでもなく死のリアリティというものが、どこかの遠い世界の出来事ではなく、ごく近しい世界の出来事として咀嚼《そしゃく》されていたことは明らかだろう。

遺体の「野焼き」は日本では半世紀以上前の話になるが、タイなどでは現在も普通に行なわれており、その一部始終は動画投稿サイトで確認することができる。日本と異なり死体に対する忌避がないため、一般の人々がビデオカメラやスマートフォンで撮影していることが多く、インターネット上にアップロードする者も少なくない。着衣状態の死体を棺に入れて焼く場合と、棺に入れずにそのまま焼く場合があるが、いずれも皮膚や脂肪が真っ黒に焼け焦げて、皮下の組織や脂肪が剝《む》き出しになって溶け落ち、場合によって骨までが露出する過程を見届けることができる。腹部が突然盛り上がったかと思うと、臍《へそ》の辺りを突き破って沸騰《ふっとう》した内臓が飛び出すこともある。モリモリと湯気を立てた内臓はさながら別の生き物のようである。脳も沸騰して液状化するため、真っ黒に焼け焦げた頭部の耳孔《じこう》や、鼻口付近からドロドロに溶けた脳がマグマのように噴出するといった、凄《すさ》まじい場面も決して稀なものではない。[*4]とはいえ、これは現代日本人の通俗的なキャパシティを凌駕《りょうが》して余りある光景だろう。ちなみに、タイで撮影されたビデオでは、家族や親族、僧侶だけではなく、同じ町や村に住んでいる人々（ここには幼い子どもたちも含まれている）も立ち会っている。

このような壮絶な情景を老若男女問わず同時に共有することが慣例となっている社会と、そうではないわたしたちのような社会では、死生観に違いがあるとはいえ、死体そのものに対する感覚も大いに異なることは想像に難くない。事実、有史以来、現代ほどわたしたちの視界から「死んだ身体」が隠されている時代はない。

◉「生きている人」が「ご遺体」という別物になる

ここ最近の傾向として世代交代が進んだためか、遺体に触れられない葬儀社が増えているという。

こう語ったのは、㈱東京セレモニーの取締役で、葬祭カウンセラーである栗本喬一《きょういち》だ。以下、日本における遺体との距離感の変化について一問一答形式で綴《つづ》る。

――遺体に触れられない葬儀社が出てきた原因は？

昔は葬儀社が納棺はもちろんのこと、棺《ひつぎ》の中にドライアイスを入れたり、遺体のケアに至るまですべてを取り仕切っていた。しかし、外注化の流れによって細分化され、今日のような分業化が進んだ。葬儀社の人から、「遺体を動かしたら血が出て来たんだけどどうしたらいいのか」とうちの会社の納棺師に電話があったりする。「綿《わた》を詰めればいいですよ」と言うと、「怖くてできません」と返って来る。遺体のコンディションに関する経験も知識も弱くなっているから、接触することに対して抵抗感があることが容易に想像できる。葬儀社では、納棺はわたしたちのような会社に外注というのが今や当たり前になっている。

――葬儀社以外に遺体に対面する一般の遺族は？

一般の遺族の方は亡くなった瞬間から遺体に触れなくなることが多い。究極的なことを言ってしまうと、納棺は自分たちでできる。ただし、皆怖がってしまう。たとえばお父さんが亡くなったという時に、一番遺体扱いするのは実は家族だったりする。臨終するまでは「お父さん」と言って手を握っていたのに、亡くなった途端にその手を放してしまう。死後、鼻から血が出てきたりすると、どうすれば良いのとなってしまう。生きている間に鼻血が出れば、子どもの鼻血を止血するのと一緒でティッシュとかを詰める。それと同じように拭《ぬぐ》ってあげれば良いと思うけど、怖いという感情が先走っていて触れられない。要は、ご遺体にどう接していいのか分からない。わたしたちがやっている納棺は、本当であれば遺族でできるもの。わたしたちがお客様に請求しているのは人件費と技術料に過ぎない。遺体の着せ替えもやろうと思えば自分たちでできる。今まで介護の時に着せ替えをやっていたのに、遺体になった途端に皆やろうとしなくなる。

――背景にはどういったメカニズムが働いているのか?

生きている人が動かなくなった時点でご遺体という別のものになる、と感じているようだ。たとえば、そもそも論の話をすれば、遺体の搬送に寝台車はいらない。自分の車で運ぶことも可能だ。病院への往復では、お祖父ちゃんを自家用車で送迎していたのに、亡くなった途端に寝台車を呼ぶのが当然になっている。家族で連れて行くことに問題がなくてもそれはやらない。やっぱり皆怖いのだと思う。日本人は、何も信じない文化だと思われがちだけど、何の疑問もなく刷り込まれているものがある。意外にもお化けを信じている人は多い。そんなことをしたら罰が当たるんじゃないかとか。宗教観がないと公言している人が、罰が当たるということを妙に気にしたりする。僕のところに来て「安くやりたい」って人がいると、僕は自分たちででききるということを懇切《こんせつ》丁寧に説明する。「死亡診断書さえ持っていれば、普通の車で運転しても罪になりません」と言うと、罰が当たるとか怖いとか、いろいろ理由を付けてやらない。*5

このように遺体そのものが視界から遠ざけられるだけでなく、親族のような自分にとって近しい間柄の遺体についても、ほとんど接することなく火葬・納骨される。

生物としてのリアリティが実感し難い世界とは、言うなればわたしたちが「有機的プロセスとは無関係な存在」であるかのような妄想を、常識のように通用させてしまうほど異常な世界である。とはいえ、もう後戻りはできない。要するに、これは「ないものねだり」なのだろう。わたしたちは、有機体であることを拒絶する盤石《ばんじゃく》なシステムの恩恵に浴しながら、有機体であることを呼び覚まし、自然との融和を促す知恵を求め続けているのだ。

●生体と死体を線引きすることの無意味さ

そもそも死体とは何なのか。

死の三徴候が便宜《べんぎ》上の決まりに過ぎない、つまり人為であることはすでに第一章で書いたが、生体と死体に線引きしてカテゴライズするのは、言うまでもなくわたしたちの社会の都合である。


死体は歴然とした身体である。しかし、多くの人は、それを身体とは見なさない。それは死体であって、「生きている身体」とははっきり別物なのである。「生きている身体」が、死という瞬間を境にして、突然異次元に移動する。そんな馬鹿な話はないが、世の中がしばしば、その種の馬鹿な話でできていることは、よくご存じのとおりである。相手が死んでいるかぎり、死体をどう解釈しようが、当の相手から文句が生じる心配はない。それが、生者による死体の恣意的な解釈を許す。(『日本人の身体観の歴史』七頁)

これは、養老孟司が日本人が抱きがちな感覚を代弁したものだが、先に栗本が苦言を呈していた反応――「ご遺体という別のものになる」――とも符合している。

養老は、「典型的な誤解」があるという。「死体はモノではない。人間の一部つまり人間である。法律を借りていえば、だからこそ死体損壊罪が成立する」(八頁)。

そこで思い出さざるを得ないのが一本の傑作ドキュメンタリー映画である。『死体解剖医ヤーノシュ　エデンへの道』(一九九五年、ドイツ、監督：ロバート・エイドリアン・ペヨ)は、ハンガリーで病理解剖に従事するケシュリュー・ヤーノシュの仕事ぶりや人生観などを捉えつつ、生体と死体に線引きするわたしたちの常識を、あえて混乱させることを試みている稀有な作品だ。

病理解剖とは、亡くなった患者の病気の原因や病態を調べるために遺族の承諾を得て行なう解剖のこと。ヤーノシュはこう説明する。「死体安置所は神聖な場所だ。一歩、足を踏み入れると不思議な力を感じる。死亡者の名前を記録する。遺体の大半はカッライ・ホスピスから運ばれる。患者30人に看護婦1人。老人たちは晩年をここで過ごす。心は固く閉ざされ体はやせ衰えている」……。

ホスピス患者の骨と皮ばかりになった裸体に洗身が施されるシーンは、病理解剖のシーンよりもある意味で強烈な印象を残す。石鹸を泡立てたスポンジを持つ職員の手で拭われる、床ずれで斑《まだら》になった痛々しい肉体が哀れなのではない。そこに「生きながら死んでいる」かのごとき生活の一断面が、高齢者一人ひとりの虚ろな眼差しによって浮かび上がるからだ。

以後に続くカットのつなぎ方には、この作品の死生観が如実に表われている。洗髪を施されるホスピスの患者を見ていたかと思うと、それは次のカットで同じく遺体に洗髪を行なっているヤーノシュに切り替わる。「私は死者と話せないが彼らの役には立てる。無力に横たわり埋葬を待つ彼らをいたわれるのは私だけだ」……。また、遺体の伸びた手指の爪を鋏《はさみ》で切る様子を映した後に、（生きている人間の）足のタコをナイフで削るカットを挿入する。足のタコはヤーノシュのもので、ナイフの使い手は彼の母親だ。ヤーノシュは思わず「いつもと逆だな。今日は私がナイフで切られてる」と漏らす。その次のカットは、遺体の足に下着とズボンを履《は》かせるヤーノシュが映る。

もっと分かりやすいのが開頭シーンからの流れだ。解剖学用語で〝脳出し〟と言われるもので、頭蓋骨を電気ノコギリを使用してこじ開け、脳を丸ごと摘出する。脳から脊椎《せきつい》だけではなく、視神経、内耳神経、三叉《さんさ》神経など一二の末梢《まっしょう》神経も切り離すのだ。その作業から、いきなりヤーノシュの愛娘がＣＴスキャンで精密検査を受けているカットに切り替わる。失神の原因について脳を調べているのだ。ＣＴスキャンで撮影された脳の断面図が映し出され、「脳室は左右対称で全く正常です」との医者のコメントが付される。

ここで明快過ぎるほどに示されているのは、生体と死体に線引きしているわたしたちの不見識、生と死を切り離して理解することの無意味さである。ヤーノシュは、病理解剖を行なうだけにとどまらず、遺体に葬式用の服を着せ、髪を整え、場合によっては化粧を施す。その距離感や接し方から分かることは、ヤーノシュにとって遺体とは、徹頭徹尾「人間の一部つまり人間である」ということだ。生者とまったく同じように、敬意を持って取り扱っている。「私は自分の死を想像しながら彼らを扱う」という言葉からも、彼の死者に対するスタンスをうかがい知ることができる。それを抽象度の高い言葉に換言すれば、一般的な感覚としてある生体と死体の埋まり難い溝を、終始自分と同じ「身体の延長」として捉えているということだ。そこに概念操作による切断処理の痕跡《こんせき》は一切ない。

◉「これはオレだ」という感覚

養老はもっと率直な言い方をする。献体された遺体を何十年にもわたって解剖してきた末に辿り着いた感覚をこう述べている。

> 最初は他人なんです。要するに「ヘンなもの」というか客体なんです。そのうち必ず感情移入してくるようになる。そして最後に同一化してくるんです。つまり「これはオレだ」という感覚になってくるんです（笑）。そういうことは口でいっても絶対にわからない。（養老孟司・森岡正博『対論　脳と生命』ちくま学芸文庫、一五頁）

そして、「人の手を握っているんだけれど、自分の手を握っているという感じ」「オレの手と死んだ人の手との区別がなくなってくるんですね、感覚的に」などと説明を重ねた上で、「他者じゃなく、自分の延長みたいになってきている」と評している（一五頁）。

「自分の延長としての死体」――これは、死体を何の疑問もなく「別物」とみなすこと、つまり、人間が死の宣告を受けて人間の定義から外れることに違和感を持たない、「わたしたちの側の常識」をむしろラディカルに照らし出すものだ。医療から始まる身内の身体＝遺体管理のアウトソーシング化の定着によって、従前《じゅうぜん》は日常的に了解されていた「人間の一部つまり人間である」といった実感を得る機会が減り、死亡が確定した後はますます「別物」として専門職に〝丸投げ〟される傾向が強まる――という悪循環の中にいる。

『ある葬儀屋の告白』というブログがアメリカで話題を呼んだキャレブ・ワイルドは、プロの葬儀屋が何もかも独占し、アマチュアの領域を奪ってきた現状を反省し、遺族もできることをやった方が良いという結論に達したという。

遺体との接見や接触を極力避けて手早く処理する現状では、「死のネガティヴな物語をますます強化」することになると述べ、「死者の世話をすればするほど、死そのものが怖くなくなる。死者に近づけば近づくほど、自分が死ぬという運命を受け入れやすくなる」という経験則の重要性を主張した（『葬儀屋の告白』鈴木晶訳、飛鳥新社、七〇～七一頁）。栗本も似たようなことを指摘している。お別れの際に遺族が脱脂綿に水を含ませたもので故人の顔を拭ったり、生前愛用していた化粧道具で紅を引くことを勧めているという。このような死者とのノンバーバル（非言語）のコミュニケーションは、故人との別離を意義深いものにするだけでなく、送る側の死に対する意識を好転させることが多いそうだ。常日頃自明視している二分法「死んでいること／生きていること」の超克《ちょうこく》には、

「死者に近づく」というダイレクトなコミュニケーションが不可欠なのだ。

◉死体の「人間」宣言こそが必要

養老は、「日常からすなおに考えれば、死体は身体の一部である。なぜ一部かと言えば、生きている身体から、なにかが欠けたものが死体であり、なにかが加わったわけではない。ふつうはそう意識されているからである」（『日本人の身体観の歴史』二八頁）と強調する。

では、死体には、なにが欠けているのか。「人権」と答えれば、それが法律家の模範解答なのであろう。「こころ」あるいは「たましい」と言えば、キリスト教をはじめとして、多くの宗教の模範解答となるかもしれない。ただし、ここはむずかしくて、うっかりすると、神学論争に巻き込まれる。

「心臓の動き」「自発呼吸」「瞳孔の収縮」、この三つが死体には欠けている。そう答えれば、医学生の解答であろう。「脳の機能」が全面的に欠ける。実際には、「いわゆる竹内基準を満たす」。これなら脳死体だが、医師国家試験にいまこう書けば、不合格かもしれない。

死体と身体は、じつはほとんど同じものである。常識的には、そう思えないかもしれないが、「脳死問題」がはっきりさせたのは、じつはそのことである。「死の瞬間」に、突然なにかが欠けるわけではない。ただ、意識が、いわば「瞬間的に」なくなるのである。しかしそれは、寝入るときでも、失神したときでも、ほとんど同じであろう。（二八〜二九頁）

そして、現代日本人の死体感覚が「文化によって決定されたもの」だと主張したうえで、「現代日本社会における最大の差別はなにか。それは、死体の差別であろう」「日本人は、死体を人と思っていない」と非難する。

最近の一例を挙げれば、「遺体ホテル」を巡る反対運動がそれを明確に物語っている。

葬式や火葬までの間、遺体を保管しておくだけでなく、遺族も宿泊ができる民間施設のことであり、ホテルのような清潔感のある遺体安置所として近年増加している。しかし、遺体安置所そのものに対する抵抗感が根強いことから、反対運動の憂き目に遭って計画段階で頓挫《とんざ》したり、開業しても看板を掲げず住所もオープンにせず、利用者のみに通知している業者も少なくないという。

神奈川県川崎市のある遺体ホテルでは、建設前に開いた地元民への説明会で、「こういう施設が近所に存在すること自体、気持ち悪い」などという意見が飛び出した。それに対する経営者の反論は至極《しごく》まっとうだった。「法的には何の問題もありません。よく考えてください。人はみんな死ぬんですよ。みなさんもこういう施設を必要とする時が来るかもしれない」[*6]。養老的な言い方をすると、「死体を人と思っていないから、死体安置所が『気持ち悪い』ものに映る」のだろう。つまり、他人の死体がホラー映画に出てくるようなグロテスクな物体に見えているのである。もちろん、土地のイメージが悪くなるといった迷惑施設的な側面もあるが、その根底には死体そのものへの嫌悪感がある。これはある遺体安置所の経営者に聞いた話だが、近所の遺体安置所が「怖い」としきりに訴える人がいたので、「遺体が置かれているのではなくて、人が寝ていると考えればいいじゃないですか」と諭《さと》したという。そう、まさしく事実として「人」が横たわっているだけなのだが、そういうふうには捉えることができないのだ。しかも、これが差別であるとの自覚すらまったくない。

死体はこの国では、もっとも差別された存在である。それを救っていたのは、宗教儀礼である。だから、ホトケなのである。聖と賤とは、まさに裏腹である。だから、時代が変われば、死体ほど差別されるものはない。宗教を本当には信じていなくても、儀礼だけを死者に尽くす。そのために、「モノ扱い」ばかりが心配になるのであろう。もしそうなら、そんな心配は不要である。死者もまた人だからである。多くの人がそれを理解すれば、それでいい。死者が変に重要視されるのは、それを特殊なものとして、タブーを置くからである。いまや必要なのは、ほかでもない、死体の「人間」宣言である。それを、ふつうの人として、扱ってあげればいいではないか。聖なるものとすれば、裏返しとして賤の扱いを受ける。中国の歴史を読めば、しばしば為政者が交代するとき、前代の墓が暴かれる事実が記される。死者に必要なことは、ふつうの人としての単純な取り扱いである。(『日本人の身体観の歴史』五七頁)

◉家族の死体と一緒に暮らす人々

今からおよそ二〇年前に起こった「成田ミイラ化遺体事件」というのがある。

脳出血に陥った患者に適切な医療措置を施さず、「シャクティ治療」と称する怪しげな民間療法を行なった結果、その患者が死亡したことが罪に問われた事案だ。しかし、それ以上に世間の耳目《じもく》を集めたのは、自己啓発セミナー団体の主宰者の発言だった。

当の患者がすでに死亡し、ミイラ化していたにもかかわらず、「司法解剖されるまでは生きていた」と断言したのである。つまり、警察に連れ去られて解剖されたことにより死亡したというのだ。

ところが、主宰者本人が本当に信じていたかどうかは別にして、このような死に対する態度は文化人類学的には珍しいものではない。たとえば、インドネシアのスラウェシ島に住むトラジャ族の人々は、家族が死ぬとしばらくはその遺体とともに暮らす。遺体が安置されている寝床に、生きていた時とまったく同様に、朝・昼・晩の三回食べ物を運び、身体に触れたり、話し掛けるという。ホルマリンで防腐処理を施されているため、時間が経過するとミイラ化する。この地域の若者たちにとって、何年も前に亡くなった祖父母と並んでスマートフォンで写真を撮ることは普通である。その理由は明快だ。いわば魂が完全にまだあの世に旅立っていない「半死半生」の状態とみなされているからだ。長い場合だとこの期間は数か月に及ぶという。葬儀が終了すると、遺体は墓に納められる。


この地方に暮らすトラジャ族の人々にとって、肉体の死は、生を唐突に断ち切る決定的な出来事ではなく、ゆっくりと進行する、生から死へのプロセスの始まりにすぎない。家族が亡くなると、数週間から数カ月、場合によっては数年間も遺体を家に置いて大切に世話をする。葬儀は、遠方の親族も参列できるようにと先延ばしされることが多く、ひときわ盛大な葬儀になると世界各地から親類縁者が集まり、1週間も続く。葬列には100台を超すバイクや車が加わり、にぎやかに街中を進んでいく。ここでは、死が生を凌駕《りょうが》しているのだ。（ナショナル ジオグラフィック編集部『ナショナル ジオグラフィック日本版』二〇一六年四月号、日経ナショナル ジオグラフィック社、六〇〜六一頁。）

心臓死から一定の期間を置いて本当の死を確定することは、わたしたちの祖先が当たり前のように行なってきたことで、第一章においてすでに書いたとおりであるが、この短い二つのエピソードに「法的な死」「社会的な死」「個人的な死」の位置付けが出そろっていることが重要だ。

コスモロジー（宇宙観）と緊密に結び付いたかつての共同体では、この三つの死の認識についてほとんど齟齬が生じることはなかった。だが、このような共同体が近代化の過程でほとんど衰退し、ライフコースの多様化と個人化の進展が社会全体に浸透すると、結婚・家族形成やキャリア形成の自己管理化が不可避なのとまったく同様に、「死を前にした人間」も「プレ死体」としての自らの「身体」の管理責任を負わされるはめになった。

思えば、一九九一年の「葬送の自由をすすめる会」の登場は、死後にまで延長された自己の身体の取り扱いの権利をめぐる至極今日的な問題提起であった。

ここに根本的な問いとして、「死体は誰のものか」——も出てくる。

死体が歩むことができる〝余生〟は、実のところ多彩である。日本では火葬がほぼ一〇〇％に達しているが、土葬がまったく不可能なわけではない。死体の再利用を望む者は、後述する臓器移植や献体がある。マイナーなジャンルでは、第七章で取り上げる「クライオニクス」（人体冷凍保存）

への道も開かれている。火葬後の遺骨の取り扱いに関しても選択肢が増えた。海洋散骨は今や珍しいものではない。宇宙葬（ロケットに遺骨を収めたカプセルを搭載し、大気圏外を周回した後燃え尽きる）やバルーン葬（バルーンに遺骨を詰めて成層圏付近まで飛ばし、バルーンの炸裂により散骨が行なわれる）もある。海洋散骨と同様に自然回帰を志向する樹木葬墓地も、ひと昔前に比べて自治体、民間を問わずバリエーションは拡大し続けている。そもそも電車の車内広告に「海洋散骨」「樹木葬」という言葉が目に付くようになったことがそれを表わしている。いかにわたしたちの葬送感覚が変化を遂げたかを読み取ることができるだろう。

◉死体の永久保存は実現可能か

とはいえ、自分の死体が「何もかも思いどおりにできる」というのは幻想だ。

かつての日本では埋葬方法の主流であった土葬は、現在、墓地埋葬法（墓地、埋葬等に関する法律）で禁止されてはいないものの、東京都や大阪府など一部の自治体が条例で規制しており、費用的にも手続き的にもかなりハードルが高いものとなっている。その反動として二〇〇一年に「土葬の会」が発足したほどだ。実際、宗教上の理由から土葬以外の埋葬方法はあり得ない人々もいる。当たり前だが文化が違えば、火葬は残酷な死体処理法となる。日本在住のムスリム（イスラーム教徒）が典型だ。しかし、日本でムスリム向けの霊園は北海道、山梨県、静岡県など数か所だけだという。

また、日本では昭和の初頭ぐらいまでは、今の沖縄県の宮古島や石垣島、鹿児島県の奄美《あまみ》大島などで風葬が行なわれていた。洞窟《どうくつ》などに死体を一定期間放置して、風化・白骨化した後に親族たちが洗骨し、改めて墓地に納骨するという葬法だ。もしこれを再評価する機運が生まれ、今の時代に復活させようとすれば、刑法第一九〇条の死体損壊・遺棄罪に問われるかもしれない。チベットで行なわれている鳥葬《ちょうそう》と似ていて、事実上遺体を小動物などに食べさせ、腐敗・損傷していくのを看過することになるからだ。そもそも、先の火葬ですら指定された火葬場以外で「野焼き」をすることは許されず、自宅の庭に墓を作って遺骨を収めることも禁じられている。散骨に関しても、実は法的にはグレーである。あくまで遺棄ではなく葬送を目的としており、節度を持って行なっている限り、死体損壊・遺棄罪に問わない、といった法務省の非公式コメントに依拠しているに過ぎない。死体の行動範囲は思いのほか制限が掛けられているのである。

それが最も分かりやすいのは、死体の永久保存は実現可能かという視点だろう。

日本国内では、トラジャ族の人々のように防腐処理を施した親族の遺体を何か月も自宅に安置することはできない。法律には何日以内に火葬・埋葬しなければならないという類の指示は書かれていないが（「火葬許可証」「埋葬許可証」が必要）、死体解剖保存法が死体を保存する目的を限定しているからだ。死体解剖保存法第一九条によれば、医学に関する大学と特定の病院が研究や教育用に標本として保存する場合以外の遺体保存については、遺族の承諾と都道府県知事または政令市長（特別区区長）の許可を義務付けている。英国の哲学者ジェレミー・ベンサムは、死後、本人の遺言書のとおり、防腐処理を施され、着衣でポーズを取った状態で、ユニヴァーシティ・カレッジ・ロンドン内のガラスケースに展示されたのは有名な話だが、死後も自らの身体をいつまでも保存したいという強固な意思の持ち主がいて、遺族もその意思を尊重するケースを仮定しても、行政のトップがそのような行為を容認するとはとても思えない。しかも、長期保存にはエンバーミング（遺体の防腐・殺菌・修復技術）が不可欠だ。一般社団法人日本遺体衛生保全協会（IFSA）の指針によれば、「処置後のご遺体を保存するのは五〇日を限度とし、火葬または埋葬すること」*7としている。誓約書への署名も必要となることから、永久保存のためのエンバーミングは難しいだろう。要するに、エンバーミングを施した遺体であっても、埋葬せずに自宅などに安置しておくことは、死体損壊・遺棄罪のリスクを増大させることにしかならない。

いくら生前に本人が希望したところで、そのような羽目を外した〝余生〟は、日本ではまず不可能と言っていい。

◉「成長する死体」という新しい存在

前述の死体の再利用において特に大きな問題となっているのは臓器移植だ。

日本では、二〇一〇（平成二二）年に改正臓器移植法が施行され、本人の意思が不明な場合には、家族の承諾により臓器が提供できるようになった。また、一五歳未満の子どもからの脳死での臓器提供も可能となった。つまり、本人の意思表示を必須としていた一九九七（平成九）年の旧臓器移植法を覆《くつがえ》したのである。生前の本人の意思はどうあれ、家族の意思で移植が行なえる改正臓器移植法を疑問視する声は少なくない。

「脳死」は、新しい死の概念である。それは、生体と同様に体温があって、心臓が動いている「脳死体」という奇妙な死体を作り出した。つまり、脳死した者を「臓器移植の場合に限って」という留保が付いているとはいえ、「死んでいる人」にカテゴライズすることが国家のお墨付きの下、合法的な分別の方法として制度化されたわけだ。

　生命について学際的に思考する「生命学」を提唱する哲学者の森岡正博は、「子どもの長期脳死」にこの種の矛盾《むじゅん》が如実に表われているとする。「ケアをする親の視点からすれば、長期脳死の子どもと、脳機能が残存する重症の子どものあいだにほとんど差はない」とし、子どもの場合、脳死判定後に心臓がいつまで動き続けるか予測ができない実態を指摘した。

> 　ある子どもが脳死判定を受けたとする。もし家族の同意を得てこの脳死の子どもから臓器を摘出すれば、その子どもの身体は手術後すぐに冷たくなり、血の気を失った遺体となってしまうだろう。しかしもし臓器摘出を行なわなければ、その子どもは脳死状態のまま何百日も心臓を動かし続け、身長も伸び、体重も増える可能性がある。親は長期脳死の子どもをずっとケアし、その子どもと時空を共有していくことができる。脳死の子どもからの臓器摘出に同意した親のほとんどは、このような事実を知らない。もし臓器摘出をしたあとで、親がこのことを知ったらどう思うだろうか。もしあのとき臓器移植に同意していなければ、ひょっとしたら1年以上も脳死状態の子と一緒にいることができ、その成長を見守ることができたかもしれないということを知ったときの親の気持ちはどのようなものか。（第6章「まるごと成長しまるごと死んでい

く自然の権利――脳死の子どもから見えてくる「生命の哲学」」シリーズ生命倫理学編集委員会編『シリーズ生命倫理学第20巻 生命倫理のフロンティア』丸善、一〇〇頁）

森岡はこのように述べ、「脳死臨調（「脳死臨調最終答申」）のように、身体の統合機能の喪失を人の死の必要条件のひとつとしてとらえる医学的立場からすれば、長期脳死が『人の死』であるとは言い難くなる」と主張した。また、海外では近年、医学的な視点から脳死を人の死ではないとする論文が多数存在することにも言及した（一〇〇〜〇一頁）。

現時点においては、長期脳死は臓器提供の目的で判定された場合、臓器移植法にもとづいて法的には死体であるが、長期脳死についての医学的見解は混乱しており、医学的には生きているとも死んでいるとも結論できない状態とするのがもっとも妥当であると思われる。また法的には脳死の身体は「死体」であるから、現行法のもとでは、長期脳死の子どもは「成長する死体 growing corpse」であることになる。長期脳死についての厳密な検討をせずに法改正をしたために、我々はいま「成長する死体」という存在を誕生させたのである。長期脳死は、法的には成長する死体であり、医学的には生きているとも死んでいるとも結論できない状態であり、日常的な一般人の感覚からすれば生と死のあいだのいずれでもあり得るような境界線上の人間である。（一〇一頁）

◉身体が「最後のオアシス」となる

森岡の結論は至って明瞭だ。「（1）すべての脳死の人は、大人であれ子どもであれ、『聖なる存在者』である。（2）もし彼らが臓器提供について明瞭な意思表示をしていなかったならば、その脳死の身体はどのようなタイプの外部の侵襲からも守られなくてはならない。（3）もし彼らが臓器提供について明瞭な意思表示をしていたならば、その意思は脳死の身体の聖性よりも優先されなくてはならない。このときはじめて脳死の人からの臓器摘出が可能となる。（そしてまさにこの主張こそが、旧・臓器移植法の根底にあった考え方のひとつなのだと私は思う）」――そして、このスタンスは「心臓死の人間に対しても適用されなくてはならない」と主張している。

さらに森岡は、刑法第一九〇条の文言――「死体、遺骨、遺髪又は棺に納めてある物を損壊し、遺棄し、又は領得した者は、三年以下の懲役に処する」――に「似たような生命観」が含意されていると述べる。「ここには、一般民衆が、心臓死した人間の身体の一部に対して、聖性のかけらを見出していた可能性が読み取れる」という。

したがって、私の考えでは、人間は聖なる存在としてこの世に生まれ、自己意識を持った主体へと向かって成長し、歳をとり、ふたたび聖なる存在となって、自然へと還っていくのである。そして事前の意思表示がないかぎり、この聖なる存在は「まるごと成長しまるごと死んでいく自然の権利」を有している。人間の生命は、ひとつの聖なる存在から、もうひとつの聖なる存在への旅以外のなにものでもないのである。（「まるごと成長しまるごと死んでいく自然の権利」『生

命倫理のフロンティア』一〇五頁)

森岡のいう「人間は聖なる存在」であるという近代思想の再検討に基づく「まるごと成長しまるごと死んでいく自然の権利」は、今後の生命倫理を模索するうえで重要な問題提起といえる。と同時に現代のわたしたちが感覚的に馴染みつつある、身体が守り抜くべき「最後の砦」「最後のオアシス」と化している状況ともリンクしている。

ジグムント・バウマンは、「身体と身体的満足の寿命」は一世紀前と比べて大して長くなったわけではないと前置きしたうえで、「問題は社会組織を筆頭に、すべて他のものが『身体と身体的満足の寿命』より、短命になった」事実に着目している。

寿命は相対的概念で、人間は、いまや、まわりの事物のなかで、もっとも寿命の長いもののひとつとなった(実際、ここ何十年間で、寿命を伸ばしているのは人間だけだ)。敵の集中砲火にさらされながらも、敵の手にわたらなかった最後の塹壕、流砂のなかの最後のオアシスとなったのが、人のからだであった。こうして、熱狂的、偏執的、狂信的な身体への関心が生まれたのである。からだと外的世界のあいだの境界線ほど、厳重に警護されているものはない。からだの孔(侵入点)とからだの表面(接触点)は、いずれやってくる死の自覚からおこる、恐怖と不安が集中する場所となっている。他の場所(たぶん、「共同体」をのぞく)に、恐怖や不

安を分散することはできない。（『リキッド・モダニティ　液状化する社会』森田典正訳、大月書店、二三七頁）

寿命が相対的に最長レベルに達して「最後のオアシス」となった人間は、いわば「包囲された聖域」と評することができるだろう。この「包囲された聖域」には「身体の延長としての死体」も含まれていると考えるのが自然だ。「脳死状態とされた人間」「死んで間もない人間」「防腐処理を施された人間」「遺骨になった人間」……。身体のコンディションが変化を遂げたとしても、聖性を帯びた「物質としての個人」は特定可能な形で存続し得る。まさしくバウマンが「あした会うのが確実なのは、激しく様変わりした家族、階級、隣人、仕事仲間に囲まれた、自分自身のからだだけなのかもしれない」と言うとき、この「自分自身のからだ」には「脳死体」をはじめとする多様な「身体」も入っていると解釈するのが妥当だと思われる。このような見立てで「葬送の自由」という現象をもう一度眺めればまた違った風景が現われるはずだ。

◉私的でパーソナルなメモリアリズムの素材

社会が流動的になればなるほど、身体の再利用価値が高まれば高まるほど、わたしたちの身体はますます「最後のオアシス」として現出するだろう。

「葬送の自由」とは、バウマンのいう「身体についての関心」が「死後にまで延長されたもの」なのである。それは生きているときとまったく同様に保護され、コントロールされなければならない身体であり、適切な祭祀承継者が存在しなければ別途、信頼に足る委託先を探さなければならない。

近年、親近者の死体を火葬したのち、その遺骨を自宅に長期間安置することが増えてきている。これは「手元供養」と呼ばれている。もちろん、墓地や納骨堂に納める経済的余裕がないといった事情も影響してはいるが、近親者の遺骨を手放すことに対する心理的抵抗も少なくない。死者が向かう先である「他界」というものを想像し難くなり、寺や墓地が「他界」への中継地点と捉えづらくなると、死者とのコミュニケーションは「本体」＝本人の身体（の一部）、または本人の遺品を介して行なうことになるのは必然といえる。

実際、「遺骨ペンダント」「遺灰ダイヤモンド」など手許に安置し続けるためのグッズや加工サービスは広がる一方だ。

このような「新しいオブジェ」が普及する動きについて、民俗学者の中村生雄《いくお》は、「従来の遺骨が帯びていた宗教的もしくは霊的な意味を消去し、それを私的でパーソナルなメモリアリズム（追憶主義）の素材に置き換えようとする意図が明瞭に存在している」と述べる（中村生雄編著『思想の身体　死の巻』春秋社、四二一〜四二三頁）。

要するに、いまや死者の遺骨や遺灰は葬と供養といった旧来の霊的・宗教的行為に属するのではなく、生者が死者を記憶し想像するメモリアリズムという目的のために利用され応用される新しいアイテムとなったのである。霊的・宗教的な意味を失った故人の遺骨や遺灰は、その故人を想起し記憶するための象徴物であり、あえて言えば用具なのである。また、それが象徴物であり用具である以上、墓地や納骨堂という特別の場所にそれを隔離しておく必要はなく、生者の日常的な生活空間のなかで共存できるのは当然のことなのである。（四三頁）

中村は、背景に「宗教意識の消失・解体の兆し」を読み取っているが、遺骨や遺灰が未だ「霊的・宗教的な意味」を持つからこそ執着するという見方もできる。もちろん、かつてのご先祖様や村落共同体的なものと分かち難く結び付いた、「霊的・宗教的な意味」とは違ったものに変質してしまっているかもしれないが、単なるマテリアル（物質的）な残りかすとみなすことが不可能であり、遺骨や遺灰そのものに「霊性」（＝何かが宿っている！）を感じるからこそ、「生者の日常的な生活空間のなかで共存」しようとする面もあるのではないか。

佐藤弘夫は、現在のような「日本人は骨を大切にする」というテーゼの成立は、一二世紀中葉以降の納骨信仰の普及に端《たん》を発していると指摘する（『死者のゆくえ』一〇八頁）。「ここには、死後一定の期間霊魂はそのまま骨に留まり、修行が成就して他界浄土に往生できるようになった際にはじめて肉体の拘束を離れる、といった新たな観念を読み取ることができる」（一二五頁）という。

たとえ肉体が死を迎え、遺骸が白骨化しようとも、霊魂は悟りを開かない限り、基本的には遺骨と一体化してこの世に留まっている。したがって、霊魂を救済するには、その依り代ともいうべき遺骨を霊場に納め、垂迹の力によって彼岸に送り届けてもらうのが、もっとも確実な救済の方途なのだ。――霊場への納骨を支えた観念は、このようなものだったのではなかろうか。生死いずれの状態であっても、魂が容易に肉体から離れた古代とは異なり、中世では、骨と魂との結びつきは、死によっても容易に解消しがたいものになっているのである。（『死者のゆくえ』一一五頁、傍点引用者）

そもそも習慣として「他界」を観念することが乏しくなり、宗教的儀礼による救済も信じ難くなった昨今では、「霊魂と遺骨の一体化」は惰性で継続するとみるのが論理的だろう。要するに、「他界観」の衰退によって外部へと旅立っていたおのおのの「霊性」が、内部に留まり続ける状態へと少しずつ転換したと考えることができる。「霊場」が「彼岸に送り届ける場」として機能しないのであれば、「霊魂」は遺骨とともに身近な日常空間に留まるしかないからだ。つまり、古代にオーソドックスであった霊肉二元論的な営みが、長い年月をかけて漸進《ぜんしん》的に霊肉一元論的な営みへと変化したという暴論も、あながち的外れな表現とは言えなくもない。

◉「雨の一部となって誰かの肩に降りかかるかもしれない」

もし、「霊的・宗教的な意味」から完全に離脱したマテリアリズム的な思考を極限にまで推し進めれば、まったく別の救済のアプローチがわたしたちの眼前に立ち現われることになる。

ニンゲンの体《からだ》の大部分《だいぶぶん》を占《し》める水《みず》は、水蒸気《すいじょうき》となって空《そら》に立《た》ち昇《のぼ》る。それは、雨《あめ》の一部《いちぶ》となって誰《だれ》かの肩《かた》に降《ふ》りかかるかもしれない。何《なん》パーセントかの脂肪《しぼう》は土《つち》にしたたり、焼《や》け落《お》ちた炭《たん》素《そ》は土《つち》に栄養《えいよう》を与《あた》えて、マリーゴールドの花《はな》を咲《さ》かせ、カリフラワーを育《そだ》てるかもしれない。

（『メメント・モリ〔新装版〕』情報センター出版局、三〇〜三一頁）

これは、写真家の藤原新也がインドのガンジス河で荼毘《だび》に付されている死体の写真に記したキャプションだ。白昼、川面をバックに太い薪が積み重ねられ、その下から炎に包まれた死体の両脚が覗いている――そんな情景の一コマである。

近代的設備で死体を火葬した場合、身体の約六〇％は水分であるため、体重六〇キログラムの成人男性の場合、水分量に相当する約三六キログラムが蒸発する。*8 また、蛋白《たんぱく》質と脂質がそれぞれ約十数〜二〇％、そのほかカルシウムなどのミネラル、炭水化物などもあるが、これらも摂氏《せっし》八〇〇度以上の高温で焼かれることから気化して蒸散することとなる。最終的に残るのは、焼骨（遺骨・遺灰）だけで、重さにして一・五〜二キロ程度だ。*9 つまり、この時点で身体を構成していた物質の九五％近くは空気中に放出・拡散されている。

マテリアリズム的な思考を貫徹すれば、海洋散骨や樹木葬などの自然回帰的な振る舞いをする以前に、すでに死体のほとんどは自然環境中に取り込まれているのである。そのうち蒸発した水分の辿り得るプロセスだけを追ってみても、太陽エネルギーを主因とする水循環があり、水蒸気（雲）、降水、河川・表流水、地下浸透、湧き水などの段階を経て、海洋に到達して再び蒸発し、水蒸気になるというふうに、地球上を絶えず移動・循環している。それらは日々「わたし」という個体に取り込まれ、一定期間「わたしの一部」となって活動したのちに、さまざまな排泄物、体液として外部に出されるのだが、「わたしの身体」の半分以上を占める不可欠な成分であるのだから、大気や森林や河川や土壌や海洋は、「わたしの身体」を含んでいるといえないだろうか。「大気はわたしの身体を含んでいる」「森林はわたしの身体を含んでいる」「河川はわたしの身体を含んでいる」「土壌はわたしの身体を含んでいる」「海洋はわたしの身体を含んでいる」――と。

このような死生観を物理学者の安斎育郎《いくろう》は「科学的輪廻転生観」と呼ぶ。

> 安斎の体を構成していた炭素原子に由来するこれらの二酸化炭素は、火葬場から放出されて世界中に拡散し、光合成によって野菜や穀物や雑草に利用されていく。やがてそれらは、草や果実を食べた動物の細胞となり、さらにはそれを食べた人間の体に利用されて血肉となっていく。もちろん、人間だって、動物の肉経由ではなく、野菜や穀物などを食べることによって直接植物経由で摂取するルートもある。こうして、「安斎ブランド」の二酸化炭素は植物や動物や人間の体の一部となって、再利用されていくのだ。
>
> これを「生まれ変わり」と言わなくて、何と言おう！（『霊はあるか　科学の視点から』講談社、一九〇～九二頁）

安斎は言う。「私の生命は『個体の死』とともに終わっても、私の体は世界に広がって生き続けるのだ」（一九二頁）。……つまり、「わたしは大気であり、森林であり、河川であり、土壌であり、海洋である」という一見、日常的な感覚からかけ離れた表現は、突飛《とっぴ》でもなんでもなく至極科学的な真理なのである。

養老孟司と齋藤磐根は、「地球はどんなに大きく見えようとも宇宙船と同じく一つの閉鎖系であるので、やはり結果として死体を食べていることになる」と結論付けた。そして、希釈される範囲が途方もなく大き過ぎるがゆえに実感することがないだけだと補足することも忘れなかった（『脳と墓Ⅰ』七頁）。つまり、わたしたちは誰かの死体の一部であったものをまったく意識することなしに摂取しているのである。本来的に「食べることは『宇宙の物質循環の一部』[*10]」の表われであり、このようなカニバリズム的な連鎖を回避する術《すべ》はない。わたしたちが物質循環の内部にいることにやたらと敏感になるのは、先の死体の腐敗過程を目の当たりにした場合と、健康被害のリスクに自覚的にならざるを得ない場合におよそ限られる。ノロウイルスの感染症はそれが明快に示される好個の例だ。「二枚貝は本来ノロウイルスを持っておらず、二枚貝の内部で増殖することもない。二枚貝がノロウイルスに汚染されるのは、ヒトが水環境をノロウイルスで汚染することによる。すなわち、ノロウイルス感染者から糞便とともに排出されたノロウイルスは便器を通り、下水、下水処理場へ行き、そこで大部分は除去され、極く一部が排水とともに河川水に流出し、河川から沿岸部、海に流れ込み、そこに生息している二枚貝の内臓にノロウイルスが蓄積される」[*11]。ノロウイルスに汚染された二枚貝を生のまま、または十分に加熱しない状態で食べると、ノロウイルスは再度人体に入ってしまい、感染を繰り返すことになるのである。人間はウイルスを食べているように見えて、実はウイルスに食べられているというわけだ。

話を元に戻すと、「わたしたち」の生死などに一切頓着することなく、未来永劫《えいごう》にわたって続く物質循環の視座から一望すれば、ありとあらゆる自然環境は「ありとあらゆる身体」を含んでいるといえ、それらの身体も泡のように生じては消える「かりそめ」のものに過ぎない。

◉「われわれは星屑でできている」という物語

遺骨に携わると見えてくる世界
人は生まれ人は死にゆく存在です。
遺骨をさらに知りゆくことで見えてくる世界
骨は多くの元素から成り立っています。
多くの成分はリン酸カルシウムです。
カルシウムは酸素との結合と酸性の雨に打たれ
ゆっくりと自然に還ります。
固体として残るもの
水に溶け込み地下へ浸透するもの
炭酸ガスとして気体になるもの
地球から生まれたものは地球へと還る。
遺骨は、地球という星のかけらなのです。*12

これは、手作業で行なう『やさしい粉骨』で知られるご遺骨サポートの「サライ」が、ホームページで発信しているメッセージの一部だ。

年々遺骨を粒状にする粉骨に対する需要は増えており、現在では月間四〇〇柱を超える遺骨を取り扱っているという。粉骨にする理由はさまざまだ。海洋散骨や樹木葬墓地に埋葬するためであったり、都市型納骨堂のスペースに収めるためであったり、手元供養で場所を取らないようにするためであったりする。

サライの運営会社の代表取締役である甲斐《かい》浩司は、日本人の遺骨に対するこだわりについて、従来からの執着は変わらないままで、宗教観や家族観という「ゲートを開放した状態」と表現する。

死後、魂が〝上〟に行く（昇天する）という発想ではなく、遺骨に宿っているとみなす傾向が未だに強い。遠くに旅立つのではなく、永遠に身近な存在であり続ける。故人が住み続けるのはあくまで現世であって、住所・地番が変わるイメージに近い。日本人の遺骨に対する感覚的な部分は別段変化していないと感じる。ただし、昔ながらの先祖代々の墓ではなく、個人単位、夫婦単位の墓、納骨堂への安置が増加している。都市型納骨堂などは特にそう思うが、『死後に移り住むマンション』と言ってもいい感覚だ。全部いわゆる集合体だけれども、個別のプライベートをどう守るのか。そのような〝横移動〟的な感覚を背景にして、死後の住空間を確保しなければならず、粉骨の必要性が社会的に増している。*13

その一方で、自然回帰的ともいえる願望の発露として、海洋散骨、樹木葬のようなニーズも高まっている。「死後は自然に還る」「死んだら木の下に眠る」――というイメージを内包した死生観に憩《いこ》いを見出す人々が少しずつ増加している。しかし、これも見方を変えれば、死後の身体＝遺骨の所在を、都市などの人工空間ではなく、海や山などに委ねる「横移動」なのかもしれない。なぜなら、「魂」が「あの世」に向かったのであれば、散骨した海や埋葬した山を「特別視」して、その場所で眠っていることをことさら強く意識する意味は小さいからだ。つまり、霊性を帯びたマテリアルな存在は、触れられる形態としては消失したが、粒子のレベルでは依然残存しているといえる。

甲斐は、「サライ」のサービスが好まれる理由のひとつに「アナログな粉骨方法」を挙げる。当初から粉骨機を用いずに、「乳鉢」で磨《す》り潰すやり方を、非常に多くの人々が希望したからである。これは、佐藤のいう「霊魂と遺骨の一体化」のゆえであり、養老的な「死体＝身体の延長」だからであろう。「霊魂と切り離せない」かつ「身体の延長」であるからこそ、金属刃によって高速回転で切り刻まれることへの抵抗感が生じるのだ。誤解を恐れずに言えば、要するに、依頼者にとってその遺骨は「まだ生きている」のだ。もしそうであるなら、海や山に溶け込んでしまった遺骨も、「まだ生きている」という捉え方ができるかもしれない。当たり前だが、多くの人々は亡くなった事実そのものは受け入れている。けれども、遺骨の状態になっても、それがさらに粉々の状態になっても、おそらくは生前の人格と結び付いた「本人の身体」として認識されているのだろう。

ここであえて科学的世界観を突き詰めてみた場合、「霊肉二元論」にしろ「霊肉一元論」にしろ、どちらも観念でしか見ていない点で同じと捉えられる。先の物質循環に立ち返るまでもなく、社会的に合意された「死の概念」は、言葉によって出来事まで分節しようとする、言葉の産物に過ぎないことが露呈《ろてい》するからだ。わたしたちを構成していた元素レベル――（酸素、炭素、水素、窒素《ちっそ》、カルシウム等々）――では「ずっと生きている」のだ。そう言えば、天文学者で作家のカール・セーガンは「われわれは星屑《くず》でできている」と看破した。

しかし私には、現代の天体核物理学がもたらした驚くべき発見よりも深遠な宇宙的つながりがあるとは思えない。水素を別にすれば、人体を作っているすべての原子は、血の中の鉄にしろ、骨をつくるカルシウムにしろ、脳の中の炭素にしろ、何千光年もかなたの赤色巨星のなかで、何十億年も昔に作られたものなのだ。「われわれは星屑でできている」というのは、私のお気に入りのセリフである。（『人はなぜエセ科学に騙されるのか』〈上〉青木薫訳、新潮文庫、四四頁）

甲斐はもっと直截的に表現する。「人間は皆〝時の砂〟だと思う。八〇年生きる人も七〇年生きる人も同じ。時の砂であって星の欠片であって、それを考えると狭い空間で生きて来たという感じはしない。星の欠片だと思えば」――。とはいえ、結局のところ、わたしたち日本人のほとんどは、霊魂がどこかに旅立つという物語を信じ難くなっている一方で、宇宙物理学が指し示すような永遠にめぐり続ける不死の元素という物語も信じることも難しい、といったどっちつかずの状態にあるというのが実像に近いのではないだろうか。「われわれは星屑でできている」は、現代に相応しい生死を超越した真理とも思えるが、進化心理学的な注釈を付け加えるとすれば、わたしたちは、人間が死んだ後も、「その人物の何かがどこかへと延長している」と考えないわけにはいかず、「人間という有機物質には何かしら聖なるものが内在している」と感じないわけにはいかない。わたしたちは皆、そのような実存的な制約から人生の意義をいかようにも創り出すことができる存在といえる。

第四章　来世(アフターライフ)を夢みながら

「わたくし……必ず……生れかわるから、この世界の何処かに。探して……わたくしを見つけて……約束よ、約束よ」

遠藤周作『深い河《ディープ・リバー》』(講談社文庫)

あらゆる点を考察したが、結局、私は「死後の生仮説」を受け入れる理由を見つけることができなかった。きっとこれから先もずっと……とりわけ臨死体験者の間では……私は少数派でありつづけるのだろうが、私には証拠と論拠が圧倒的な力をもつ。「死にゆく脳仮説」は、不備な点はあっても、体験そのものの、よりよい説明となっている。そして、永遠に存続する自己、といった虚しい希望ではなく、自己を超えた真の悟りをもたらしてくれる。

人は、意思とは無関係に、全く無目的に、見事な進化をとげていく生命体である。われわれは、単にここにいるのである。あるがままに存在しているのである。私には自己などなく、「私」は何も有していない。死ぬべき何ものも存在しない。ただこの瞬間があるだけである。そして、今のこの一瞬……一瞬……が。

スーザン・ブラックモア『生と死の境界「臨死体験」を科学する』(由布翔子訳、読売新聞社)

◉「本物のあの世」か「脳内現象の産物」か

米国ノース・カロライナ州にあるエヴァンズ電子研究所――。

ここで前代未聞の画期的な装置が開発された。それは今まで言語や映像などを介してしか伝えることができなかった自分自身の体験を、直接他人の脳内で現実と同様に再体験させることができる装置である。通称「ブレインストーム（brain storm）」と呼ばれるこの情報伝達システムは、まず専用のヘッドセットを装着した被験者がジェットコースターなどに乗って、その際に感じた身体感覚や情動などをすべて記録するという。次に、その記録からノイズだと思われる感情を除去するなど微調整を行ない、一般ユーザーが求めているエキサイティングな感覚に絞って提供する。3DCGや音響による作り込みが必要なVR（ヴァーチャル・リアリティ）と異なり、視覚・聴覚・触覚・味覚などを再体験できるため、多くの識者から軍事転用をはじめとした危険性が指摘されている。

それらの懸念は、研究開発の中心的人物であるリリアン・レイノルズ博士の突然の死によって顕在化《けんざい》した。彼女は研究所で心臓発作に見舞われ、助からないことが分かると、果敢にも自身の「死の体験」を記録し始めたのだった。これは、人類史上初めて臨死体験の内的メカニズムが、追体験可能な形式で〝録画〟される事態を意味した。

共同研究者のマイケル・ブレイスは、彼女の「死の体験」の記録から「呼吸と心機能」をキャンセルすることで、身体的な死に同期して致命傷を負うリスクを回避し、レイノルズ博士の臨死体験を体験することに成功。ブレイスの友人によれば、以下に語られる内容を目撃したという。心肺停止後、レイノルズ博士が自身の身体から離脱し、自分の死んだ姿を見下ろしている視点になり、研究所の部屋全体が見える高さにまで上昇すると、突如その空間の外側に勢い良く飛び出したという。研究所の部屋は、上下左右に無数に並列している球体状の記憶の断片の一つになっていて、それらの球体群は巨大なリングを描くような感じで配置されていた。他の球体の中には、これまで本人が経験したさまざまなエピソードが鏤《ちりば》められていることが把握できた。いわゆる「走馬燈」として知られる人生のハイライトを圧縮したデータベースのようなものだ。最後に、地球から宇宙空間へと視界が拡大し、星雲のようなものが見え、その中を突き抜けると、天使を髣髴《ほうふつ》とさせる蝶々のような群れが光に向かって浮遊している様子を目にしたという。

死は誰にとっても未踏《みとう》の地である。

直接的には、わたしたち人類にとって恐怖や不安を引き起こす普遍的なミステリーとして立ちはだかる一方で、真っ白なキャンバスのように思い思いの画を描き込むことができる〝空虚〟としての顔も持っている。

とりわけ死んだ後に「何かある」のか、それとも「何もない」のか――といった問いかけは、臨死体験を巡って盛んに交わされる議論のうちのひとつだ。なぜなら、臨死体験は、あくまで「死に直面した（臨んだ）」際に起こった出来事の証言であり、ポイント・オブ・ノー・リターン（元の状態に戻ることはできない時点）、つまり蘇生の可能性のない「死体」と断定された後に起こった出来事の証言ではないからだ。原理的に言えば、来世（アフターライフ）の有無にかかわらず、その先の世界を「知ることはできない」のである。

冒頭のパラグラフは、映画『ブレインストーム』（一九八三年、米国、監督：ダグラス・トランブル）が取り扱ったテーマについて、核心部分を分かりやすくするため、あえて取材記事ふうに要約したものだ。

物語の終盤、ブレイスは、レイノルズの死の体験をなぞることで、臨死体験者に顕著なある種の〝悟り〟の境地に達する。しかし、それが果たして「本物のあの世」を映したものなのか、「脳内現象の産物」に過ぎないのかは判然としない——そんなどっちつかずの余韻をもたらす結果になっている。当たり前だが体験者の感覚を記録するためには、体験者の脳から発せられる電気信号が必要だ。脳の機能がすべて停止してしまえば、以後の信号は途絶えると考えるのが普通だからだ。その証拠にというわけではないが、レイノルズの死の体験は、前述の「天使を髣髴とさせる蝶々のような群れが光に向かって浮遊している様子」で終わっている。これらの事実をどのように解釈すべきなのか。それがこの映画の隠された意図といえる。

そして、このような形で提起された隠された意図は、わたしたちが死と向き合うたびに思い巡らす重要な論点を照らし出している。それは、どうすれば死の恐怖を和らげることができるか、という素朴ではあるが、切実な疑問に対するいくつかの有効な回答である。

死の恐怖の中でも自分という個体（＝一人称）の生存に関わる、「死の瞬間」ないし「死後」という未知の領域への対処について、心理的なケアのレベルに限定すると、主として二つの道筋にまとめられるだろう。

・死後の世界の確証を得ることによる方法
・臨死体験のプロセスを知ることによる方法

死後の世界とは、簡単に言えば、身体が失われても、精神的な存在、霊的な存在が継続するという事態を指している。もちろん、死後も親近者の心の中に残り続け、社会的な業績や名声なども含めれば、のちに述べるように、他者にとっては故人の精神的な存在、霊的な存在が継続していると捉えることはできる。しかしそれは、死ぬ当事者そのものの精神的な存在、霊的な存在が継続することとは根本的に異なる。

◉「自然現象」の背後に何者かの意思を見出す

今日《こんにち》、このような「死後に本人の意識や人格を持った何らかの存在が残存し、それはこの世をまるで外側から眺めるがごとき透明な形態である」といった発想は、きわめて非科学的な迷信であるとの評価が下されるようになった。にもかかわらず、わたしたちが好んで消費するカルチャーには死後の生を前提にしたものが多い。近年の代表的なものだと、人気漫画でテレビドラマ・映画化した髙橋ツトム『スカイハイ』（集英社）や、同じくテレビドラマ化したあずみきし『死役所』（新潮社）などがある。海外では世界的にヒットしたアニメ映画で『リメンバー・ミー』（二〇一七年、米国、監督：リー・アンクリッチ）や、『ソウルフル・ワールド』（二〇二〇年、米国、監督：ピート・ドクター）などがある。死後の世界を信じて疑わない世界観は、いわば死のダメージを吸収する「文化的な緩衝材」の役割を担っている――仮にこのような見方が正しいのだとすれば、わたしたちは、日常的な社会生活の領域では「霊魂」などを一笑に付す作法を示しながら、個人が剝き出しになる直感の領域では「目に見えない何か」に惹かれる、強固な心理的基盤のようなものが働いているといえるだろう。

進化心理学の最近の成果は、生前から死後まで一貫して続く精神的な存在、霊的な存在を、無知や迷信のひと言で片付けることが的外れであることを示唆している。わたしたち人類は、自然現象の背後に「何者かの意思」を見出さざるを得ない「心の仕組み」を発達させてきたというのである。これは人類が進化の過程で獲得されたものである。木の枝が折れていたり、物陰から音がしたりといった周囲の環境の変化に、敵や捕食者などの知的な行為者の存在を直観する心理的傾向が、結果的に勘違いであったとしても生存戦略として有効だったために強く機能している。心理学者のジャスティン・L・バレットは、それが気象などの自然現象全般にも広く適用されるようになったと考えた。そして、この心の働きを「行為主体を敏感に検出する装置」（Hyperactive Agency Detection Device＝HADD）と名付けた（"Exploring the Natural Foundations of Religion." Trends in Cognitive Sciences）。

哲学者、認知科学者のダニエル・C・デネットは、それを「志向的な構え」と呼んでいる。「志向的な構えとは、（人間、動物、人工物を問わず）ある対象の行動について、その実体を、『信念』や『欲求』を『考慮』して、主体的に『活動』を『選択』する合理的な活動主体と見なして解釈するという方策である」「志向的な構えとは、わたしたち人間がおたがいに対して持っている態度や観点であり、したがって、これを人間以外の他のものに当てはめるということ」（『心はどこにあるのか』土屋俊訳、ちくま学芸文庫、五五〜五六頁）――デネットはこのように述べ、わたしたちは長い進化の過程で、他者の心に対する関心を強め、内省的思考を身に付けた結果として、自然の事物に心や魂があるとするアニミズムへと発展したことを指摘する。これが現在も、わたしたちが世界を認識する際に用いられているという。

心理学者のジェシー・ベリングは、デネットの主張を踏まえた上で、わたしたちの思考の癖として、「ある対象が、たんに物理的もしくは自然のプロセスとして存在しているのではなく、あらかじめ考えられた目的のために存在している」とする「目的―機能論的推理」があるとしている（『ヒトはなぜ神を信じるのか　信仰する本能』鈴木光太郎訳、化学同人、七二頁）。つまり、あらゆる現象の背後には「設計者」が潜んでいて、その「設計者の考えが反映されたもの」と推論しやすいというわけだ。しかも、その推論は、後天的に文化として習得されたものではなく、進化の過程で発生した心理的傾向だというのだ。

人を見る時にその体以上のものを見てしまうのと同じく、私たちには、自然の出来事を見る時に、その出来事以上のものを見てしまう傾向がある。こうした傾向は、私たちの脳が進化させたきわめて特殊なやり方、すなわち心の理論の産物である。ことあるごとに私たちは、自然の造形のなかに刻み込まれた微妙なメッセージ、微妙なサインや手がかりがあるように思い、神や超自然的行為者がそれらを介して私たちに（多くの場合、私たちだけに）教えや考えを伝えているように思う。通常それは、私たちがどう振る舞うべきかというメッセージである。こうして、私たちは耳を澄まして聴き、自然の出来事を聖なる、あるいは超自然的なメッセージへと難なく翻訳する。（九七頁）

これは第一章で詳しく論じた、「生者の世界」に一定の影響力を持つ「死者の世界」とともに暮らしていたわたしたちの祖先の思考を進化論的に説明するものだ。

わたしたち人間は、人間の女性の身体から（精子と卵子が融合してできた受精卵が分裂して）生じる。そして、病気や怪我、老化によって（多臓器不全で生命活動の維持が困難になって）滅する。誕生と死は、生物にとって必然の「自然の出来事」であるが、「神や超自然的行為者」の意志が介在していると考えれば、しかもそれが「死者の世界」と同一視されるものとして捉えられているのならば、社会秩序の危機と混乱を最小限に抑えられると同時に、「先祖の霊＝祖霊＝神」とのつながりによって道徳のベースとなる内省――「死者＝先祖が何を望んでいるかについて思いを馳せる」――がもたらされる。

天変地異などの部族集団の存亡に関わる「自然の出来事」を、可能な限り余分なエネルギーを費やさずにやり過ごすための合理的思考といえ、バタフライ効果のような複雑系の科学を人格化というデータ処理で圧縮する技法とも言い換えられるだろう。要するに、「自然の出来事を聖なる、あるいは超自然的なメッセージへと難なく翻訳する」「心の理論」のお陰で、わたしたちは数万年、数十万年の長きにわたって、過酷な地球環境に心理的に適応するだけでなく、「神や超自然的行為者」に基づく強固な意志の下、部族集団の永続性に絶対の信頼を置いてきたのである。まさに「信じる者は救われる」という決まり文句のとおりに。モースの表現に倣《なら》えば、「何者かによって人間の社会が贈与された。それゆえそれらは返礼されなければならない（死による対抗贈与）」というロジックによって、生と死のあまりに法外で暴力的な自然性が、部族集団の生みの親である「超越的な意志」として社会化されるのだ。これは相当に根深い認知的バイアスとして、わたしたちの考え方を支配しているとみていい。

●「自然死」という概念はなかった

世界各地の部族集団の儀式をノスタルジアとして眺める――そのような教養ある文明人として振る舞っているわたしたちも、親しい者が非業《ひごう》の死を遂げたり、理不尽な災難に相次いで見舞われると、「何者かの意志」の介在を感じずにはおれない。

それはベリングの言うように「自然の出来事を見る時に、その出来事以上のものを見てしまう傾向がある」からだ。たとえ心筋梗塞《こうそく》やくも膜下出血などといった直接的な死因が明確だったとしても、「なぜこの年齢で亡くならなければならないのか」「なぜこんなにも苦しまなければならないのか」等々……そのような境遇へと導いた不可視の行為者の指紋を探さずにはいられない（これが『ファイナル・デスティネーション』シリーズにおいては、近代的リスクと融合するのである）。その不可視の行為者を「神」「神様」（あるいは「死神」）と呼ぼうが呼ぶまいが、何もない虚空に非難の声を上げずにはおれないわたしたちの心のありようにこそ進化の痕跡が示されているのだ。

わたしたちの祖先は、未開の人々と同じく「自然死」という概念を持っておらず、必ず「何者かの意思」によって引き起こされた「異常死」とみなしてきた。「精霊」や「悪霊」や「呪術」などが、部族のメンバーを死に至らしめると考えており、犯人を見付けることが可能だという前提があった。パプアニューギニアのテワーダという部族は、「村の外」の森にいる「幽霊（人間の死霊）」や「精霊」などが「村の中」に侵入することによって、そこに住む村人に病や死がもたらされると考えていた（田所聖志『秩序の構造　ニューギニア山地民における人間関係の社会人類学』東京大学出版会）。わたしたちは、自分ががんの宣告を受けたり、長期入院が必要な怪我を負ったとき、さまざまな背景要因に納得させられる一方で、「なぜ自分なのか（なぜ自分が選ばれたのか）」「これは何の報《むく》いか（何に対する罰を受けているのか）」という感覚を少なからず持つ。大量の死者を出す破滅的な自然災害は、その最たる例といえるだろう。つまり、究極的には無神論者を公言して憚《はばか》らない者であっても、そこには「選ぶ」「罰を下す」主体を思い描く回路が無意識に作動している。

「死後の世界」が実際にあるのかどうかを議論の俎上《そじょう》に載せる以前に、このような「志向的な構え」「心の理論」を考慮しない死に関する精神的なケアは、逆にわたしたちの心理的な傾向を蔑ろにするという意味において、不合理であるばかりか非現実的な対応にならざるを得ないだろう。

◉死後にも「心のアナロジー」を適用する過ち

「私が死を考えるその意識とは、いったい何なのでしょうか。私は死を克服しようとして死について考えます。しかし、それでも死ぬのです。しかしながら、私が死を考える限りにおいて、私は死の内部ではなく、その外部にいるのです。やがて死ぬという限りにおいて、わたしは死の内部にいるのですが、自分の死を考えるという限りにおいて、その内部ではなく、外部に出るのです」（ヴラジミール・ジャンケレヴィッチ著／フランソワーズ・シュワッブ編『死とはなにか』原章二訳、青弓社、五四頁、傍点引用者）

これは、哲学者のヴラジミール・ジャンケレヴィッチの言葉だが、筆者が付した傍点部分に注目してほしい。

わたしの死とは、一人称の死である。読者であるあなたが自分の死について考える際、当然ながらそこには臨死体験を含む主観的な体験が想像できる。だが、不思議なことに、わたしたちは自分の死に関して、自分の肉体がその役目を終えた後も、主観的な体験が継続しているかのように考えるきらいがある。映画やドラマでよく使われる「透明な分身」にそれが如実に表われている。自分を自分の外側から客観的に眺めている自分である。しかしながら、わたしの身体とともに死にゆくわたしの意識から見れば、「死の向こう側」は単純に知ることができない未知の世界のはずである。通常はそこで想像はストップする。しかし、わたしたちは、いつの間にか病室の傍らで自らの臨終を見届ける二人称的な視点から三人称的な視点へ、自分自身の死をまるで遠くから見下ろすことができるように語ろうとするのだ。これは何なのだろうか。

世間に広く流布《るふ》している俗説のひとつに、宗教や不死への信仰が「死の恐怖」ゆえに生じたとするものがある。腐敗して虫が湧いた死体や、骸骨《がいこつ》の山におののいて、「来世がないと救いがなくて遣《や》り切れない」と思ったのではないか云々といった単純化された構図が持ち出されやすい。だが、これは誤りであることが明らかになってきた。

ジェシー・ベリングは、死後も心が残ると考えがちになるのは、「私たちは意識がない状態を意識的に経験したことなどない」ことに由来すると述べ、「死の恐怖と死後の世界に対する信念との間にはいかなる相関も見出していない」とした。

最近、ぼくも含め何人かの研究者は、心の理論の進化が、死を理解する能力に関してそれとは異なった種類の問題を課すようになったと強く主張している。すなわち私たちの祖先は、一切の感覚や心的体験を欠いたあの世へと自分自身を十分に投影することが本来的にできないがゆえに、自分の心が不死であるという揺るぎない錯覚をもつようになった。私たちが祖先から間違いなく受け継いでいるのは、不合理なことだらけのこの認知的欠点である。ヒトの進化した認知的しくみ、とくに常時はたらいている心の理論のせいで、人間は最初から、自分自身の心が存在しないことを思い浮かべることが難しかった。(『ヒトはなぜ神を信じるのか』一四一頁)

要するに、世界中のどのような社会にもほぼ例外なく見出せる「あの世の概念」は、死後も自分の心が存在し続けるとみなす心の理論に基づく「錯覚」の所産と考えられるのである。

わたしたちが「死後の感覚」について思い巡らすとき、それはいわば現在の自分が慣れ親しんでいる意識活動の経験による類推でしかない。つまり、意識活動を超越したところにある世界の体験を、意識活動の範囲内で回答しようとする論理矛盾だ。

ジャンケレヴィッチの「死は私たちにとって思考可能なものとして外部にある」は、「思考可能なもの」である「心が存在しないこと」を想像するのが甚《はなは》だ困難であるがゆえに、死ぬ主体であるにもかかわらず「心というアナロジーしか用いることができない」――このようなわたしたちの規定を別様に表現した言葉ともいえるだろう。第七章で改めて言及するが、（来世を信じていない者などの口から）死後の「無の恐怖」が語られる際、「死後も続く無限の時間」が想起されやすい傾向にあるが、そこには「無を経験する」という語義矛盾的な状況に置かれた「心を持った主体」が自動的に思い浮かべられている。「無」――経験することができないもの――さえも「心というアナロジー」の範疇《はんちゅう》で処理することを免れないのだ。

> 私たちヒトという種の目的―機能論的推理が誤って人間存在のカテゴリーに適用されて、私たちを自然に創造論的説明と運命に対する信念へと向かわせるのと同じように、心の理論もまた、死の状態なき状態に誤って適用されて、あの世があると信じる方向に私たちを向かわせるのだ。（『ヒトはなぜ神を信じるのか』一五四頁）

◉来世の否定は「合理的な思考による非合理な行為」

南直哉は、前世・来世という物語を信じることについて非常に興味深いことを言っている。南は、ある先天的な身体障害を持つ人から、「僕はこの現世で失敗した。しょうがないから来世ではもっと良い人生を生きようと思う。そうでしょう?」と同意を求められ、葛藤の末、苦しまぎれに「前世で誰かの身代わりになって、何かを背負ったのかもしれないね」と話したことがあると述べた。また、九〇歳を過ぎた高齢の女性から、「和尚さん、死んだら私は良いところへ行けますか?」と問われ、「こんなに一生懸命がんばったおばあちゃんが良いところへ行けなくて、どこへ行くんだ。極楽に行けますよ」と応じたという(『なぜこんなに生きにくいのか』講談社インターナショナル、五一〜五二頁)。

これは正直、勇気がいることでした。単なる茶飲み話で言えることではありません。初期の仏典から読み取れる釈尊の根本的な教えからすれば、間違っているでしょう。自分の信念からいっても、「わからない」でとどめるべき話です。

どうしても矛盾してしまうわけですが、おばあちゃんが私から聞きたかったのは、「大丈夫だよ」の一言でした。それを私が受け止めるかどうかの問題です。そして私としては、受け止めざるを得なかった。

教義からすれば間違っていたとしても、私とおばあちゃんの間では、「本当」だったのです。

それでおばあちゃんの問いが解決したわけではないでしょう。しかし、彼女の問いの切なさを理解する人間がいる、そのことを示すことのほうが重要だと思えたのです。

　つまり、問題の本質は、本当に「あの世」があるのかないのか、ということではないのです。来世を語ることによって、その人間がどうなったかが問題です。それで気持ちが軽くなるのか、それとも沈むのか。その人間が、私の話を聞いて絶望してしまったのだとしたら、私の責任以外の何ものでもありません。（五一～五三頁）

「次なる生」があることを信じたい者、「次なる世界」に希望を託したい者を頭から否定しにかかることは、「あの世があると信じる方向に向かわせる」心の理論を無視する「合理的な思考による（他者への敬意を欠いた）非合理な行為」にしかならないだろう。

また、南がいみじくも指摘したとおり、「来世を語ることによって、その人間がどうなったかが問題」だからである。「霊的虐待」（Spiritual Abuse）という言葉は通常、ある信仰に帰依《きえ》した者がそれ以外の者に信仰を強制する行為を指しているが、その反対もまた個人の尊厳を踏みにじる行為であることは明白だからだ。

◉ヴァーチャルな身体を自分の身体と錯覚する

しかしながら、このようなわたしたちの認知的バイアスに基づく世界認識にノーを突き付けるかのように、最新の科学的な知見は「魂」や「心」といった人格的存在が生き続ける「死後生存」には否定的である。

理論物理学者のスティーヴン・ホーキングは、二〇一一年に英『ガーディアン』紙に掲載されたインタビューで、人間の脳の機能の停止をコンピュータの故障にたとえてこう述べた。「天国も死後の世界もない。それらは闇を恐れる人のおとぎ話だ」[*1]。のちに詳しく述べるが、心理学者でサイエンスライターのスーザン・ブラックモアや、臨死体験に関する脳神経科学研究の国際的権威である脳神経学者のケヴィン・ネルソンは、「臨死体験」の「脳内現象説」を支持する立場を明言しており、これが現在のところ主流を占めている言説だ。これは、映画『ブレインストーム』に登場したヘッドセットが脳波を検知できない状態、脳の活動の完全な停止によって、「臨死体験を記録できない」のと同様に、「魂」や「心」といった人格的存在を作り出している脳機能が崩壊すれば、意識そのものも当然失われると考えているためである。

そこで、もうひとつの可能性が浮上する。

臨死体験のプロセスを知ることによって「死の恐怖」を軽減する方法だ。これは簡潔に言えば、「死後の世界を前提としない心理的なケア」のことである。

近年「臨死体験」を再現する試みが盛んに行なわれている。なかでも神経学者のスティーヴン・ローレイズの研究方法は、これまでさまざまな論文で示された仮説を、自ら体当たりで検証する非常にユニークなものだ[*2]。

ローレイズは、戦闘機パイロットなどが訓練で使用する遠心機への搭乗による「脳の酸素欠乏」、ゴーグルで視覚を塞《ふさ》いだ状態で無響室でホワイトノイズだけにさらされる「感覚入力の遮断」、マジックマッシュルームに含まれる幻覚成分サイロシビンの投与による「脳の血流低下」によって、周辺視野が狭くなる「トンネル現象」、人の声が聞こえたり姿が見える「幻聴や幻覚」、幸福感や大いなるものと一体化する「合一体験」をそれぞれ体験する。

それらの実証から得られた見識を踏まえて、ローレイズは「臨死体験の主な出来事は脳によって引き起こされる」との思いを強くする。特に重要視したのが「酸素欠乏」で、これが鍵になるとの感触を持ったことから、三〇人のボランティアの協力の下、「人工的に臨死体験と同様の感覚を再現する」過激な実験に臨んだ。

ローレイズの研究チームは、ボランティアの脳を一時的に酸素欠乏の状態にするため、専門家の立ち会いによって安全性を確保したうえで、定められた方法に従って深い呼吸を繰り返すことを指示した。その結果、ボランティアの半数が臨死体験の要素をひとつ以上を経験したという。「そこにいない感じがしたの。自分が監視カメラになったみたいだった」「母を見たと思う。たぶん家にいて、二人の姉も。別の場所に行ったみたいな感じだね」「まるで身体がなくなったみたいだった」などと感想を述べ、脳の活動データと突き合わせたところ、意識を失った場合に感情や記憶を扱う領域が活発になることが分かった。

ローレイズが自ら挑んだ実験のうち、最も衝撃的なのは「体外離脱」だ。

バルセロナ大学の教授であるメル・スレーターが率いる研究チームの取り組みは、仮想現実（ヴァーチャル・リアリティ、以下ＶＲ）を使って「体外離脱」を疑似的に体験させるというものだ。

ローレイズは仮想現実に入る前に、「ゴムの手の錯覚」（rubber hand illusion）という実験を、視覚情報と触覚情報の混乱の例として体験させられる。まず、ローレイズの右腕が衝立《ついたて》の外側で黒い布で隠され、代わりに衝立の内側にはゴムの右腕が、本人の右腕のように見える位置に固定される。最初、ローレイズはそれが自分の腕ではないことを認識しているが、本物の右腕とゴムの右腕の同じ個所を「筆で撫《な》でられる」刺激を、何度も受けているうちに視覚情報が触覚情報よりも優位になる現象が生じるのだ。つまり、ゴムの手の方が自分の手のように感じられるようになるのである。スレーターがゴムの指をへし折ると、ローレイズは思わず叫び声を上げてしまうほどだった。このような錯覚が腕だけでなく身体全体においても引き起こされるという。

ＶＲによる「体外離脱」の仕組みは簡単だ。被験者は、三六〇度見渡せる３Ｄのヘッドマウントディスプレイを着用し、足を伸ばした状態でイスに座る。被験者の視界には、自分の身体と同じサイズのヴァーチャルな身体（自分の目から見た胴体と手足）が現われ、暖炉のある古風な部屋の中にいることが分かる。少し離れた場所に鏡が設えてあり、そこにはヴァーチャルな自分の姿（イスの上のヴァーチャルな自分）が映し出されている。被験者が腕を上げると、ヴァーチャルな腕も上がるというふうに同期するため、被験者は次第に仮想現実の世界に移行していく。ここでも触覚情報が使われる。複数のボールが登場して、身体の上をリズミカルに跳ねるのだ。ボールが身体に接触するたびに、その箇所に装着した機器が振動する。これにより、いよいよ被験者はヴァーチャルな身体を「自分の身体と錯覚する」ようになる。そして、最後に被験者の目線をヴァーチャルな身体から切り離して、天井の高さにまで少しずつ上昇させていくのだ。まるで自分の身体を自分が俯瞰しているかのような絵面になる。被験者は実際はイスに座っており、奇妙な浮遊感が味わえるトリックに騙されているだけだ——触覚情報より視覚情報を優先した「ヴァーチャルな身体」が「ゴムの手」と同様の任務を果たすのだ——これこそが「体外離脱」の正体なのである。

◉VR技術が「死に対する恐怖」を軽減する

この「体外離脱」体験についてケヴィン・ネルソンは、前述の「ゴムの手の錯覚」やVRを利用した実験で示されたように、自己の身体に関する位置感覚のずれに由来するものだという。

神経内科医は、体外離脱について、脳が感覚を統合して自己のボディ・スキーマ（身体図式）を形成するメカニズムに混乱が生じて起こるものだと捉えている（混同しないようにつけ加えておくが、これはペンフィールドが発見した脳内の体性感覚の地図とは別物であって、変化して幻肢を生むようなことはない）。このボディ・スキーマを構築するのに、数ある感覚のうちどれほどが必要かは定かでないが、身体の位置（たとえば、右足は今どこにあるか）と身体運動の知覚、それに触覚は不可欠だ。これは幻肢のような、手一本、足一本、あるいは身体の一部位の話ではない。身体全体の位置がずれたと思い違いするのが体外離脱体験である。（『死と神秘と夢のボーダーランド　死ぬとき、脳はなにを感じるか』小松淳子訳、インターシフト、一七二頁）

要するに、（本当の自分の腕の位置を見失って）「ゴムの手」を自分の腕だと錯覚するのと同じく、（本当の自分の身体の位置を見失って）「自分を見下ろしている自分」＝体外にいるかのような身体こそが自分（の意識）だと理解するのだ。しかし、直感的に身体が二つあるということは根本的な矛盾となるため、体外にある（と感じられる）のは身体ではなく「心」や「魂」とみなされやすくなる。

メル・スレーターは、二〇一七年にオープンアクセスの科学誌『PLOS ONE』に、先のＶＲ技術に基づく「体外離脱」を経験することで「死に対する恐怖」が軽減されたと発表した。

実験後に意識の変化についてアンケート調査を行なったところ、被験者の人々は、実験をしなかった人々に比べて「死に対する恐怖」の度合いが減少したとしている。[*3] スレーターは、先のような視覚情報が触覚情報を上回るインパクトから生じる錯覚が、「死後も存続可能な何らかの精神活動があり得る証拠」として経験されるからだと推測している。要は、ベリングの言う「心の理論」の促進であり、霊肉二元論的な認知の増幅である。だが、それ以上に重要だと思われるのは、「臨死体験」によって起こる可能性が高い「体外離脱」を、ニュートラルな精神状態で受容できたことによるプラスの効果だ。「死に対する恐怖」は、そもそも「何がどうなるのか分からない」ことによる不安が大きい。実際に「臨死体験」を経て「死に対する恐怖」がなくなった人々のように、仮にシミュレーションであったとしても、その過程がネガティヴなものでないことが判明すれば態度が変わるのは当然だろう。

これは、死の経験の主観的シミュレーション＝「死の予行演習（リハーサル）」による心理的ストレスの解消のごときものである。もし、スレーターらが開発したシミュレーターをより「死のプロセス」に特化したものに仕様変更すれば、これまで未知の領域とされてきた「臨死体験」の馴致化を図ることができるようになるかもしれない。

ただし、ここには重大な陥穽《かんせい》が潜んでいる。

実際に死に瀕した者がその渦中で体験する「強烈なリアリティ」と、VR技術が提供する「疑似体験」がイコールということは本質的にあり得ないからである。つまり、「死の危険」が差し迫ったものとして経験される中での「体外離脱」と、単なるアトラクションとしての「体外離脱」は本質的に差があるということだ。当たり前だが、今後の技術革新を考慮に入れたところで、「本物の体験」の一要素の再現に過ぎないシミュレーターには限界がある。

さらに言えば、このようなシミュレーションが万人に開かれるとも思えない。時と場所が限定されるだけでなく、コストの面から高額になることが予想され、件のシミュレーターによる死の予行演習(リハーサル)も一部の階層だけが享受できる医療ツーリズムに似たものになるだろう。つまり、ミクロレベル=個人レベルとしては実現可能でも、マクロレベル=社会全体としては実現不可能だと考えられるのである。

●実利的に「死んでもプラスになる」と考える

ところで、「死に対する恐怖」とは一体何なのだろう。

「死後の世界」(死後も存続する心や魂を当然視する)の確信や、「臨死体験のプロセス」(臨終を生化学的アプローチによって理解する)の熟知は、「死に対する恐怖」を少しばかり和らげる効果を持つかもしれないが、「この世界から離脱しなければならない」という根本的な問題には対処することはできない。これが差し当たり「死に対する恐怖」の核心と言えるものかもしれない。ここから見れば、いかなる処方箋《しょほうせん》も、まやかしに過ぎなくなるだろう。その上で「死に対する恐怖」をめぐる言説を敷衍《ふえん》してみたい。

まず一般的に「死に対する恐怖」を克服する考え方というものがある。死生観と言い換えても良いかもしれない。

・自分の子孫（子ども）を残すことで自分の一部（分身）を生存させる方法
・自分の仕事（社会的な功績）を残すことで自分の存在を後世に受け継がせる方法
・自分の情報（人格を含む全データ）を残すことで肉体以外の自分を生存させる方法
・自分の身体そのものを蘇生を前提に半永久的に保存する方法（第八章で触れる）
・自分の心・魂が死後も何らかの形で生存することを信じる方法（第一章で既述）
・自分の身体は分解・拡散されるが、個々の物質は循環すると考える方法（第三章で既述）
・「自分というものが幻想である」など理詰めによる方法

自分の子どもが生まれれば、生物としては遺伝子が残るので、一定程度の納得性は得られる面はあるだろう。余命幾ばくもないある科学者が「幸い子どもたちが立派に成長した。親からもらった遺伝子の一部を次の世代に引き継ぐことが出来た。『時間とともに進む世界でほんの少しだが痕跡を残して消える』ことになるが、種の保存にささやかな貢献をすることが出来た」（戸塚洋二著／立花隆編『がんと闘った科学者の記録』文藝春秋、二一九頁）と語ったように。だが結局、死ぬのは自分自身なのであり、子どもをもうけたところで、その次がなければ一世紀も経たずに絶えてしまう。これは生物学的な死＝生物個体の消滅への恐怖に対応している。個体の一部（自分の遺伝子のコピー）を後世に受け継ぐことによる「恐怖の軽減」という見方ができるだろう。

また、自分の仕事については、公的に有意義な事業や作品だけでなく、人間関係全般を含めることができるかもしれない。こちらも、よほどの偉人でもない限り、名声や評判などの記憶は、それを話題にする人間が死ねば消え失せる。これは社会的な死＝人間社会の構成メンバーから除外され忘却されることへの恐怖に対応している。いずれにしても、ここには、死がすべてを奪ってしまっても、最終的に人生がマイナスにはならない――「自分の遺伝子」や「自分の社会的価値」によって差し引きプラスになる――といった実利主義的な立場を垣間見ることができる。このような考え方は、「あの世があると思った方が生きやすくなる。前向きになれる」といった「スピリチュアルな発想に基づかない死後生存」と共通するところがあるように思われる。死を±０（プラスマイナスゼロ）の地点ではなく、「死後生存がある」と捉えた方が主観的な幸福感を高める効果、つまりは今の自分にとってプラスになるとして、「処生術」の奥義として生活上の実践を称揚するわけだ。

◉「デジタル来世」は不死を可能にするか

近年、注目を集めているのは自分の情報を残すことによる方法だ。「デジタルアバター」「デジタルクローン」といわれるものである。

トロント・メトロポリタン大学の教授で、マサチューセッツ工科大学メディアラボの共同研究者であるホセイン・ラーナマは、死後も自身の代理として人々と対話できる「デジタルアバター」（デジタルの人格）を作成する「オーグメンテッド・エターニティ（Augmented Eternity）」というアプリケーションを構築している。亡くなった人の写真、テキスト、メール、ソーシャルメディアの投稿、ブログエントリーからデジタルペルソナを作り、親族や他の人と交流できるようになるという。「ラーナマ氏のもとには、毎週のように末期患者からメールが届き、愛する人のために自分の遺志を残す方法はないかと聞かれる。現在、二五人のベータグループが製品をテストしているという。彼の目標は、いつの日か消費者が自分の永遠のデジタル・エンティティを作れるようになることだ」[*4]。現在の若い世代が数十年間にわたりコミュニケーションや交流に関するデータを蓄積すれば、アバター用の機械学習アルゴリズムは、ユーザーの人格について十分推測できるようになると考えている。技術的にはまだ解決すべき課題が多いが、アバターが実現すれば、テキストベースのチャットボットや、本物そっくりの3Dキャラクターのような形で生き続けるのである[*5]。

メタバースの登場によって、死後も活動するデジタルクローンはより現実味を増している。

メタバースは、インターネット上にある三次元の仮想空間のことで、参加者は自分の分身であるアバターを操作して空間内を移動し、他の参加者と会話や取引を行なうことができる。メタバース企業のソムニウム・スペースは、有料の「Live Forever」モードに設定した場合、本人の動きや会話をデータとして保存し、死後もずっとその状態を維持できるようにするという。同社のメタバースは、バーチャルリアリティヘッドセットに対応しており、没入感のある3D体験が可能だ。C

EO兼創設者のアルトゥール・シチョフは、「バーチャルリアリティが持つデータ収集の可能性に驚嘆し、『魔法のような技術』と称賛した。『携帯電話を使っているときに比べて、一〇〇倍から三〇〇倍のデータ量を記録できる可能性がある』。バーチャルリアリティ技術は、指、口、目、体全体の動きを収集し、『指紋よりも正確に』素早くあなたを特定することができる」[*6]としている。同社は、近い将来にベータ版をリリースする計画である。

日本でもAI研究を行なうオルツがデジタル上で人間の再現を可能にする人格生成プラットフォーム「CLONEdev（クローンデブ）」のα《アルファ》版をリリースし、[*7]社会実装を進めている。

このようなビジネスをひと括《くく》りに「デジタル来世」産業と呼んでいるのは言い得て妙だ。これは、自分自身という人格が近親者をはじめとする関係者から見て「最も生存しているように感じられる」技術だ。もちろん、物理的な空間からは自分自身の存在はなくなってしまうが、情報空間では自分自身の存在は決してなくならない。もしかすると簡単な日常会話だけでなく、事業に関する高度な情報分析を行ない、その意思決定が経営判断を左右する可能性もあるかもしれない。このようなデジタルアバターやデジタルクローンは、他者にとって事実上、不死と同じであると言っていい。

とりわけ悲劇的な死が運命付けられている場合、そのニーズは増すだろう。

二〇二二年六月にALS（筋萎縮性側索硬化症）で亡くなったイギリスのロボット科学者、ピーター・スコット–モーガンは、自身の物理的な不自由を技術的に解決する実験に挑戦し続け、そのような生のあり方を「ヒューマンサイボーグ」という言葉で表現していたことで知られている。彼が構想していたアバターは、肉体の限界を超えて生き延びることができるデジタル人格だった。肉体が滅んだ後も、引き続きスカイプで通話をしたり、ポッドキャストに出演できる「ピーター2・0」である。

スコット－モーガンは生前、パートナーのフランシスとの間で、こんな会話を交わしている。

私が生きているうちに、AIで動く私のアバターが、私の想像が及ぶ限りの賢さを身につけたとしたら？　そして、そのあとで私の寿命が尽きたとしたら？

そんな、嘘みたいなシナリオが現実のものとなったとき、私のAIをどうするべきか？　もちろん、最優先されるべきはフランシスの意思だ。「僕が逝ってしまったあとも、本当に僕と一緒にいたいと思う？」

「もちろん、君を失うのは怖いよ。それが君の一部であっても。でも、どんな形であれ君が存在しつづけるのなら、君を完全に失ってしまうより断然マシだ。それだけは言っておく」

（『NEO HUMAN　ネオ・ヒューマン　究極の自由を得る未来』藤田美菜子訳、東洋経済新報社、一九六頁）

これは、前出のソムニウム・スペースのシチョフが、父親の余命宣告をきっかけに「Live Forever」モードを着想したことと共通している。「彼は、祖父が亡くなった後でも、子供たちが祖父と会話できるような方法がないかと考え始めた」からである。*8

ここ十数年のソーシャルメディアの躍進は、人々が物理的な空間よりも情報空間における存在感を重視していることを明らかにした。それはひと言でいえば「誰に、どのように、見られているのかがすべて」なのだ。だからレタッチ（画像補正）からフェイクニュースまでもが氾濫《はんらん》する。究極的には、フェイス・トゥ・フェイスの物理的な身体などは出る幕がなくなり、インフルエンサーとしての発信力の圧倒的な優位性のみが、心の底から渇望される理想的な人生像となるかもしれない。実際のところ、もうそうなりつつある。物理空間に対する情報空間の優越は、わたしたちがオンラインライフから離脱することを許さず、片時も休ませてはくれない。そうであるならば、「デジタル来世」は、宗教者が説く退屈な来世よりも、遥かに現実的なファンタジーとなり得る。死後もサイバースペースで生を謳歌する、ハイパーリアルな分身に魅せられたわたしたちは、想像だにしない新たな熱狂を生み出さずにはいられなくなることだろう。

さらに言えば、自分の心・魂が死後も何らかの形で生存することを信じる方法は、南直哉のエピソードを引いて説明したように、自分の死生についてスピリチュアルな意味付けが見出せないことに対する恐怖（生きている意味が分からなくなる）への対応といえるが、来たるべきスピリチュアルな救済のイメージは、故人の人格を再現するアルゴリズムに吸収されて変容してしまう可能性がある。

これは、今後の死生観にとって無視できない要素だ。

◉「自己は幻想である」と気づいても何も解決しない

ＡＩ技術によって自分の分身を生存させるプランは非常に面白いが、数十兆個ある細胞から構成される物理的な身体がデジタル変換されて、永久不滅の無機的な身体に突如アップグレードされたりするものではない。肉体の衰弱そのものは避けることはできず、本体である肉体を延命させること以外に自己の意識を生かし続ける手立てはない。

そこで古代の叡智《えいち》が召喚されることになる。

二〇〇〇年も前にギリシャの哲人エピクロスは、「死は、もろもろの悪いもののうちで最も恐ろしいものとされているが、じつはわれわれにとってなにものでもないのである。なぜかといえば、われわれが存するかぎり、死は現に存せず、死が現に存するときには、もはやわれわれは存しないからである。そこで、死は、生きているものにも、すでに死んだものにもかかわりがない。なぜなら、生きているもののところには、死は現に存しないのであり、他方、死んだものにはもはや存しないからである」と説いた（『エピクロス　教説と手紙』出隆・岩崎允胤訳、岩波文庫、六七〜六八頁）。よく知られている捉え方だ。先の認知科学の言葉にすると、「わたしたちが生きている時は意識活動が存在することから、『死を体験することはできない』。しかし、わたしたちに死が訪れる時は、今度は意識活動を可能にしている脳機能が喪失するため、『死を体験することはできない』」となるだろうか。主体を発生させる装置（脳機能）そのものがないところにいかなる経験の機会もないというわけだ。

これは「無を経験」することが論理的にあり得ないにもかかわらず、暗黒の中の死後生という状況を想像してしまう前述の誤認の裏返しである。つまり、経験が不可能なものを恐れる理由はないと諫《いさ》めたいだけなのだ。

もうひとつ、哲学者のアルトゥル・ショーペンハウアーの有名な一節「君が死んだ後には、君が生れる前に君があったところのものに、君はなることだろう」がある。「我々の存在の終末とか乃至は我々がそこではもはや存在していないであろう時間とかいうような観念は、ちょうど我々がもしも全然生れてこないのだったとしたらというような観念と同じことで、理性的に考えさえすれば、なにも我々をおびやかすほどのこともないのだ」（『自殺について 他四篇』斎藤信治訳、岩波文庫、七頁）――これもエピクロス的な思考の変奏といえる。少し異なるのは、「君が生れる前に君があったところのもの」と表現されている部分だろう。わたしたち人間がこの世に誕生する以前は、意識活動が存在しない「ところのもの」だから、いずれ死滅が必然であるにしても、それらが存在しなかった「ところのもの」に戻るというわけだ。この「ところのもの」とは一体何か。それは「我々の本源的な状態」であり、「意志だけ持続する」という。この場合の「意志」とは「自然の諸力」のことであり、いわゆる「霊魂」のことを指しているのではなく、仏教の「業《ごう》」（カルマ）[*9]の発想に近いといいえそうだ。それゆえ、「だからもし怖ろしいということがあるとすれば、せいぜいのところ移りゆきの瞬間だけなのだ」と断じてさえいる（『自殺について』七頁）。

しかしながら、非存在が非存在のままの状態でいることと、非存在が存在として出現してから（存在それ自体が錯覚であるにしろ）、非存在になることには大きな違いがある。

この落差がもたらす心理的メカニズムは、刑務所など身体の自由を拘束される環境下に過剰適応した結果生じる「プリゾニゼーション」という無気力状態になぞらえることができる。要するに、「形を持たない存在」から「形をもつ存在」への移行――哺乳類霊長目（サル目）ヒト科ヒト属の生物個体として誕生すること――を遂げ、数十年もの歳月をかけて生物的にも文化的にも適応したにもかかわらず、今度はまた再び「形を持たない存在」へと移行しなければならないというわけである。このような適応不安が、考え方次第や心がけ次第でどうにかなるようには到底思えない。それは最新の脳科学的な知見がわたしたちに「自己」や「自分」というものが幻想である――「痛いとか、赤い色だとか、死ぬのが怖いとか、一丁前に感じているように実感する。しかし、それは幻想だ。脳の神経回路網（ニューラルネットワーク）が、あたかもそう感じているかのように幻想させているに過ぎないのだ」（前野隆司『霊魂や脳科学から解明する　人はなぜ「死ぬのが怖い」のか』講談社＋α文庫、一五九頁）――などと説明したところで、わたしたちの「死に対する恐怖」が少しも緩和されないことからもよく分かるだろう。

◉「思いどおりにならない自己」を意識に上げる

近年、宗教色のない精神修養のメソッドとしての瞑想が再び脚光を浴び、世界的な潮流としてビジネスの現場などに採り入れられている。

輪廻や解脱《げだつ》という抹香《まっこう》臭い舞台装置がない代わりに、洗練された心の観察システムというべき瞑想の科学と呼ぶべきものがあるからだ。これが座学だけでは得られない独特の強度をもたらしている。

進化心理学を専門とする科学ジャーナリストのロバート・ライトは、ブッダが自己を「コントロールの可能性」、つまり「思いどおりになるかどうか」という概念と結び付けたことに注意を促す。

ブッダが色《しき》（肉体）についてどう言っているか耳を傾けてみよう。「もし色が我なら、色がわずらいを引き起こすことはないはずだ。また、色について、『私の色はこのようであれ、私の色はこのようであってはならない』と思うがままになるだろう」。ところが、とブッダは指摘する。われわれの肉体はわずらいを引き起こし、「私の色はこのようであれ」と命じるだけで魔法のようにそのとおりになるわけでもない。だから、色――肉体をつくっているもの――は、本当の意味でわれわれの思いどおりにはならない。したがって、とブッダはいう。「色は無我」にちがいない。われわれは、われわれの肉体ではない。

その後、ブッダはほかの四つの要素も一つ一つ検討していく。「もし受《じゅ》（感覚）が我なら、受がわずらいを引き起こすことはないはず」であり、「私の受はこのようであれ、私の受はこのようであってはならない」と命じれば感覚を変えられるはずだ。ところが、もちろん、感覚はたいてい思いどおりにならない。だから、私たちの思いに反して不快の感覚はえてして長引くことになる。したがって「受は無我である」とブッダは結論をくだす。想《そう》（知覚）、行《ぎょう》（意志）、識《しき》（意識）についても同じ結論にいたる。五蘊のなかに、私たちが確実にコントロールできるもの――完全に思いどおりにできてけっして苦しみを引き起こさないものはあるだろうか。もし思いどおりにならないのなら、どうしてそれが自己の一部だといえるだろう。（『なぜ今、仏教なのか　瞑想・マインドフルネス・悟りの科学』熊谷淳子訳、早川書房、八一～八二頁、傍点引用者）

ライトが実践しているヴィパッサナー瞑想（マインドフルネス瞑想を含む）は、ヴィパッサナー＝「物事をありのまま見る」という言葉のとおり、時間をかけて感覚の濁りを取り除くかのような洞察によって会得するものだ。

瞑想中、さまざまな感情や想念が湧き起るが、それに「執着しないこと」を学ぶという。たとえば過去に経験した侮辱的な言動に対する激しい怒り。そういった出来事をつい昨日のことのように鮮明に思い出している状況で、気分のイライラを抑えることはとても難しいだろう。それは日常的な社会生活の場面ではなおさらである。しかし実のところ、ある出来事に伴う不愉快な感情を、必ずしも自分と関係付ける必然性はない。良い・悪いの評価を下すことをせずに、いったん判断そのものを「留保」して、淡々と観察のモードに徹するのである。わたしたちは通常、不愉快な感情が生じると同時にそれを「悪いもの」とみなし、感情に流されるままに物事を捉えてリアクションを取ってしまう。この「無意識に行なわれている作業」を意識に上げるのだ。

ライトは、「カフェインのとりすぎによるあごの張りや、歯痛や、不安などの不快な感覚が自分とは関係のないものに思えた経験から私が学んだことは、感覚のコントロールが逆説的だということだ」と述べる。「三つの感覚はどれも、最初のうちはしつこくいすわりつづけ、とうてい思いどおりにコントロールできる相手ではなかった。いやむしろ、感覚のほうが私を思いどおりにコントロールしていたといってもいい。ブッダの『自己』の概念によれば、思いどおりにならないのだから、この不快な感覚は私の自己の一部でさえないということだ。ところが、いったんこの論理に従って、思いどおりにならないものを自己の一部だと思うのをやめてみると、そうした感覚から解放され、ある意味で自分がコントロールをとりもどした。それともこういったほうがいいのかもしれない。そうした感覚が思いどおりにならないこと、コントロールできないことが問題ではなくなっていた」（『なぜ今、仏教なのか』九二〜九三頁）。

◉「複数あるリアリティ」の絶えざる変化

第一章の締めくくりに強調したことを思い出してほしい。

このような「感覚のコントロール」が最も思いどおりにならない事態とは（根治が困難で心身に不自由を強いる病気の悪化も当てはまるが）、終末期を含めた死を迎える段階で起こる一連の出来事だろう。

仮にありとあらゆる不愉快な感覚を「自己の一部と捉えること」から解放されることに習熟している者がいるとすれば、わたしたちが自明としている「コントロールできる自己」の幻想に振り回されず、「コントロールできない自己」＝「死に向かって崩壊していく自己」を受容する基礎的な心性を持っているといえるだろう。

二〇〇九年に制作された『エンター・ザ・ボイド』（フランス、監督・脚本：ギャスパー・ノエ）という映画がある。

東京・歌舞伎《かぶき》町でドラッグのディーラーとして生計を立てている主人公のオスカー（ナサニエル・ブラウン）がトラブルに巻き込まれて射殺され、その後、オスカーの身体から抜け出した「魂」が目撃するイリュージョンを描いた異色作だ。

作中で登場人物に言及させていることからも分かるとおり、「チベット死者の書」で詳解している死後のヴィジョンをモチーフにしている。臨死体験に特徴的な体外離脱の状態での主観映像（POVショット）で大半が構成され、現実とも幻想ともつかない悪夢に付き合わされているような展開が繰り広げられる。最初から最後までオスカーの視線から見た世界が映し出され、それは本人の瞬きまでを完全に再現する念の入れようである。この仕掛けにより主観と客観の境界を引こうとする見方を拒み、高みの見物に徹しようとする態度を封じている。

本作の意図は、かつて一九六〇～七〇年代に米国で巻き起こった「チベット死者の書」ブームのような死後の世界の実在を告知する類のサイケデリックカルチャーではない。監督のギャスパー・ノエもあえて言及しているが、思想の面からも映像の面からも「輪廻転生」を明確に否定している。[*10]つまり、この世界を外側から傍観できるような特権的な視座を退けると同時に、「複数あるリアリティ」の絶えざる変化として映し出しているのである。もちろん、主人公にとっては想像を絶するカオスであり、自らの恐怖と執着をシャッフルした悪夢でしかないが、それらの超越体験をどのように受け止めるかについては可能性が開かれている。ここで必要なメソッドも「目の前のものを評価せずに観察に徹すること」なのだ。

◉穏便に昇天させるための「心の操縦法」

何か貴重なものを失ったその瞬間、あなたは心が深い平安のうちにあることに気づくだろう。そのような体験をしたとき、あわてて解決策を求めて走りまわったりしないこと。しばらくはその平安のうちにじっとしていることだ。それが間隙となるように、心を見つめ、その間隙のうちに真に安らいだなら、あなたは悟りの心の、その不死の本質をかいま見ることになるだろう。

人生にはこのような間隙と移行が与えてくれる根源的な洞察の機会がある。そういった希有な機会に対してより深い感受性とより鋭い目を持つようになれば、死のときにあって同じことが、しかしはるかに強烈な、はるかに制御しがたい形で起こるのに対して、内なる準備を整えておくことができるのである。

これはきわめて重要なことだ。というのは、バルドの教えが説くところによると、心が通常よりもより自由になる瞬間、より力に満ちる瞬間があり、そのときそこでは、きわめて強力にカルマが決定されるのである。その最上のときが死の瞬間なのだ。つまり、死の瞬間、肉体を後にして、わたしたちはこの上ない解脱の可能性を秘めた好機に恵まれるのである。（ソギャル・リンポチェ『チベットの生と死の書』大迫正弘・三浦順子訳、講談社、一八七頁）

これはチベット仏教の高僧ソギャル・リンポチェが語った言葉である。

バルドとは、要するにわたしたちの人生の諸段階におけるリアリティのことだ。「わたしたちの存在のすべては、生、死にゆくことと死、死後、再生の四つの現実《リアリティ》に分けることができる。これが〈四つのバルド〉である」（一八三頁）――と説明される。カルマは、「心身の癖と習慣」のことを指す。つまり右に挙げた文は、死の瞬間はわたしたちにとって最大のチャンスと言っているのである。何のチャンスか。「チベット死者の書」は、現代的な〝臨終の手引書〟として読み説いた場合、臨死の際に誰もが経験するであろう脳内現象に、クリアカットで揺るぎない解釈を与え、恐怖と不安の感情に支配されることを回避し、穏便に昇天させるための「心の操縦法」といえるものなのである。

死にゆく者の傍で現在本人が体験している「脳機能の崩壊」による――「体外離脱」をはじめとする意識の変容に伴う臨死体験――幻覚・幻聴の細部に至るまでをリアルタイムで解説してくれるのだ。それだけではない。残された遺族に四九日間にもわたって、死者の状態を語り聞かせることまでが行なわれる。

これは、いわば終末期からグリーフケアまでを包括する「死のガイダンス」である。

一般の人々は生前、修行に勤しんでいる時間はないから、臨終に当たっては僧侶の力を借りるのだが、このシステムは心理的ケアの面で非常に優れているといえる。理由は明快だ。「死に対する恐怖」を本人の死生観（同質性の高い文化圏であることが前提だが）と矛盾しない形で和らげ、生前の肉体としての「自己のコントロール」を手放す方向――「この世界から外へ行くのは汝ひとりではないのだ。死は誰にでも起こることである。この世の生に執着や希求を起こしてはならない。執着や希求を起こしたとしても、この世に留まることは不可能である。汝は輪廻《りんね》し彷徨《さまよ》いつづけるよりほかはないのだ。執着してはならない。貪《むさぼ》りを求めてはならない」（『原典訳 チベットの死者の書』川崎信定訳、ちくま学芸文庫、三二頁）――で誘導しつつ、臨終時に出現するパニックを誘発しがちな幻覚や幻聴などが、自らの意識が作り出した「実体のないもの」に過ぎない――「汝の身体と心とが離ればなれになるとき、存在本来の姿（法性《ほっしょう》）の純粋な現出があるであろう。この現出は微妙であり、色彩と光に満ちている。光輝に光り輝くであろう。その本性は幻惑させ、汝をおののかせるものであり、初夏の野に陽炎《かげろう》が立ち昇るようにゆらゆらと揺れ動く。これを恐れてはならない」（三三頁）――ことを諭すからだ。これは非常に合理的といえる。

◉個人化の時代の死の道先案内人

いずれにせよ、「死後も生存する意識」の有無にかかわらず、「現存する身体機能の停止」に伴う次なる段階への移行は不可避であり、どのような試みや考え方に立脚しても、同じ人間として物理的に存在し続けることはできない。

そうであるなら、なおさら、「死後も生存する意識」を巡る議論などとは関係なしに、「コントロール不可能な自己」を諦観《ていかん》とともに見守るような受容こそが求められるだろう。これは「生の質」ならぬ「死の質」と呼ばれる考え方に含まれるものだ。

宗教的な感情と「死に対する恐怖」に関して、キューブラー＝ロスは、「死の受容」の難易が「宗教心」の有無とほとんど関係がなかったと述懐している。ただ、ごく少数の「心の底からの強い信仰をもった真に宗教心が篤《あつ》い人」だけは「信仰に助けられた」と例外的な扱いをしている（『死の瞬間』二九二頁）。しかしながら、文化人類学者の服部洋一が米国のホスピスで収集した「神との結び付きを感じられない」として狼狽《ろうばい》する女性の事例のように、「深い信仰心を持ち、明確な死の説明装置を持つ人が、むしろ強い霊的苦悩にさいなまれる可能性がある、という逆説」もある。この事例では、スピリチュアル・ケア・コーディネーターが、「『神』との結びつきが感じられなくなり、アイデンティティが揺らいだ患者に対し、ともに祈り、聖書を読む、というルーティンを回復させることによって、その平静さを取り戻させている」（『生きられる死　米国ホスピスの実践とそこに埋め込まれた死生観の民族誌』三元社、二一〇〜一一頁）。つまり、特定の宗教を信仰することによる「死に対する恐怖」の克服は、極論を言えば狂信的なレベルではないと明確に作用しないことを示唆しているともいえる。これは「天国」や「輪廻」についての現実感の強弱を問わず、本人の死生観に相応しい心理的なケアの必要性を浮き彫りにしてもいる。服部のいう「ルーティンを回復させる」支援者の存在である。

特定の宗教を信仰せずとも、わたしたちには、固有の価値体系と宗教的な感情がある。「論証不可能なもの」を信じることとセイクリッド（神聖）な感覚が合わさったものと言ってもいい。無神論のようなものも例外ではない。死後の世界を信じていないことや、幽霊や魂がないと思っていることもそのうちのひとつだ。それらを否定しておためごかしに「超越的な存在」や「死後生存」を持ち出しても患者への精神的な虐待にしかならないだろう。「論証不可能なもの」を拠り所にしているという意味において、わたしたちは、現在西洋世界に広く行き渡っているライフスタイルや理念を生きてしまっている。それらの最大公約数といえるものが「人間の意志と人間の経験が権威と意味の至高の源泉であると信じている」「人間至上主義」（ユヴァル・ノア・ハラリ、柴田裕之訳『ホモ・デウス　テクノロジーとサピエンスの未来』〈下〉河出書房新社、二〇一八頁）であり、どのような文化的世界観であっても公平に尊重することが大きな課題になっている。「無宗教」と揶揄《やゆ》されることがあるわたしたち日本人もご多分に洩《も》れず、「一人ひとりの人間に『意味の至高の源泉』がある」と考えないわけにはいかない。そこでは「あの世がある」と信じる者も「死後は無」だと信じる者も、「人間の内部に侵してはならない〈小さな神〉のごとき聖性」を見出している点で大した違いはない。「人間至上主義」という宗教の一分派でしかないのだ。つまり、時代精神に支配された「個人化した宗教」「私的な宗教」も、「この世界から旅立って、二度と返って来ない」ことについて、肯定的な地平を切り開くような「意味」を求めざるを得ないのだ。

「コントロール不可能な自己」を解き放つ方向に自身を送り出すことが困難なとき、わたしたちの個人化された死生観を少しも否定することなく、救済の手を差し伸べてくれるのは理解ある経験豊富な介助者、助言者、伴走者だろう。だが、このような適切なスキルを持つ人間や実現可能な環境といったリソースはきわめて稀少だ。しかも、そのような理想を実現するためには、社会学者のトニー・ウォルターが述べているように、「慈悲共同体ネットワーク」が重要になってくる。「慈悲共同体モデルでは、死にゆく人と非公式の介護者が社会的ネットワークの中心に置かれている図を見ることができる。このネットワークには、家族だけでなく、友人、隣人、同僚、雇用主、学校、信仰共同体なども含まれる。彼らは当事者またはおそらくその介護者を、実用面、社会面、感情面から支援する潜勢力を持っている」(『いま死の意味とは』堀江宗正訳、岩波書店、七四頁)。この場合、社会関係資本が少ない者ほど、ボランティアや専門家をより必要とする可能性があるが、「高い社会関係資本と良好なネットワークを持つ人々の方が、より専門的なケアを動員するための接触機会を持っている」のが現状だとしている(七五頁)。

わたしたちは、従容《しょうよう》として死んでゆくことが最も困難な時代を生きているのである。

第五章　「恐怖管理」に至る病

恐怖のパレードが来る
キミの名の下に

平沢進『パレード』（『白虎野』所収、テスラカイト）

現代のような時代では、自分たちのディレンマを理解するのを助けてくれる概念を見つけなければという圧力を人々はひしひしと感じている。生死をかけた（vital）観念を見つけたい、不必要な知的複雑さを単純化したいという衝迫が人々を駆り立てる。ときとして、これは、緊張を解消するとともに人々がまさに必要としている合理化を伴って活動を進めやすくするための、大きな嘘を促進することがある。しかし、それはまた、人々が自分たちに何が起こりつつあるかを把握するのを助けるとともに問題が実際にどこにあるかを教えてくれる、真理のゆるやかな解放に向かうこともある。

アーネスト・ベッカー『死の拒絶』（今防人訳、平凡社）

◉文化的世界観と自尊心という二つの緩衝材

もう忘却の彼方にある人も多いかもしれないが、コロナ禍が始まって以降、わたしたちは驚くべき光景を目にして来た。

新型コロナウイルス感染症の患者が国内で確認され、ワイドショーなどのテレビ番組によって報じられるようになると、ラーメン店や駄菓子屋などで中国人の入店禁止を告知する張り紙を掲示する動きや、全国各地のドラッグストアやスーパーでマスクやトイレットペーパーの買い溜め・買い占めが起こり、全国の小中高校などの一斉休校が実施されると、自粛ムードが生まれて子どもの外遊びに対する「不謹慎狩り」が相次いだ。しかも、これはすべて二〇二〇年四月の最初の緊急事態宣言が発せられる以前の出来事であった。

緊急事態宣言以降は、「感染者叩き」「クラスター（感染者集団）叩き」が急速に拡大。微熱や咳などの症状がある人が外出して人に会ったり、仕事をしたりするだけでバッシングに発展した。たとえば、ある大学では、ゼミやサークルの懇親会で集団感染が発生後、抗議の電話やメールが殺到。当時の報道によれば、「感染している学生の名前や住所を教えろ」「火をつける」「殺しに行く」など脅迫的な内容もあった。その大学の学生というだけでアルバイト先から出勤停止を言い渡されたり、解雇されたりした。特にコロナ禍の一年目はこのような不条理が数え切れないほど繰り返された。

世界的に見ても、人種や国籍などに絡む「コロナヘイト」と呼ばれる現象が日本に先行して広まっていた。ロイターは、カナダやタイなどで中国系住民に対する差別や偏見が助長される事態になっていると報道。「ベトナムのダナンでは『あなた方の国が病気を広めたので、われわれは中国からの客へのサービスを提供しない』と英語で張り紙したホテルまで出現し、その後当局から張り紙を撤去するよう命じられた」というエピソードを取り上げた。[*1] フランスでは、中国人が街中やソーシャルメディア上で差別的な言葉を浴びせられたと訴える例が続出しているとAFPが報じた。アジア人街で予定されていた春節のパレードが延期されたことに絡み、「外国人嫌悪が入り交じった集団ヒステリーがあり、フランスのアジア系住民に対する差別発言に歯止めがきかなくなっている。まるでアジア系住民全員が保菌者のような言われ方で、近寄るなと言わんばかりだ」という在仏中国人協会の関係者のコメントを紹介。実際にアジア系のレジ係の女性が接客を拒否され、「母国に帰れ」と罵られた光景を見た人からの証言もあった。[*2] 同様のリアクションが世界各国において、中国人だけではなく「アジア系全体」へと波及していたのだ。

このようなパンデミック（世界的大流行）に誘発されたパニック、憎悪感情などの深層心理を解き明かすものとして、再び注目を集めるようになったのが「恐怖管理理論」（terror management theory＝TMT）と呼ばれるものである。社会心理学者のシェルドン・ソロモンらが考案した仮説で、人々は文化的世界観と自尊心という二つの緩衝材によって、死の恐怖から自分自身を守っていると考えている。

私たち人間はみな、自分が死を免れないことを知っているという問題に対処するために、二つの基本的な心理的資源《リソース》を求める。第一に、文化的世界観に対する信念を持続する必要がある。それが人々の現実認識に秩序と意義と永続性を吹き込むからだ。人はふだん自分たちの文化的世界観を当たり前に思っているが、実際にはそれは人々が膨大なエネルギーを費やして築き、維持し、守っている、壊れやすい人間の構築物である。人は自分の存在が危ういという認識につねに瀕しているので、人間の命はこのうえなく重要で永続するものという考え方を強化するために、自分たちの文化における政府・教育・宗教の制度や儀式にこだわる。

しかし、生命一般をそういうものと考える必要があるだけではなく、自分自身の命もそういうものと考える必要もある。世界観によって開かれた文字どおりの不死と象徴的な不死への道を行くには、自分は文化の貴重な一員だと感じる必要がある。したがって、恐怖を管理するのに不可欠な第二の資源は、一般に「自尊心」と呼ばれる個人的重要性の感覚である。文化的世界観と同じように、自尊心を達成して維持する方法も多種多様だ。（シェルドン・ソロモン、ジェフ・グリーンバーグ、トム・ピジンスキー『なぜ保守化し、感情的な選択をしてしまうのか　人間の心の芯に巣くう虫』大田直子訳、インターシフト）。

ソロモンらが四半世紀以上も研究を積み重ねて明らかにしたのは、「自らが死すべき存在であること」を突き付けられる場面に出くわすと、人々が普段から信奉している文化的世界観や自尊心を強固にするための行動を起こしやすくなるということであった。

◉反ワクチン運動を「陰謀論」で片付ける過ち

コロナ禍において世界規模で噴出した「コロナヘイト」は、日本では主として「感染者叩き」「不謹慎狩り」「自粛警察（マスク警察を含む）」として顕在化した。二〇二〇年五月、緊急事態宣言後に短縮営業をしていた都内の飲食店に対し、「営業するな！　火付けるぞ！」と書かれた段ボールを貼り付けて脅したとして、六〇歳代の豊島区役所の職員が威力業務妨害の疑いで逮捕されたことが話題になった。[*3] 刑事事件になっていないだけで同じような嫌がらせは枚挙に暇がなかった。休業要請に従わない店舗をターゲットに、誹謗中傷の貼り紙や落書き、器物の損壊が横行し、子どもを公園で遊ばせないようにするため学校を通じてクレームを入れたり、県外ナンバーの自動車やバイクを見付け出し、落書きや破壊行為に走る人々が続出した。

今回のコロナ禍の特徴は、ワイドショーの過熱報道と海外サイトなどからのフェイクニュースの氾濫が入り混じる「インフォデミック」（真偽不明な情報の大量拡散）の側面があったことだ。人々は必要以上に恐怖を感じ、過剰な不安に右往左往することとなった。これはウイルス感染による死が実際以上のリスクとして強く意識される素地を作ったといっていい。コロナ禍で感染者が「殺人鬼に見える」と評して物議を醸した政治家が典型だが、潜伏期間の長さや無症状の者が多いこのウイルスのステルス性によって、すべての他者に「死の可能性」が付与され、自粛に従わない若者などに至っては無自覚な「死の媒介者」に見え始めたのだ。インフォデミックによって、少なくない人々が文化的世界観と自尊心の補強に迫られることになったのである。

日本においては、それが「世間」に波風を立てないことを美徳とする価値観の貫徹を守り抜こうとする「こだわり」として表われた。[*4]「文化的な現実認識が死の恐怖を抑えているからには、自分の信念に反する信念の妥当性を認めれば、自分の信念が抑えつけている恐怖そのものが解き放たれる。そこで私たちはその脅威をかわすために、別の人生観をもつ人々を見下して人間扱いしない。または彼らに私たちの信念を受け入れさせ、彼らの文化を私たちの文化に吸収する、あるいは彼らを完全に抹殺する必要がある」（同書、一五九頁）というロジックだ。政府の自粛要請は、ほとんどの場合、法的強制力を伴わないものであり、スピード違反のように警察の取締り対象ですらなかった。けれども、非常時には一致団結し、我慢するのが当たり前とする日本的「世間」を内面化した人々にとっては、法律違反よりも許し難い「掟破り」に映ったのである。「みんな不自由な思いをして政府が求める行動の制限などの感染症対策に努めているのに、勝手に遊びに行ったり、人が集まったりしているのはけしからん」と考え、「世間」という最も重要な価値基準が蔑ろにされる緊急事態であるから、超法規的な手段によって抑え込むことも仕方がないとなったのである。ソロモンらの言い方を用いると、「自分の信念に反する信念の妥当性を認めれば、自分の信念が抑えつけている恐怖そのものが解き放たれる」からだ。自粛に従わない行動のすべてが自らの文化的世界観を踏みにじる暴挙に見えていたのだとすれば、「自粛警察」を突き動かしていた心理はとても明瞭なものとなる。

自粛要請を金科玉条とする「世間」をめぐる対立の激化は、恐怖管理を求める心性の影響が推定できるほんの一例に過ぎない。マスクの着用をすべきかどうか、ワクチン接種をすべきかどうか等々……コロナ禍の三年の間に社会は二分どころか四分五裂した。とりわけ新型コロナウイルスのワクチン接種では、任意であるにもかかわらず接種しない人々に対するハラスメントが職場などで顕在化。退職に追い込まれる例も少なくなかった。同調圧力と言えばそれまでだが、ワクチン接種に関しては自身の健康や身体、自然観、政府への信頼感などに左右され、センシティブな部分が露わになるため、自粛要請以上に深刻化した。国や自治体による大規模接種以降、接種後の死亡者数がマスメディアによってフォーカスされると、反ワクチンを掲げる市民団体の運動は活発化していった。mRNA（メッセンジャーRNA）ワクチンも当然ながら既存のワクチンと同じく、異物を体内に取り込んで免疫反応を誘導する性格上、接種に伴うリスクはゼロではない。ワクチン接種に前向きではない人々の多くは、どちらかといえば陰謀論をはじめとしたディスインフォメーション（故意に流す虚偽の情報）ではなく、副反応や長期的な安全性といったリスクの算定の中で戸惑っていた。ワクチン接種で得られる利益＝有効性と、副反応などのリスク＝安全性を天秤にかけて接種の是非を判断すべきという定型文をよく見かけるが、恐怖管理理論の観点から見れば、巷間よく語られる「一〇〇万分の一」といった確率論は意味をなさない。根本的には、接種すること自体に新たな技術による「未知のリスク」の発現という懸念が拭えないばかりか、「一〇〇万分の一」であっても当たればゲームオーバーかもしれないという死の可能性が入り込むことを意味するからだ。このような脅威こそが各人の文化的世界観への傾倒を推し進めるスイッチになったのである。

「殺人ワクチンを中止せよ」と叫ぶ人々が現われる一方で、反ワクチン運動を公衆衛生政策を破壊する「陰謀論者」とレッテルを貼って目の敵にする人々が現われたのは、恐怖管理理論からすれば必然だったとすらいえるだろう。ソロモンらは、「他者への激しい憎悪」は、それだけで「不安な身の上」を忘れさせてくれると述べている。つまり「『異なる』他人を見下しているときのほうが、やっかいな死の考えを消し去りやすいのだ」（『なぜ保守化し、感情的な選択をしてしまうのか』一六二頁）。

◉人は具体的でコントロールできるものを必要とする

ＳＦホラー映画の秀作『ミスト』（二〇〇七年、米国、監督・脚本：フランク・ダラボン／原作：スティーヴン・キング）は、わたしたちが「死に対する恐怖」に必死に打ち克とうとして、陥りがちな「袋小路」を最も凄惨なスタイルで素描した究極の寓話である。

異常な霧に包まれた町を舞台に集団ヒステリーがもたらす悪夢を描いているのだが、最も重要な点は、画家のデヴィッド・ドレイトン（トーマス・ジェーン）とミセス・カーモディ（マーシャ・ゲイ・ハーデン）の対立だ。毒針を持つ巨大な羽虫などが襲来する中で、スーパーマーケットの店内から出られなくなってしまった店員と客は、「世界の終わりがやってきた。炎ではなく霧とともに。神は血の償いを求めている」などとまくし立てる熱心なキリスト教信者であるミセス・カーモディの妄想に次々と感染していく。そして、何か秘密を隠していると疑われた軍人の一人が、ミセス・カーモディの演説に促された人々によって刺殺され、〝生贄《いけにえ》〟として店外に投げ出される暴挙にまで発展する。デヴィッド・ドレイトンは家族らとともに脱出を試みるが、ミセス・カーモディとそのシンパが目の前に立ちはだかり、ドレイトンの八歳になる息子のビリーを生贄にしろと食い下がる。つまり、ここで起こっていることは、解決不可能な災厄に端を発する「死に対する恐怖」について、目に付いたものを「悪の化身」に仕立てて排除することで、あたかも自分たちが状況をコントロールできており（それゆえ「何らかの取り引き」＝「神が生贄を求めている」が機能していると思い込み）、「解決可能な事象であるかのように」自己を欺いていることだ。

ソロモンらは、「昔から、個人または全体が、死の不安のための心理的避雷針の役割を果たしてきた」ことを改めて念押ししたうえで、「ここで憂慮すべき点は、残っている死の不安の原因として、人は何か具体的でコントロールできる可能性のあるものを必要とするので、その目的で自分たちと異なる『他者』を特定したり、つくり出したりすることである」と述べる（一六七〜六八頁）。ミセス・カーモディとそのシンパが取った打開策そのものである。

だが、話はそれほど単純ではない。ドレイトンが最後に採った恐るべき行動は、まだ眼前に現われていない怪物に先んじて、息子を含む四人をひと思いに射殺したことだ。ほどなく霧の向こうから装甲車の一団が姿を見せ、ドレイトンはミセス・カーモディ以上に、恐怖をコントロールすることに失敗したことが露わにされる。もっと言えば、前時代的な「生贄」と「予防的な殺害行為」の差異が無意味に感じられることへのいら立ちが焦点化されるのだ。今や全世界的な空間の「ミスト」化が進行している状況において、わたしたちがいかに困難な運命にさらされているかを読み取るべきだろう。

わたしたちは彼女たちを笑うことはできない。縷々《るる》述べたとおり、人々はコロナ禍で多かれ少なかれ「何か具体的でコントロールできる可能性のあるもの」に殺到したからだ。ソロモンらが「注意を自分自身からそらすことも、死の考えを意識から追い払うのに役立つ」と指摘したように、ここには他者への攻撃だけでなく膨大な逃避行動のリストが含まれている。筆者は、コロナ禍の初期段階（二〇二〇年三月頃）に巻き起こったトイレットペーパーの買い溜め・買い占め騒動について、東洋経済オンラインでおおむね以下のように論じた。

感染爆発の可能性が取り沙汰され、「ロックダウン（都市封鎖）」という言葉が飛び交う中で、未知のウイルスであることや、その致死率などのリスクに関するまだ情報が少なかった事情が災いし、わたしたちは何も有効な手が打てないまま恐怖心を持て余すことになった。そこで血迷った多くの人々は、情報の真偽を問うことなく、近視眼的な動静をいち早くキャッチして行動に移すことによって、「（大局的にはまったく思いどおりにはならない）状況をなんとかコントロールしよう」と試みたのである。このような心性が最も滑稽な形で出現したのが、「中国から原材料が輸入できなくなり、近いうちにトイレットペーパーがなくなる」というデマから始まったトイレットペーパーの買い溜め・買い占め騒動だった。

かつて社会学者の清水幾太郎は、緊急事態において「嘘が恐怖に対する一つの救い」となると言ったが、仮にデマであっても特定の物品の入手に奔走することは、「注意を自分自身からそらす」意味でも好都合だからなのだろう。「人間が縛（いまし）められ、一切の身体の自由を失い、その生命が危険に瀕している時、なお彼を救い得るものがあるとすれば、それは正に嘘である。嘘は一定の人為的環境を相手に与えることによって、相手をこれに適応する如き行動に出でせしめることである。嘘を語る人間は無力であっても、この嘘によって生みだされた環境は断じて無力ではない。人為的環境を作り出すことは即ち一つのイメージを作り出すことである」（清水幾太郎『流言蜚語』

ちくま学芸文庫、九四頁)。

要するに、コロナ禍という危機的な状況をコントロールすることは不可能だが、トイレットペーパーの確保をコントロールすることは可能である——といったミクロレベルでの「コントロール感」(対処ができているという感覚)が精神的な充足をもたらすのである。わたしたちに付きまとう諸々の気がかりが、払底しかねない生活必需品の購入というミッションによって「一時的に解消される」のだ。信頼できる証拠やもっともらしい注釈などはもはやどうでもよく、いわば真っ白に光り輝くトイレットペーパーに象徴される商品だけが、わたしたちの内部から発せられる悪臭ごとき恐怖の分泌物を拭ってくれるのである。

◉自分の世界観への固執が寿命を縮めるかもしれない

コロナ予防・治療をめぐるデマにおいても似たような効力が発揮された。うがい薬のイソジンが「新型コロナウイルスの予防に効く」などの情報をうのみにして、昨日までは見向きもしなかった商品を大勢の人々が買い占めたことは、まさに「溺れる者はワラをもつかむ」なのだが、その渦中においては自身の行動が現状を打開することをまるで疑っていないのだ。これが「嘘を語る人間は無力であっても、この嘘によって生みだされた環境は断じて無力ではない」の本質といえる。日本では死者こそ出なかったが、海外では少なくとも数百人の犠牲者を生んだ。二〇二〇年八月に学術誌「American Journal of Tropical Medicine and Hygiene」に掲載されたソーシャルメディアの偽情報が公衆衛生に与える影響に関する研究で、「漂白剤を飲むとウイルスが死ぬ可能性がある」「飲酒はウイルスを殺すかもしれない」「牛の尿と糞を飲むとコロナウイルスを治すことができる」などの噂が確認されたとしている。特に高濃度のアルコールを摂取すると体を消毒してウイルスを殺すことができるというデマは世界各地に広がったという。その結果、約八〇〇人が死亡し、五八〇〇人以上が入院。そのうち六〇人がメタノール中毒で失明したと報告している（COVID-19–Related Infodemic and Its Impact on Public Health: A Global Social Media Analysis）。

ここでも、逃避という婉曲《えんきょく》的な反応ではあるものの、ワクチン接種における反目と同様、自分の文化的世界観が先鋭化するのである。

> 人は死を思い起こさせられると自分の世界観に固執し、その決定にしたがって生きる傾向が強まる。そのため、あなたが現代医学は悪だと信じている場合、病気になると思い起こさせられる死すべき運命が、自分の世界観と合う方法で病気に対処するようあなたを導く。その結果、無意識の死の考えはイデオロギーを動機とする服薬不履行を促進する傾向がある。たとえば、死について書いた数分後、アメリカのキリスト教原理主義者は、医療の代わりとしての祈りへの支持を強め、祈りのほうが医療より効果的だと評価している。彼らはさらに、宗教を理由とする医療拒否への支持が強く、自分は身体的疾患からの回復のために信仰だけに頼りたいと考えている。（『なぜ保守化し、感情的な選択をしてしまうのか』二二一〜二二二頁）

米国をはじめとして宗教や保守的な世界観の影響を強く受けている人々が、コロナワクチンを接種せず犠牲者をいたずらに増やしてしまったことは、コロナ禍において「宗教を理由とする医療拒否」が裏目に出た最も大きな事件としてまだ記憶に新しい。要は、コロナ禍は個々人が信じる世界観がどのような行動を取らせるかを明るみにする社会心理学の実験だったのである。

これは従来から病気に関する論争で度々みられていたものでもある。通常の現代医療を信じずに、怪しげな「代替医療」を選択する人が一定数おり、しかもそれが著名人やタレントであった場合、悪影響が懸念されるため批判の対象にされることが多い。これは情報リテラシーの面で実害があるからだ。ソーシャルメディアでは、実際に難病や末期のがん患者などのアカウントに対して、業者の回し者でもないのにエビデンスに乏しい代替医療をしきりと勧める者が珍しくない。実のところ恐怖管理は、わたしたちの現代医療への信頼性を根底から崩壊させる場合がある。先に引用したように「現代医学は悪だと信じている場合、病気になると思い起こさせられる死すべき運命が、自分の世界観と合う方法で病気に対処するようあなたを導く」からである。このような自分の世界観への固執を踏まえた場合、現代医療に対する絶対の信頼を寄せている者でもない限り、医師から〝お手上げ〟だと言われたことを受け止め切れずに、代替医療に淡い望みを持つようになることは十分にあり得る。「生物としての限界」に打ちのめされるよりも、「現代医療の限界」を乗り越える新しい可能性に賭ける方が動揺を抑え込めるという心理的な利点もある。言い換えれば、「現代医療という科学技術によって治癒不可能な自己」を捨て去り、「超自然（スーパーナチュラル）の魔法によって治癒する（奇跡が起こり得る）自己」へと飛び付くペテンである。

しかもこのペテンが真に危険な潜在力を発揮するのは、一般の人々に広く流通し始めたときだ。

米イェール大学の調査によると、がんの代替医療を選択して標準的な医療を選ばなかった人々の五年以内の死亡リスクは、標準医療を忠実に続けた人々に比べて最大で五・七倍も高かったという。[*5]この調査では、高収入、高学歴で、健康状態の良い患者が多い傾向が分かっているが、今後、経済状況が悪化してアンダークラスにおいて「まともな医療を望めない悲惨」を甘受せざるを得なくなった場合、かえって現代医療を諸悪の根源とみなすイデオロギーが求心力を持つ可能性をも示している。日本で行なった調査では、全国のがん患者の四五％が健康食品や漢方、気功など何らかの代替医療を利用していることが報告[*6]されており、統計的に見ても利用率は相当高い。抗がん剤や放射線治療の苦痛、あるいは先進医療の高額な費用から逃れるため、「現代医療を妄信して大金をつぎ込むなんて馬鹿げている。『〇〇水を飲めば治る』『〇〇の施術を受ければ治る』」といった極端な代替医療にのめり込みやすくなる恐れがある。つまり、マクロ的に見れば、社会階層ごとに大きな隔たりがある〝ＱＯＬ（Quality of life 生活の質）の格差〟をより強固にする言説として機能してしまうかもしれないのである。

●「人間至上主義」教が普通の人間を超人に変える

ソロモンらは、恐怖管理は、文化的世界観と自尊心によりなされていると言ったが、現代ほど自尊心の構築が難しい時代はない。ソロモンらは自尊心を、「自分は有意義な世界の価値ある参加者だという感覚」のことで、「この個人的重要性の感覚は、私たちの心の奥底にある恐怖を食い止めるものなのだ」と述べている（同書、五六頁）。家族や友人との絆、コミュニティにおける境遇、社会的地位と役割、要するに他者からの承認があり、庇護《ひご》を受け、なおかつ他者に貢献し、必要とされる機会に恵まれていることによって自尊心は成り立っている。そのため、孤独・孤立が加速する時代においては、文化的世界観における「象徴的な不死」の方がより訴求しやすくなっているといえる。

前章の結末部で記したことを思い出してほしい。わたしたちが最も重視する文化的世界観の中核にあるのは、「人間の意志と人間の経験が権威と意味の至高の源泉であると信じている」「人間至上主義」である。ならば、現代において「死に対する恐怖」を超克する手っ取り早い妙薬となる一例として、「人間の尊厳」を護持する任務の遂行による自分自身の重要性の実感があり得るだろう。そこには、ある文化的世界観を命懸けで守ることによって、その文化の貴重な一員であることを証するメカニズムがある。

「戦闘での高揚感はときに激しい中毒となる。戦争は麻薬である」――従軍記者として活躍したクリス・ヘッジズの著作の引用から始まる『ハート・ロッカー』（二〇〇八年、米国、監督：キャスリン・ビグロー）は、イラクを舞台に米軍の爆弾処理班の奮闘をドキュメンタリータッチで描いた戦争映画の傑作だ。

主人公のウィリアム・ジェームズ一等軍曹（ジェレミー・レナー）は、いわば爆弾処理のカリスマ的存在であるが、戦場という特殊状況が付与する崇高なミッションと、その信念の根幹にある「人間至上主義」の教義への献身が、「ごく普通の人間」をして「超人的な働きができる逸材」にまで飛躍させている。

彼が戦場について語る台詞――「誰かがトラックで市場に乗りつけ、キャンデーを配り始めた。子供や家族が集まると爆破した。59人が死亡。爆弾処理兵は必要だ」に、イラク戦争における米国の立場はさておき、人々の命を守る最後の砦のような姿勢が現われている。その証拠に、彼はイラク人の命も米兵の命も分け隔てなく取り扱う。「人間至上主義」の教義に忠実なのである。あまつさえ「人間の尊厳」が蔑《ないがし》ろにされ、踏みにじられることに激しい憤りを覚える。彼はそのような冒涜的な行為を自らの得意とする技術で抗う瞬間――「爆弾処理」の鬼気迫るプロセス――にこそ強烈な目的意識が充填され、それがもたらす陶酔感に「我を忘れる」のだ。逆説的だがそこに「死に対する恐怖」が付け入る隙はない。

ヘッジズはこの陶酔感の誘引力について記している。


戦争にまつわる魅力は決して失われることがない。破壊と大殺戮がともなうが、生涯かけても手に入らなかったものを、簡単に投げ与えてくれるからだ。それは生きる目的、意味、生きる理由である。戦闘のただなかにいると、日々の生活がいかに浅薄で空虚なものかを実感する。日常の会話も放送もくだらないことばかりだ。それに引き換え、戦争こそは魅惑の万能薬。決断とか大義とかを意識させてくれるのが戦争だ。日常に意味を見いだせないでいる者達、意欲の失せたガザ地区のパレスチナ難民、フランスで差別される北アフリカ移民、先進地域で安全をむさぼり怠惰に生きる若者達、彼らは皆、戦争の誘惑には抵抗力がない。（クリス・ヘッジズ

『戦争の甘い誘惑』中谷和男訳、河出書房新社、一六頁）

ヘッジズのいう「戦争の誘惑」とは、嗜癖《しへき》（アディクション）とも言い換えられる。ある習慣（特定の物質や行動、人間関係など）を、自分の不利益になっていても止められず反復し続け、止めると精神的・身体的に異常が現われることをいう。

自爆テロの爆発で死にかけた後のジェームズとJ・T・サンボーン三等軍曹（アンソニー・マッキー）との会話が示唆的だ。

サンボーンは「ここは大嫌いだ。まだ死にたくない」と心情を吐露する。「お前はよくやれるな。危険な賭けを」。それに対し、ジェームズはこう返す。「知るかよ。俺は…何も考えていない」。サンボーンは続ける。「みんな気づいてる。現場に出れば生きるか死ぬか。サイコロを振り、あとは分からない。知ってるはずだ」。ジェームズは「知ってるさ。だが分からない」と言い、「何でかな。何で俺はこうなんだ」とサンボーンに問いかける。

ジェームズは爆弾処理にのめり込むと、自分の命のことは蚊帳の外になってしまう。仲間たちはその向き合い方に慄然《りつぜん》とする。無線を断ってまで起爆装置の無力化に傾倒するからだ。文化人類学者のアーネスト・ベッカーは、人は自分の国家や社会のために一身をなげうつような「至高の寛容と自己犠牲も可能」とする一方で、それを成し遂げる条件として、「自分がやっていることが真にヒロイックで、永遠で、最高の意味があるのだという感情と信念を抱く必要がある」と主張した（『死の拒絶』今防人訳、平凡社、二七頁）。感激のあまりジェームズに面会を求めてきた他の部隊の上官とのやりとりが象徴的だ。「まったく大したもんだ。すごい男だよ。握手してくれ。どれだけ爆弾を処理した?」と聞かれ、「873個です」と答えると、兵士たちの驚嘆の声に包まれながら最大級の賛辞を得る。これは率直に言えば、現代において最も崇高なる大義に基づく嗜癖なのだ。

帰国後の描写を踏まえると、さらにその側面は鮮明になる。

◉戦場では感じなかった不安が日常世界を覆い尽くす

ジェームズは、元妻とスーパーマーケットで買い物をする。そして、通路の両サイドにブロック塀のごとく集積したシリアル商品のコーナーの前で彼は面食らってしまうのだ。何にか。戦場では一切感じなかった正体不明の不安が生活空間の至るところに滲み出ていたことにである。崇高なミッションによって意識から消え失せていた「生物としての人間」の死が、何の変哲もない日常世界だからこそかえって全面に現われたともいえるだろう。ジェームズにとって「個人的重要性の感覚」は、戦場における爆弾処理によってのみ得られるものであり、その「個人的重要性の感覚」こそが恐怖管理の根幹をなしていたというわけである。ソロモンらが「世界観の正しさを肯定することと、個人の価値を実証すること、この対をなす衝動が相まって、人間だけが感じる不可避の死に対する恐怖から人々を守っている」(二二頁)と強調したように。大義という嗜癖によって周到に回避されていた「死に対する恐怖」がもたげると、空虚さや不全感といった症状として表れ始め、極限状態ではない方が不安を感じるというパラドックスに見舞われるのだ。そのため、ジェームズは一日も早い戦場への復帰を渇望するようになるのである。つまり、「自分は自分の信じる世界に貢献していると思えてはじめて、人は十分な安心感を得られる」(『なぜ保守化し、感情的な選択をしてしまうのか』五六頁)からだ。

このような大義に身も心も捧げるジャンキー――「人間至上主義」の殉教者の列に連なるかもしれない歴戦の勇士、しかも(設定として共感を得やすい)戦闘員の殺害に直接関与しない「爆弾処理」のエキスパート――を嗜癖という批判によって、その正当性を真っ向から否定することはかなり難しいだろう。

ここで付言しておかなければならないのは、これがわたしたちの文化的世界観のうちで、主流派とされる文化的世界観なのであり、個人が全体の一部になる自己拡張といった超越の感覚と相まって、むしろ自尊感情を刺激する国家的プロジェクトのようなものに容易に動員される恐れがあることだ。

ベッカーはいう。「社会そのものが成文化されたヒーロー体系であり、このことは、どこにおいても社会は人間の生の意義の生ける神話であり、挑戦的な意味創出であることを示唆している。かくして、どの社会も、そう考えようと考えまいと、『宗教』である」(『死の拒絶』二九頁)。ただでささえ、特定のイデオロギーを信奉する集団への参加(ここには国政に関与する政治団体はもちろんのこと地球平面説を唱えるフラットアース論者のグループまでもが含まれる)が自尊心の向上に寄与するのだから、思想以前に「個人的重要性の感覚」を求めてやまないわたしたちの無防備さがだけが一層際立って見える。言うまでもないが「死に対する恐怖」をジェームズのような大義への献身によって克服しようとする試みは、むしろ心身の健康を損ない、最悪の場合、死期を早める結果をも招くこともあり得る。

◉「異世界転生」の需要拡大と「反宇宙的二元論」

以上のように恐怖管理理論は、死の恐れが生じることによって、文化的世界観と自尊心があおられ、果ては暴走する可能性について警告する。

中盤の代替医療に関する話と通底する問題として、恐怖管理のある種の徹底化は、結果的に霊肉二元論を推し進めるかもしれない。とりわけ「驚異的な治癒」を売りにする代替医療の深層には、「人間はすべての病を根絶できる潜在能力を持っている」とみなしたがる、一九世紀のキリスト教の霊性運動にまで遡《さかのぼ》るニューソート（新思考）の思想があるからだ。もちろん、いかなる人間も死と病から逃れることはできないのだから、このような「潜在能力」に関する信仰にはあらかじめ挫折が含意されている。しかし、肉体から霊体を分離し、肉体の側を虚、霊体の側を実と捉えてしまえば、論理的には死と病を超越できる。ソロモンらが、「私たちの肉体と動物的本能は、自分がいずれ死ぬ自然の生きものであることを思い起こさせる脅威だ」と述べ、「死の恐怖を管理するには、自分はそれをはるかに超えた存在でなくてはならず、文化的世界観の根本的な働きは、私たちの体が意義や重要性という仮面を傷つけないようにすることである。そのため人は自分の体を、美しさと力強さの文化的象徴に変える」（『なぜ保守化し、感情的な選択をしてしまうのか』一八四頁）と主張したように、重要なのは概念的な優位性なのである。

昨今、日本で需要が拡大している「異世界転生」の物語は、わたしたちが霊肉二元論的な精神性と無縁ではないことを示している。

たとえば、『無職転生～異世界行ったら本気だす～』は、三四歳のニートがトラックに轢かれて事故死した後、中世のヨーロッパを思わせる異世界に生まれ変わり、ルーデウス・グレイラットという魔法使いとして活躍する。『転生したらスライムだった件』は、通り魔に刺されて亡くなった三七歳の会社員が、異世界でスライムとして転生し、リムル＝テンペストという名を得て冒険に出る。『ゴッド・オブ・ブラックフィールド』は、韓国の人気コミックを翻訳したものだが、フランスの傭兵部隊の日本人兵士が壮絶な戦死を遂げるが、昏睡状態だった同姓同名の日本人の高校生の身体に生まれ変わるというもの（この場合、主人公以外の第三者の視点から見ると、同級生からいじめられていた高校生が超人的な人物に生まれ変わったという方が正しい）。出版科学研究所の調べによると、「異世界」や「転生」がタイトルに含まれる新刊書籍点数は二〇一四年に一一八点だったが、二〇一七年は四九〇点に上っている。[*7] 二〇二〇年には異世界系専門のマンガ誌『週刊異世界マガジン　水曜日のシリウス』（講談社）も創刊されている。

これは、物語構造としては貴種流離譚の変種である。貴種流離譚とは、民俗学者の折口信夫が命名した物語の類型の一種で、幼い神や身分の高い若者が、放浪しながら数々の試練を克服し、最終的には神や尊い存在になることをいう。記紀神話の大国主命や日本武尊の説話にまで遡ることができる。少し異なる点は、転生によって「ただの人」が貴種に格上げされることだ。つまり、霊肉二元論をベースに貴種流離譚の焼き直しが行なわれたという見方が成り立つのである。

転生を想像の世界において可能にするのは、当然「スピリチュアルな存在」のリアリティだ。この身体が失われてもその中身は、あたかもデータのようにクラウドに保存され、新しい身体にデータを転送するような感覚が生きられているのだ。

このような転生ものの隠された弊害は、おそらくはグノーシス主義との親和性である。

グノーシス主義は通常、「反宇宙的（アンチコズミック）二元論」という世界観に立つ。「反宇宙的」とは、簡単に言えば、不完全で悪がはびこるこの世界を認めないという思想・実存のことである。現在のこの世界を「悪の宇宙」とみなし、原初には真の至高神が創造した善の宇宙があったと考える。グノーシスの神話においては、至高神の神性（アイオーン）の一つであるソフィア（知恵）が、許可を得ずにヤルダバオートという狂った神を作ったがために「悪の宇宙」が誕生したとされている。この場合、今の宇宙は本来的に悪の宇宙であり、既存の宗教の神などは偽の神となる。

宇宙に存在するものはすべて偽りであり、人間の肉体も例外ではない。ただ、人間の中の霊だけが本当の意味での神とつながる存在とされるのである。この霊を解放することがグノーシス主義の目標となるのである。善と悪、真の神と偽の神、霊と肉体といった二元論がグノーシス主義の根幹にある。これが「反宇宙論」と合わさり、「反宇宙的二元論」を構成している。転生ものは娯楽として享受されているファンタジーとはいえ、そこには「この世界は理想とは程遠いゆえに受け入れがたい」と思わないではいられない、わたしたちの不全感やリセット願望に応えるポテンシャルを持っている。退屈でつまらない物理世界を代表する肉体を超越することができれば、すべての欲望が可能になるという万能感と隣り合わせのこの感受性は、わたしたちがそれを真実と捉える限りにおいて不気味な甘言として響くことだろう。

◉「恐怖の源泉」である「動物的身体」の否定へ

これを先鋭化させていくと、事前に脅威の芽を摘もうとする発想が生じ、「肉体と動物的行為」への嫌悪に発展することもある。

実際、わたしたちの社会は程度の差こそあれ「肉体と動物的行為」を劣位に置いており、生殖行為を想起させるセックスがその最たる例といえる。文化が指し示す特定の手順に従う場合にのみ禁を解かれる。これが、わたしたちが「可死的な動物」であることを想起させないきわめて重要な働きを行なっている面があるのだ。しかしながら、この防衛機制が過剰なレベルになると、前述の物質性を悪とみなすグノーシス主義的な立場のように、「肉体と動物的行為」の克服へと向かう恐れが出てくる。宗教学者のD・E・コーワンと宗教社会学者のD・G・ブロムリーが言うように、「過去2000年にわたって現れてきた多くのグノーシス的信仰と似たこの伝統において、超越とは、ある人を人間の段階に結びつけているもの――典型的には肉体――から解き放つ作用」（『カルトと新宗教　アメリカの8つの集団・運動』村瀬義史訳、キリスト新聞社、一八九頁）だからである。「動物的身体」に依存しない価値基準を信奉するだけでなく、「脅威の源泉」である「動物的身体」からの離脱を図ろうと試みるのだ。

一九九七年に集団自殺を起こしたUFOを信仰する宗教団体「ヘヴンズ・ゲート」の教義は、個人の霊的成長であり、意識を高次の段階に進化させることを第一義としていた。そのため、物質的なものを重視せず、禁欲的な生活を送った。集団自殺の直接のきっかけとなったのは、ヘール・ボップ彗星の地球への接近だった。この彗星の後を追っているUFOに、自分たちの「魂」を搭乗させようと思ったのである。破滅の瀬戸際にある地球から「魂」を「脱出」させるには、わずらわしい肉体はむしろ足枷《かせ》となる。コーワンとブロムリーは「本当の意味で彼らは閉鎖的で、伝統的社会から距離を置き、進化した段階の生活のうちに自分たちのアイデンティティーを見出そうとしていた。外部の者たちが自殺であると非難する、彼らが着手した解放の旅は、ヘヴンズ・ゲートのメンバーにとって、地球や有限な存在を超えて存在するものについての自分たちの確信を表現するための論理的な帰結であった」と述べる（『カルトと新宗教』一九八頁）。

ここでは、「動物的身体」は主体にとって副次的なものとされ、「動物的身体に由来しない魂」が捏造《ねつぞう》される。ベッカーが指摘しているように、「彼は単なる動物的継承以上の何かを成就したいのだ。太古からの人間独自の問題は、人生を精神化したい、他の有機体すべてを特徴づけている生死のサイクルを超えて生を特別に不滅の水準に高めたいという欲求であった。性欲が初めからタブーのもとに置かれてきた理由の一つはこれである。性欲は肉体的肥沃化の水準から精神的肥沃化の水準へと高められなければならなかった」（『死の拒絶』三六三頁）。これは、日本ではオウム真理教がインテリ層に訴求した修行システムの世界観に符合する。もっとも普通の感覚からすれば、「高等教育を受けたいい年をした大人が、なぜこんな荒唐無稽な話を信じたのか」となるのだろうが、ソロモンらのいう「自分は文化の貴重な一員だと感じる必要」に駆られた末に、「動物的身体」という物理的な制約を超越した世界観の住人になることが救いとなるならば、ヘール・ボップ彗星に飛び乗ることができると考えてもまったく不思議なことではない。これは「文化的象徴」への過度の没入が「動物的身体」を遺棄した実例なのである。

思想家、都市計画家のポール・ヴィリリオは、わたしたちの自省を込めてこう述べた。


サーバーセクト、ヘヴンズ・ゲイトの三九名のメンバーはランチョ・サンファ・フェの贅沢な屋敷に腐敗した死骸しか残さなかった。しかし、そもそもかれらは死ぬずっと以前から自分の肉体をつかうという習慣を失っていたのである。（ポール・ヴィリリオ『情報化爆弾』丸岡高広訳、産業図書、五五頁）

文化的世界観も、人間関係も、盤石な状態を保つことが困難な中で、わたしたちは、自らのアイデンティティの正当性というお墨付きを欲するがゆえに、何がしかの嗜癖的な行為にしがみ付くことによって、辛うじてその形態らしきものを保とうと躍起になりやすい。全地球規模の社会経済システムの末端に組み込まれ、あらゆる消費とサービスの洪水、偏在化するメディアの支配から無関係でいることができず、リアルタイムで増大し変貌する「恐怖」を管理し続けなければならない。なけなしの生存戦略に汲々とすることを余儀なくされるのだ。

わたしたちの死が、そのあまりに人間的な企てに終止符を打つまで。

第六章　「救済の手段」としての自殺

わたしが生涯やってきたのは、生涯をお終いにしたいという気に、抵抗することだった。

フランツ・カフカ『実存と人生』（辻瑆編訳、白水社）

真に重大な哲学上の問題はひとつしかない。自殺ということだ。人生が生きるに値するか否《いな》かを判断する、これが哲学の根本問題に答えることなのである。それ以外のこと、つまりこの世界は三次元よりなるかとか、精神には九つの範疇《はんちゅう》があるのか十二の範疇があるのかなどというのは、それ以後の問題だ。そんなものは遊戯であり、まずこの根本問題に答えなければならぬ。

アルベール・カミュ『シーシュポスの神話』（清水徹訳、新潮文庫）

◉「善悪」という相対的な概念を超えた地平

「自殺は悪か」という短絡的な議論がある。

このような問いかけの大前提になっているのは、宗教に基づく文化的世界観や土着性の高いローカルな信念体系を背景に、いわゆる道徳や倫理と称される分野の決まり文句などを用いて、かなり粗雑なロジックで「生を全《まっと》うする」を無条件に「善」とするスタンスだ。かつて作家のギルバート・キース・チェスタトンはこう述べた。「自殺は単に一つの罪であるばかりではない。自殺はまさに罪の中の罪である。究極の悪、絶対の悪であって、生命の存在そのものに関心を持とうとせぬ態度にほかならぬ。生命にたいして忠誠の誓いを拒否することにほかならぬ」(『正統とは何か〔新装版〕』安西徹雄訳、二二四〜二二五頁、春秋社)。しかし、「自らの生を自らの意思で終わらせる行為」と差し当たり定義できるものは、わたしたちが自身の人生経験に照らし合わせたり想像力を膨らましたりする以上に、多種多様な文化圏に共通する「善悪」という相対的な概念を超えた地平で起こっている。

ひとつ例を挙げよう。

九・一一事件(二〇〇一年九月一一日に発生した米国同時多発テロ事件)の際、ジャンボジェット機の衝突により燃え盛るビルの高層階に取り残され、凄まじい熱と煙に襲われた人々が次々と身を投げる光景がテレビ中継された。一説では、ワールド・トレード・センター両棟からの転落または飛び降りによる死者は最低でも二〇〇人に上ると推定されている。*1

『フォーリング・マン/9・11 その時、彼らは何を見たか?』(二〇〇六年、英国、監督:ヘンリー・

シンガー）は、テロ事件の翌日に新聞掲載された一枚の写真、AP通信のカメラマンであるリチャード・ドルーが撮影した「落ちてゆく男」をめぐって、遺族やメディア関係者たちの証言や論評を拾い集めたドキュメンタリー映画の秀作である。無機質な縦縞《たてじま》のビルの外壁をバックに、一人の男が真っ逆さまの姿勢を取り、自由落下のような静けさの中で、生と死の境界にとどまっている……あまりに衝撃的な一コマを切り取った報道写真は、事件の重大性を瞬時に伝えると同時に賛否両論を呼んだ。ビデオ映像における取り扱いではもっと露骨だった。飛び降りる様子がテレビ中継で放映された後、マスコミ各社は一斉に自主規制を敷いたのであった。ついさっき目撃した悪夢のような出来事が、まるで何かの間違いであったかのように。

映画は「落ちてゆく男」が一体誰だったのかを特定するための取材を進めつつ、飛び降りて亡くなったと思しき犠牲者の遺族への取材を試みる。たとえば、妻の最期を知った男性は、「どうすることもできない状況の中で最後に残された自由意志だったのかもしれません。熱と煙から解放され、空中に飛び出した時は鳥のような気分だったでしょう」とその決断を肯定した。

しかし、その一方で、故人が自身の信仰に反して自殺するはずがないと憤激《ふんがい》する家族もいる。ある犠牲者の娘は、「自殺者の魂は必ず地獄に落ちてしまうの。自殺したと言うのは地獄に落ちたと言うのと同じことよ。だからそう言われることが許せないの」とコメントした。実際、遺族のリアクションの大半が後者のような拒絶反応だったのである。

映画の終盤、取材班は「落ちてゆく男」がレストランの音響エンジニアのジョナサン・ブライリーではないかとの確証の高い情報を得る。インタビューに応じた姉は、写真を一瞥して「そっくりだわ」と言うが、断定することは避けた。そして、「落ちてゆく男」を「あの時命を絶たざるを得なかった大勢の中の1人だと考えます」と述べた上で、「神が奇跡を起こしてくれると信じて飛び降りたのか、それとも焼死することが恐ろしかったのでしょうか？　その場にいなかった私には一生わからない問いです」と、自殺という行為そのものに対する否定的な見解を周到に迂《う》回《かい》するように言葉を濁した。

◉概念によるカテゴリー分けが、わたしたちを不愉快にさせる

対照的なのは、妻が自ら飛び降りたことを知って、そのことにむしろ救いを見出した男性だ。彼は、「焼死か飛び降りしかありませんでした。まさに生き地獄だったでしょう」「窒息死するよりはと自ら死を選んだのです。勇敢な行為ですよ」と答え、つかれたようにネットを検索し、飛び降りる妻が映った写真を見付ける。そして、その解像度の粗い、拡大された写真を眺めながら、「なぜか苦痛が和らぎました」と語るのだった。

　これには自分自身についての死の受容が深く関係している。劇中に登場するジャーナリストのトム・ジュノーの言葉を借りれば、「落ちてゆく男」は「究極の体験を強いられた人」であり、それが死という最も理不尽な運命を象徴してあまりあるため、「自分ならどうしただろう」という身の毛のよだつ二者択一を突き付けられるのである。要するに、自分の問題として受け止めることができなければ、感情的なしこりはいつまで経っても解決できないということなのだ。

　このドキュメンタリー映画の最も重要なポイントは、「自殺という行為」と「自殺という概念」

のずれに焦点を合わせたところにある。地上一〇〇階を超えるどこにも逃げ場のない場所で、ジェット燃料への引火で燃え広がった黒煙と炎にさらされ、多くの人々が積み重なるように密着して窓から身を乗り出していた。そのまま火災が進行すれば、生きたまま焼け死ぬことは必至であり、そうでなくとも一酸化炭素中毒が待っている。我慢の限界に達するのは時間の問題だった。それは誰にでも想像がつく話である。もっと言えば、ジョナサン・ブライリーの姉が述べたような「選択の想定」すら間違っているかもしれない。そもそも「体力の消耗のせいで窓枠に掴まっていることが困難になったのか」「自らの意思で手放すことにしたのか」すらも判然としないからだ。亡くなった本人もその狭間《はざま》で揺れ動いていたのかもしれない……。ワールド・トレード・センターの崩壊後、トム・ジュノーが、ニューヨーク市検死局に真偽《しんぎ》を問い質《ただ》すと、「飛び降りた人はいません。彼らは爆風で吹き飛ばされただけです。自分から飛び降りた人など1人もいません」という返答が返ってきた。これには、米国社会の根強いキリスト教的メンタリティから派生する「自殺＝罪」への意識ゆえに、一律に「犠牲者」という聖性に素早く包含してしまおうとする意図が感じられる。つまり、ここでは、「死のランク付け」を拒絶しようとする温情的な操作が、かえって「死のランク付け」が歴然と存在することを立証してしまっているのだ。

本来、わたしたちが読み取るべきメッセージは、複雑極まる人間の生を「自殺」というひとつの概念に押し込めることの空疎《くうそ》さや、何かを理解したつもりになろうとする傲慢《ごうまん》さである。近年、マスメディアでも頻繁に使われるようになった「自死」は、「自殺」という語彙《ごい》が持つスティグマ的な側面を抑制し、ニュートラルな用語として流通させることを狙ったものだと思われるが、『フォーリング・マン／9・11』は、「個々の行為」に関する「概念」によるカテゴリー分けそのものが、わたしたちにとって「不愉快」であることを体験させる。「死のランク付け」が「不愉快」なのではない。それよりももっと原理的で、根源的な「不愉快」を指し示している。一般的に「自殺という行為」の範疇に回収される出来事の内実について知れば知るほど、圧縮された言語による表現というものの愚昧《ぐまい》さに対してますます敏感になるということである。

●個人の自由意志は国益や宗教よりも大きな重みを持つべき

『フォーリング・マン／9・11』における「死の選択」は、ある意味でとてもシンプルで分かりやすい。「すぐ目の前に死が迫っている」からだ。そこに是非《ぜひ》の問題をあえて持ち込むことに違和感すら覚えるだろう。

では、「すぐ目の前に死が迫っている」わけでもないのに、本人が強く自分の死を望んでいる場合はどうなるのだろう。

安楽死の権利を要求した法廷闘争を展開した実在の人物を題材にしたスペイン・フランス・イタリア合作の映画『海を飛ぶ夢』(二〇〇四年、監督：アレハンドロ・アメナーバル)は、そんな現代特有の思想的な傾向を体現したストーリーを説得的に描いた傑作で、ヴェネツィア国際映画祭審査員特別賞、男優賞などを受賞している。

主人公のラモン・サンペドロ(ハビエル・バルデム)は、二二歳のとき、岩場から海に飛び込み、海底で頭部を強打して第七頸椎《けいつい》を骨折。それ以来、およそ三〇年に及ぶ四肢麻痺《ししまひ》の生活を送ることとなり、死こそが苦痛から解放してくれるとの考えを強くし、スペインで初めて法廷の場で「自らの命を絶つ権利」を訴えるようになった。ラモンの主張は明快だ。四肢麻痺の状態で生きていることに何ら人間としての尊厳を見出すことができないのである。「四肢麻痺は病気ではない。それは慢性的な死である」「四肢麻痺。それは、地獄のなかで永遠に続く死だ」(ラモン・サンペドロ『海を飛ぶ夢』轟志津香・宮崎真紀・中川紀子訳、アーティストハウスパブリッシャーズ、一一二～一一三頁)。

わたしたちはこれを聞いた途端に、ラモンが重度の障害を負ったことにより、親しい者から見放されるなど人間関係が崩壊して心を病むといった、分かりやすい孤立の図式を想起しやすい。しかし、ラモンは面倒見の良い家族に愛され、多くの友人にも恵まれ、女性との噂も絶えなかった。弁舌に優れ、詩作の才能を発揮し、映画のエッセンスとなった著作も出版した。コミュニティからの排除という障害者にありがちな問題がまったく当てはまらないのだ。安楽死を個人の権利として要求する理由はただひとつ。「死んだ体にくっついた生きた頭」となって生き続けることに、「人間の意志に反した不条理な苦痛」しか感じないからである(『海を飛ぶ夢』一二一頁、一八七頁)。

このような考え方は、ハラリのいう「人間の意志と人間の経験が権威と意味の至高の源泉であると信じている」「人間至上主義」に基づく「聖なる主観性の神話」に支えられている。それだけにわたしたちはこの「宗派」を引いたところから眺めてみることは至難である。

正統派の人間至上主義では、どの人間も、独自の内なる声と二度と繰り返されることのない一連の経験を持つ唯一無二の個人であるとされる。一人ひとりの人間が、違う視点から世界を照らし、森羅万象に色と深さと意味を加える無類の光だ。だから私たちは、ありとあらゆる人にできるかぎり多くの自由を与え、世界を経験したり、自分の内なる声に従ったり、自分の内なる真実を表現したりできるようにするべきなのだ。政治でも経済でも芸術でも、個人の自由意志は国益や宗教の教義よりもはるかに大きな重みをもつべきだ。個人が享受する自由が大きいほど、世界は美しく、豊かで、有意義になる。この正統派の人間至上主義は、自由を重視するため、「自由主義的な人間至上主義」、あるいはたんに「自由主義」として知られている。（『ホモ・デウス』〈下〉六四～六五頁、傍点引用者）

わたしたちはこのハラリの指摘を何の引っ掛かりもなく、至極当然のことが書かれた論文調の文章のように通読してしまうかもしれない。だが、かつては「正統派の人間至上主義」は、西洋のごく一部の地域で通用する民族宗教のようなものであった。しかしそれが今や最も強力な「世界宗教」として権勢を振るっている。

ラモンの言葉からその真髄を垣間見ることができる。

教会は、命は神のものだと言います。国の法の理念では、命には個人の意志を超えた価値があるとされています。でもわたしには、いずれの仮説も的はずれに見えます。なにしろ、こう主張している張本人はみな人間にほかならないのですから。

わたしはといえば、生命の価値というのは、世の中がすべてそうであるように、バランスの問題だと思います。快楽と痛みの均衡が大きく崩れ、苦痛が耐えがたいほどになったとき、それを我慢すべきかどうかの倫理的判断基準は、個人の欲求と意志だけです。(『海を飛ぶ夢』一二六頁、傍点引用者)

◉「生命予後の短縮」を好ましくないと考えない場合

わたしたちは、ラモンの立場に一定の理解を示すことができるが、その一方で、終末期のような「すぐ目の前に死が迫っている」状況ではまったくないため、そこに違和感というか重大な見落としがあることを意識せざるを得ない。

医療技術の進歩により延命期間を長くすることはできるが、ラモンが望むように「身体を元の状態に戻すこと」は不可能だ。これが「耐え難い苦痛である」「人間の尊厳が損なわれている」と表明されると、わたしたちは、現代社会で最大限の尊重を必要とするとされている、ハラリのいう「内なる声」という厳粛な要望に応じなければならない格好になる。

この否定(古い権威＝国家や宗教)と肯定(新しい権威＝個人の自由意志)が相克を余儀なくされる時代精神こそが、教養としての人間至上主義の強度が帰依のレベルにあることを示している。神仏ではなく自らの「心の声」への全身全霊を傾けるほどの従属である。

このような生と死の狭間におけるジレンマを招来する状況、あるいは「自死」というカテゴリーが無意味なものに感じられる状況は、どれだけ特殊なものに見えていようともわたしたちと無関係ではない。

現在、自殺幇助（医師が処方した致死量の薬物を末期患者などが自分自身で投与すること）を認めている国や地域は、スイス、ドイツ、オーストリア、イタリア、米国（カリフォルニア州、オレゴン州など）、コロンビアなど一〇か国以上、積極的安楽死（医師が末期患者などに致死量の薬物を投与すること）を合法化している国や地域はオランダ、ルクセンブルク、ベルギー、カナダ、コロンビア、スペインなどで、施行待ちや検討中も含め年々世界的に広がりつつある。[*2] 日本では、積極的安楽死は合法化されてはいないが、終末期医療の現場では、近年グレーゾーンと捉えられる領域が出現してきている。

心身の苦痛がモルヒネなどの鎮痛剤で効かない場合に、実施されることが多い「鎮静」（セデーション）という医療行為がある。鎮静の定義は、「患者の苦痛緩和を目的として患者の意識を低下させる薬剤を投与すること」「患者の苦痛緩和のために投与した薬剤によって生じた意識の低下を意図的に維持すること」である。鎮静と積極的安楽死の違いについては、「意図（意識を下げることによる苦痛緩和 vs 死による苦痛緩和）、方法（苦痛が緩和されるだけの鎮静薬の投与 vs 致死性薬物の投与）、および、成功した場合の結果（苦痛が緩和された生 vs 死による苦痛の終わり）の3点において異なる」とされている。[*3]

ただ、鎮静における「好ましくない効果」というものがある。

二〇〇五年版の苦痛緩和のための鎮静に関するガイドラインによると、「一般的に、意識の低下、コミュニケーションができなくなること、生命予後を短縮する可能性」があることを指摘した上で、「しかし、患者・家族によっては、意識の低下や生命予後を短縮する可能性を好ましくないとは考えない場合がある」と明確に述べている。[*4]

後述する相応性原則を踏まえて、患者・家族と医者が合意後に鎮静をかけたとしよう。死期が早まる可能性が高いことが了解されていた場合、鎮静は俄《にわ》かに安楽死の様相を帯び始めるのだ。

◉グレーゾーンであっても最善を求める

在宅医二〇〇人を対象に実施した調査は、ある意味でそれを裏付けている。

在宅医に対し、生命予後（生存期間の見通し）六か月以内のがん患者への鎮静薬投与の経験を聞いたところ、「患者の症状緩和を目的としているが結果として患者の生命予後を短縮する可能性があることを予測して薬剤投与したことがある在宅医」は四八％に上った。また、「鎮静を開始した意図」を尋ねた設問では、「生命予後を短縮することを意図」が「はっきり意図していた」「多少意図して行なった」を合わせると二一％と五分の一を占めた。[*5]

誤解のないように言い添えておかなくてはならないが、鎮静そのものは緩和ケア（生命を脅かす疾患により生じる心身の苦痛を和らげ、ＱＯＬの改善を図るためのアプローチ）の一環であり、「他に緩和する方法がないときに、鎮静薬で意識を低下させて苦痛を緩和させること」と「鎮静薬を使用するのは最終手段」であることが要点となっている。[*6]

ここでは、「好ましくない効果を許容できる相応の理由がある場合、倫理的に妥当である」とする相応性原則に基づいている。「苦痛緩和という好ましい効果に、意識低下や生命予後を短縮する可能性が伴ったとしても、相応の理由がある場合には倫理的に妥当であるとみなされる」というわけだ。

鎮静に相応性原則を適用するときの「相応の理由」として、①好ましい効果（苦痛緩和）が好ましくない効果（意識の低下、生命予後を短縮する可能性）を上回ること、および、②患者の状態（著しい苦痛があり、ほかの手段では緩和される見込みがないこと、患者の死期が迫っていること）から判断して鎮静が相応の行為となることが挙げられる。

相応性原則では、患者の状態、予測される益（benefits）、および、予測される害（harms）からみて、すべての取り得る選択肢のなかで鎮静が最も相応な行為である場合、倫理的に妥当となり得るとする。[*7]

だが、現実は相応性の原則の枠内に収まってはくれない。

緩和ケアの専門医である森田達也は、急激な持続的鎮静（PSU＝短時間に意識が低下することを目的として患者を深昏睡になるまで鎮静薬を投与すること）の場合、「余命が日の単位」であれば患者はがんなどの原疾患のために死亡するが、「余命が週〜月の単位」になると、「患者は無意識となり苦痛緩和が得られるが、おそらくは原疾患によるものではなく脱水による腎不全のためにしばらくしてから死亡する」という。もちろん、致死量の薬物を投与して患者が直後に死亡する安楽死とは異なるが、「問題のありうる（グレーゾーンの）鎮静」と表現している（『終末期の苦痛がなくならない時、何が選択できるのか？　苦痛緩和のための鎮静〔セデーション〕』医学書院、五五〜五六頁）。

末期患者が前述のラモンのように、「苦痛緩和」と「生命予後の短縮」が、本人の望みとして一致する場合が少なからず存在するであろう。短縮の期間が長ければ長いほど問題になることは必至だが、「意図」を伏せてしまえば「物は言いよう」ともいえる。本人は、他者がうかがい知ることができない「苦痛の経験」を逆手にとって鎮静の実施を再三促すことが可能だ。いずれにしても「耐え難い心身の苦痛」を訴える「主観性」は、グレーゾーンと呼ばれる医療行為であろうが何であろうが、数多のメニューの中から自分にとって最善だと思えるものを求める。

余命が数週間程度しかない状態であっても、現に「耐え難い心身の苦痛」がある場合（または再発の懸念がある場合）、「生命予後の短縮」というデメリットの有無に関係なく、「死の瞬間まで意識を眠らせてほしい」と懇願するケースがあり得るのだ。要は、朦朧《もうろう》とする意識で「苦しい苦しい」と連呼する患者をそのまま放置することと、鎮静薬を投与して意識を落とすことのどちらが人道的かという問いでもある。医師の中には、このような状態での鎮静を「社会的な死」とみなし、消極的なスタンスを堅持《けんじ》する者もいる。*8 実際のところ、コミュニケーションを取れる機会があるのは鎮静する直前までとなり、コミュニケーションの可能性の観点から見れば事実上の「死の前倒し」に映るからだ。科学史家の村上陽一郎が「終末期鎮静自体が、すでに消極的安楽死にほかならないのではないか」と主張した（『〈死〉の臨床学　超高齢社会における「生と死」』新曜社、一七四頁）のは、そこに「苦痛を取り除くこと」と「生命を奪うこと」のジレンマを、妥当なラインで軟着陸させる

「無意識の操作」を感じたからであろう。

わたしたちが将来、このような切実な課題の当事者または関係者になり得る状況が訪れないとも限らない。

これも究極の選択に直面させられる「フォーリング・マン的な状況」のバリエーションといえる。

◉死の選択は避けられないが、正解はない

これはもっと本質的に言えば、「自らの所有する身体を、自らの意思で処理する」、いわば死のコントロールをめぐる問題である。積極的安楽死にしても延命措置の停止にしても、「自分の死をコントロールしたい」という欲求に基づいている。これが「自力《じりょく》救済の手段」としての自殺——という生の締めくくり方の起点にある思考ではないだろうか。「自力救済」とは、司法の力を借りずに自らの実力で権利を回復することを指す。侵害された権利は他でもない「身体の自己所有権」である。そして、そこには「身体の自己放棄権」までが射程に入っている。「よりよく生きる」ためによりよく死ぬ」ことをチョイスせざるを得ないということである。

だが、それがベストな選択肢となるかどうかは別問題だ。

人間の意思というものは感情や気分などに常に振り回されている。さらに、認知症や譫妄《せんもう》などといった認知機能の低下が分かりやすいが、本人の意思そのものが成立しなくなるといった時点が程度の差こそあれ高い確率で訪れる。明晰《めいせき》な意思決定に基づく「理想的な死」は、心身の不自由を意識しない健常者にありがちな幻想に過ぎない。

筒井康隆の小説『敵』（新潮文庫）は、妻に先立たれ齢《よわい》七〇を過ぎた主人公の儀助が、醜く老いさらばえる前に自殺を遂げるというプランを立て、そのプランに沿って質素で禁欲的な生活を送ろうとするが、最終的には「自らの身体」に裏切られて頓挫する様子を滑稽に綴っている。儀助は、本人も気づかないうちに認知症を発症し、意思決定の最後の砦が崩れ落ちるのである。もはや自殺の可能性は永久に失われる――。本質的には、自己の死をコントロールする能力の消滅である。これは極端な例ではない。日本の認知症患者数は四六〇万人を超えており、六五歳以上の高齢者の約七人に一人を占める。[*9] 認知機能の低下はコントロールを阻む「敵」の典型にほかならない。

森田は、安楽死、自殺幇助、自殺、持続的深い鎮静のそれぞれのメリット・デメリットについて表に示した上で、「持続的深い鎮静は筆者にとっては自殺や自殺幇助よりは好ましい選択であって、医学的管理の下にあるので、しっかりと鎮痛・鎮静さえ医師がしてくれれば、苦しさを感じないようにしてもらえるはずである」と述べる。しかしながら、鎮静を受けてみたら、意外と想像したような状態にはならず、「こんなはずじゃなかった」と思っても後戻りはできない……という暗部についても付言してくれている。

いずれにしろ、不可逆な選択をした場合のリスクは、「もし見込みが違っていても取り戻せないこと」である。自殺幇助の時に内服したバルビツールで薄れゆく意識の中で、「あ、あれすればまだ痛みが取れたかもしれない…」と思い出しても後の祭りである。これについては、

	安楽死	自殺幇助	自殺	持続的深い鎮静
死を迎える確実さ	確実に死を迎えることができる	一定の確率で「失敗」する	高い確率で「失敗」する	確実に死を迎えることができる
死の直前の苦痛	医師により管理されており、ないとみなされる	死に至る過程が長引いた場合は苦痛をともなうかもしれない	苦痛をともなう可能性が高い	医師により管理されており、ないとみなされる（が、不十分な鎮痛・鎮静であれば苦しいかもしれない）
宗教的認識	許容されない場合がある（カソリックなど）	許容されない場合がある（カソリックなど）	許容されない場合がある（カソリックなど）	許容していることを明確にしている宗教はない
回復可能性（見込みが違っていた場合）	取り返しはつかない	たまたま「失敗」すれば再評価できる	たまたま「失敗」すれば再評価できる	理論上は、鎮静状態であっても再評価される限りにおいては、再評価して回復することは可能

【表】安楽死・自殺幇助・自殺・持続的深い鎮静のメリット・デメリット
（『終末期の苦痛がなくならない時、何が選択できるのか？』177頁）

筆者の価値観では、そのような後悔は毎日毎日つきものであり、終末期に限ったことではない。（『終末期の苦痛がなくならない時、何が選択できるのか？』一七八頁）

人間の意思決定のプロセスとそのフィードバックについての至極現実的な回答であるように思える。

どのみちわたしたちは、死に時をめぐって立ち現われる「死の選択」を避けることはできない。選択肢は細かいオプションも含めて無数に示されるが、そこに「正解はない」ときている。

だが、そもそもの困難をもたらしている問題の本源は、おそらくは意志や主観が信用できないことにあるのではないだろうか。

個々の主観性は、成育歴を云々する以前に生物的・社会的条件の制限下にある。そして、それ以上に厄介なことは、ラモンが提起した安楽死の是非に関する裁判に象徴されるように、各人の主観性を生じさせる認識のフィルターは神聖不可侵であり、何人《なんぴと》もそのフィルターの正当性に疑問を抱くことは許されない、ということである。加えて、自分が他者のフィルターを経験することが不可能であることを根拠に、他者の経験が自分に理解できなくても尊重することが必須となるのである。これは古くて新しい問題だ。

◉「形骸に過ぎず」か「形骸たりえない」か

カンヌ国際映画祭をはじめ世界中の映画賞を受賞した映画『潜水服は蝶の夢を見る』（二〇〇七年、フランス、監督：ジュリアン・シュナーベル）は、大手ファッション雑誌『ＥＬＬＥ（エル）』の編集長であったジャン＝ドミニック・ボービーの自伝に基づいている。彼は車を運転中に脳出血となり「閉じ込め症候群（ロックドイン・シンドローム）」で全身が麻痺状態となるが、左目のまぶたの運動機能だけが辛うじて残ったことから、この左目の瞬きで外部とのコミュニケーションを図れるようになり、やがて一冊の本を書き上げることになる。ボービー目線で周囲を捉えるカメラからの映像に、ボービーのつぶやきが副音声のように付される、独特の演出手法を中心に据えることによって、本人の主観から見える風景を掬《すく》い取ろうとしている。ボービーが自身の言葉を紡ぐきっかけを与える言語聴覚士の女性を初めて見た際の言葉――「美しい。おお、ここは天国か」に人生観を形づくる思考様式のようなものがよく表われている。

ラモンとボービーは、ともに鋭敏な感受性を持ち、人々の愛情に恵まれた存在だが、その言動を見る限り対照的だ。

年齢や病状、それこそ出自も大きく異なる両者であるが、ここには主観についての重大な真理が示唆されているように思えてならない。世界認識における「天国」と「地獄」の差異と言ってもいいだろう。補助線を引こう。

脳梗塞の末、自殺した江藤淳が書置きで、「心身の不自由が進み、病苦が耐え難し。去る六月十日、脳梗塞の発作に遭いし以来の江藤淳は、形骸に過ぎず、自ら処決して形骸を断ずる所以なり。乞う、諸君よ、これを諒《りょう》とせられよ」（『自分自身への審問』角川文庫、二八頁、傍点引用者）と記したことについて、脳出血で半身不随になった辺見庸は、追い打ちのように襲ったがんの手術の前後に、「痛く感ずるところもあるけれど、私は反対である。人は生きてあるかぎり、どうあっても形骸たりえない」（二六五頁）とベッドで書き付けた。

のちの論考で辺見は、「江藤さんの書きのこしたこの言葉には、日本という国固有の精神の古層、サムライの精神のごときもの、もっと拡大し、敷衍《ふえん》していえば、ファシズムの美学のようなものがあると思う」と述べ、この美学は無様や恥を嫌うものだと指摘した（『いまここに在ることの恥』角川文庫、一四二〜四三頁）。「しかし私は、この場合の無様は毫《ごう》も無様ではないと思います。この場合の恥は毫も恥ではありえない。恥とはむしろ、脳梗塞で心身が不如意になった自己身体を恥としてとらえる人間観の、狭さと尊大さにある」（一四三頁）と。その上で「おまえは、みっともなく無様であるがゆえに、死ぬな」と自らに言い聞かせるのであった（一四四〜四五頁）。

注意しなければならないのは、このような結論を導き出すに至った経緯である。辺見は半身不随になった直後の入浴介助において、若い女性看護師の誠実な仕事ぶりに「かつて味わったことのない至福というか法悦のようなもの」が湧いて来て、手を合わせて拝みたくなったと吐露している。「倒れる前にこうした泣きたい位の感動を味わったことがあるかどうか回顧してみましたが、どうも初めてのようなのです」(『自分自身への審問』一五〜一六頁)。

このエピソードは、世界認識における「天国」と「地獄」の差異について、実は偶発性が大きな比重を占めているかもしれない、ということを示唆しているように思われる。

近年の脳科学の趨勢《すうせい》を見ると、意志決定を導き出す意識的な経験が、脳機能を統御する「単一の主体」によってなされているとは考えていない。「脳は並列分散処理を行なっている」と言われたりしているが、これは何者かが中央にいて情報処理を行なっているのではなくて、複数の機能が自発的に同時に情報処理を行なっているということである。つまり、決定権を持つ何者かがいて、ある種の意図に基づき、恣意《しい》的に行動しているという従来のイメージを否定するものだ。脳内に存在しているさまざまなシステムたちは、各自の持ち場に入ってきた刺激を勝手に処理しており、わたしたちはその作業過程を知ることはほとんどない(マイケル・S・ガザニガ『〈わたし〉はどこにあるのか　ガザニガ脳科学講義』藤井留美訳、紀伊國屋書店、六〇〜九四頁)。

認知神経科学の世界的権威で心理学者のマイケル・S・ガザニガは、わたしたちが一般的に意識と呼んでいるものは、脳内の無数にある「局在的な意識システム」の組み合わせによって出現しているという。たとえば、「お腹が空いた」「憂鬱《ゆううつ》だ」など、不意に意識上に浮かび上がる考えは、その時に最も優位を獲得したものである（八六頁）。

それでは、自己同一性の感覚、自分が自分の意思でコントロールできていると捉えられる理由は何か。ガザニガは、脳の左半球に「インタープリター（解釈装置）」と称されるものがあって、それが脳内のさまざまなシステムたちが送って来る情報を整理し、統一的な解釈をいわば事後的に「創作する」という。これが「自己」が存在する――主観性という感覚を生み出している。「インタープリター」とは、もともとは「通訳者」の意味があり、簡単に言えば、膨大なデータのカオス（混沌）から秩序を作り出し、何らかのストーリーや文脈に落とし込むことにより、絶えず「出来事の説明」を行なっているのである。もちろん、それが正確性を欠いていたり、でたらめな場合もあるが、わたしたちの脳は、データ処理でパンクするよりは、認識の統一性を優先するということのようだ。「パターン不在の証拠を突きつけられてもなお、構造性の仮説を立てずにはいられないのが左半球だ。この衝動はとても強力で、かえって不利に働く状況でもつい顔を出す」（一〇六頁）。

当たり前だが、「インタープリター」が無数のシステムから受け取る情報は、各々のシステムの計算結果に完全に依存している。しかも、個別のシステムの優位性については、プロセスのかなりの部分が意識下で働いているため、その変容の予測も制御も不可能と結論せざるを得ない。だが、すべてのことについて「後付け」であっても、それらの断片から自分の言動の原因について一致した見解を、半ば「でっち上げる」ことを止めることはできない。たとえば、「さまざまな情動状態や心理的動揺は、大脳の代謝異常という内発性のつまずきがきっかけで始める」が、「インタープリター・システムは過去から現在まで続く本人ならではの心理史から手がかりを見つけだして、理由をつくりあげる」（一一二頁）――。

つまり、このような「他の解釈もあり得たはずなのに……」といった「偶有性」から紡ぎ出された自由意志と称されるものの内実、まるでユクスキュル＝クリサートの「環世界」（種特有の知覚世界）[*10]のような違い――「形骸に過ぎず／形骸たりえない」――が霊妙なだまし絵のように迫り上がって来るのである。それは複雑なシステムの偶発的な匙《さじ》加減によって織り成されており、どのような可能性もあり得る。

なぜ、世界をAではなくBのようにしか体験することができないのか。

◉飛び降りた瞬間に〝死にたくない〟

もうひとつ、念押しのように付け加えておかねばならないのは、先に森田が述べた「不可逆な選択をした場合のリスク」に関わる問題である。

意志や主観というものは、確かに自明ではない。その上、意志や主観は本人も思ってもみない形で裏切ることがある。一見、意思決定に揺らぎがないように思えても、実行した直後に自身の意思決定を誤りとみなすのである。ポイント・オブ・ノー・リターンを通り過ぎたのちに、というのがおおむね共通しているようだ。

ドキュメンタリー映画『ブリッジ』（二〇〇六年、米国、監督：エリック・スティール）は、自殺の名所として知られる米サンフランシスコのゴールデンゲートブリッジ（金門橋）を定点観測し、自殺の瞬間を撮影するだけでなく、自殺者の遺族などへの取材も試みた異色作である。監督のエリック・スティールは、常時二人以上の撮影者を配し、二〇〇四年の一年間、ほぼ毎日、夜明けの三〇分前から夕暮れ三〇分後まで撮影していたという。[*11] 二四人が飛び降り自殺を行ない、カメラはそのほとんどを記録した。

撮影が可能だった案件の中には、自殺未遂に終わった者も登場する。特に印象的なのは、ハイスクールの頃から双極性障害（躁鬱《そううつ》病）を患い、自殺願望があったというケヴィン・ハインズだ。彼は、「父親に大丈夫。学校に行く」と嘘を吐《つ》いて、最初の授業だけを受けてゴールデンゲートブリッジ行きのバスに乗り込んだ。そして橋脚《きょうきゃく》のない場所を見付けると、欄干《らんかん》に手を付き、迷いを払拭《ふっしょく》するように頭から飛び降りたという。「ところが両手が離れた瞬間、突然思ったんだ。〝死にたくない。どうする？　もう死んじゃうぞ〟」――本人のとっさの判断により、空中で急いで身を起こし「イスに座るような格好で海面に突っ込」んだ。足から落ちた方が助かるかもしれないと考えたためだ。この機転が奏功《そうこう》し、奇跡的に一命を取り留めた。腰骨が粉々に砕ける瀕死の重傷であったが、落下の時間はおよそ四～七秒、時速二〇〇キロで衝突したことを踏まえれば僥倖《ぎょうこう》というしかない。

ハインズは、たまたま年齢が若いこともあり、素早く行動につなげられただけに過ぎない。これは少なくない数の自殺者が飛び降りた際に、「死にたくない」と後悔した可能性をほのめかしている。先述した森田の「見込み違い」に相当するものだろう。自らを確実に死に至らしめる行為は、予行演習自体が困難であるだけでなく、体験そのものが未知の性質のものであるため、意思決定に影響を与える不確定要素はなくならない。

ガソリンに火を点《つ》けて自殺を試み、全身の八五％に火傷《やけど》を負ったブレント・ラニアンは、炎に包まれた途端「耐えがたいほどの痛み」に襲われ、その場から立ち上がってシャワーの栓をひねり、生還後も「ホントに、やめていればよかった」と回想している（『14歳。焼身自殺日記』小川美紀訳、小学館、九九頁）。ハインズが「両手が離れた瞬間」だったのと同様に、ラニアンは「火だるまになった瞬間」にアレルギー反応のごとく前言を翻《ひるがえ》している。

とりわけ興味深いのは、前述の「他の解釈もあり得たはずなのに……」という世界を別様に体験する機会をこの二人が得たことだ。ハインズは、本人曰く「とんでもなく怖くてブッ飛んだ体験」を経たためか、「普通の僕に戻りたい」という苦悩とともに生きることを選んだ。ラニアンは火傷の治療を受ける中で、自殺直前の自分を仔細《しさい》に振り返った。「ガソリンを吸ったバスローブは、ぬれて重たくなっていた。あのときバスローブを脱いで、また外に出て兄貴とバスケをやり、じつはヤバいことをしそうになってさ、ということだってできた」（九八頁）――このような反実仮想のリアリティこそが世界を以前とは別様に体験していることを示している。そして、「両手が、腕が、足が使える。考えることも、歩くことも、話すこともできる。一五歳。オレは生きてるんだ」（二二八頁）と、まさしく「地獄」から「天国」へと方向転換を遂げている。

◉「死へ向かう物語」の梯子を外す

では、自殺は人生にとって救いとなり得ないのだろうか。

第七章でも似たようなテーマを取り扱うが、その地均《じなら》しのための意味合いも込めて、わたしたちの認識を取り巻いている問題について語りたい。

章の冒頭で述べたように自殺という行為には、他人にはうかがい知れない深淵がある。自殺や自死と総称される一群の問題について、わたしたちは出来合いの言葉を使って考えたり、人と意見を交わしたりしている。それによって何事かが分かる、理解に近付ける、通じ合えるといった淡い幻想を抱きがちなところがある。自殺未遂をした男性から聞いた話だが、彼は夫婦喧嘩の末に衝動的に自殺をしたくなり、目の前にあった電信柱で首をくくったという。また、別の男性は居酒屋でお酒を飲んだ後、急に死にたくなって帰り道の途中にある線路に横たわって眠りに落ちた。前者は、偶然通行人に助けられ、後者は最終電車が通過した後だったことが幸いしたが、本当に何が起こっていたのかは個々の生の軌跡を追体験してみないことには分かり得ない……。カンヌ国際映画祭でパルム・ドールを受賞した映画『桜桃の味』（一九九七年、イラン、監督：アッバス・キアロスタミ）は、そのようなコミュニケーションをめぐって絶えず突き付けられる感傷とも諦観とも付かない、本質的な問いが画面全体を終始支配している。しかし、それは決して居心地の悪いものではない。

壮年をとっくに過ぎた中年男性、バディ（ホマユン・エルシャディ）は、誰か特定の人物を探し求めているのか車で広場や街中をぐるぐると当て所なく走り回っている。市街地の外に出ると、砂埃《すなぼこり》が舞い上がる荒涼とした岩山と砂漠が広がり、生命のない鉱物的な世界であることが強烈な印象を残す。バディの表情は物憂げで、焦燥感に駆られているようにも見える。カメラはそんな彼の傍らで、静かに「その彷徨《ほうこう》」に寄り添う。そうして、次第に鑑賞者であるわたしたちが彼と同一の時間、同一のリズムを刻み始め、主人公の主観＝世界認識を体験させられるのだ。

彼が心の底から切実に望んでいることとは、「あのこと」を手伝ってくれる奇特な人との出会いだ。彼は、お金が欲しいという若い兵士を車に乗せ、出し抜けに仕事の提案をする。

「朝6時にここで僕の名を2度呼べ。〝バディさん　バディさん〟僕が返事をしたら手をとって穴から出せ。車のダッシュボードに20万ある。それを君にあげる。返事がなかったらシャベルで20杯土をかけてくれ。金は君のものだ」

それを聞いた兵士は驚愕して、「帰してください。そんな大金、結構です」と拒絶する。神学生や採掘場の作業員など、見込みのありそうな人物に話を切り出すが、ことごとく断られるか思い止まるよう説得される。バディが相手に要求しているのは、（致死量の）睡眠薬を飲んで穴の中で眠る自分を見に来て、目覚めない（死んでいる）ようだったら、そのまま埋葬して欲しいということなのである。

最後に出会った自然博物館に勤める剝製師のバゲリ（アブドルホセイン・バゲリ）だけは違った反応を見せた。彼は病気の子どものために渋々ではあるものの〝汚れ仕事〟を引き受ける。

その日の夜。バディは丘陵に車を走らせ、事前に穴を掘ってある場所に身を横たえる。空には月が明るく輝いているが、すぐに黒い雲に覆われて、ゴロゴロと雷鳴が轟《とどろ》く。すると、ほどなく雨が降り始めるのだ。そして映画はここで幕を閉じるかのように暗転する。

バディは一体どうなったのか。

突然眩《まばゆ》い光が差し込む——そこにはビデオカメラが捉えたアッバス・キアロスタミとその撮影スタッフの面々がいる。それまでの張り詰めた緊張感はどこへやら。底抜けに明るい陽気の中、タバコを燻《くゆ》らせるバディや、エキストラたちが、次のシーンの撮影までの間、緑豊かな山の上で思い思いに休憩を取っている。

そう、結末に用意したのは「死へ向かう物語」の梯子を外すこと、それまで映画が丁寧に紡いでいたバディから見える世界からあえて距離を取ることであった。また、暗転と同時に雨音が激しくなる演出を施していたのは、季節の移り変わりを暗示する慈雨の訪れ、「自然」が文字どおり水をさしたことを表わしている。

●「自殺という出口」が「存在の超意味」を開示する

このような「梯子外し」は仏教的な認識論に近い。絶望的な心象ゆえに世界が絶望の色に染め上げられているだけで、この心象の形成に関わる「縁起」をもたらしている「妄分別」（妄執に囚われた区別）に気づけば世界もまた変貌するというものの見方だ。それを悟りともいう。バゲリの言葉「あんたの目が見てる世界は本当の世界と違う。見方を変えれば世界が変わる」が明快だ。とはいえ、「本当の世界」などというものは存在しないだろう。それは「世界認識の唯一正しいフォーマット」がないことと同義だ。先の議論につなげると、「別様の世界認識」があり得るだけである。

キアロスタミは言う。「自殺の可能性がある（死はいつでもすぐそこにある）からこそ人生が貴重なものになる。私は、自殺を人生における出口であると考えます。出口がないと思うと人生は息苦しい。しかしいつでも出ていけるドアがあると考えるだけで、人生はより大切なものになるのです」（『桜桃の味』劇場パンフレット、ユーロスペース、二八頁）。

結果として、これが九〇年代の日本を騒動の渦に巻き込んだ著作『完全自殺マニュアル』のあとがき――「『イザとなったら死んじゃえばいい』っていう選択肢を作って、閉鎖してどん詰まりの世の中に風穴を開けて風通しを良くして、ちょっとは生きやすくしよう、ってのが本当の狙いだ」（鶴見済『完全自殺マニュアル』太田出版、一九五頁）――と相似だったのは皮肉な話ではある。「よりよく生きる」ためにこそ「自殺という出口」に思いを馳せるという逆説的な戦略だ。ニーチェも「自殺を想うことは強い慰謝剤である。これによって数々の悪夜が楽に過ごせる」と言っているではないか。

けれども、それはこの映画の口当たりの良いメッセージでしかない。

わたしたちがこの映画から汲み取るべきは、「絶望を絶望のまま是認《ぜにん》する」ことの意味だ。前述したように、車内から見える鉱物的な世界がバディの心情と重なっているのだが、それが少しずつ「肯定的なリズム」を帯び始めるのである。これは、わたしたちが付き合わされるバディの主観＝世界認識に、わたしたちの主観＝世界認識が同期させられるためだ。

セメントの採掘場の砂山に居座るバディの近くで、ダンプカーや重機が行き来しては、土砂がぶちまけられ、もうもうと砂塵《さじん》が立ち上がるシーン。台詞はほとんどなく、バディの表情や作業場の様子が五分ほど続く。この執拗《しつよう》な情景描写によってわたしたちは自分たちがかつて絶望した時にそうであったように「途方に暮れる」。そうしてわたしたちは、自らの思考を縛っている「生きるべきか死ぬべきか」という貧弱な二分法、硬直した世界認識の枠組みに収まらない何かに気づく過程を通じて、絶望が希望に反転することなしに「絶望が絶望のまま是認される」境地を味わうのだ。これはもはや映画だけがなし得る魔術というしかない。

精神科医のV・E・フランクルは、世界の出来事全体が意味を持つか否かについてこう述べる。

大きくいって二つの考え方の可能性があると思います。どちらの可能性も反駁できないし、証明もできません。つまり、すべては結局まったく無意味だとも十分主張できます。おなじように、すべてに大きな意味があるばかりか、そのような全体の意味、そのような意味の全体がもはや捉えきれないほど、「世界は超意味をもつ」〔世界は意味を超えている〕としかいえないほど意味があるのだとも主張できるでしょう。そう、世界はまったく無意味だというのも、世界のすべてが有意味だというのも、おなじく正当な主張です。ただし、おなじく正当というのは、論理的におなじく正当、不当ということです。じじつ、ここで直面するような決定は、もう論理的な決定ではけっしてありません。論理的には、両者はおなじように支持されるでしょう。論理的には、二つの考え方の可能性は、考え方の正当な可能性なのです。(『それでも人生にイエスと言う』山田邦男・松田美佳訳、春秋社、一一二頁)

フランクルは、「まったくの無意味か、すべてが有意味かという決断は、論理的に考えると、根拠がない決断」だといい、換言すれば「根拠がなにもないということが、決断の根拠になる」と主張する。「この決断を下すとき、私たちは、無の深淵にさしかけられて宙吊りになっています。けれども、この決断を下すと同時に、私たちは超意味の〔意味を超えた〕地平にいるのです」（一一二頁）と……。

これは哲学者のマルクス・ガブリエルの「『世界は存在しない』および『果てしない派生のなかで果てしなく増殖していく無数の意味の場〔およそ何かが現れてくる場〕だけが存在する』という洞察」（『なぜ世界は存在しないのか』清水一浩訳、講談社選書メチエ、一四三頁）とも遠からずリンクしている。「世界は超意味をもつ」〔世界は意味を超えている〕というテーゼと「世界は存在しない」というテーゼは、ある部分においてほとんど同じことを言っているように聞こえるからだ。

物質的な宇宙の総体から一人ひとり人間の精神活動のレベルまですべてを包括する「世界」、そのような「世界」をその外側から眺めることができる特権的な視点は成立し得ないということであり、それが「世界（というすべての領域を包摂する領域）は存在しない」という言葉の真意である。分かりやすく言えば、あるところに池があるとして、その環境下においては、蛙の「小世界」、アメンボの「小世界」、蝶々の「小世界」、メダカの「小世界」、人間の「小世界」等々があるのだが、「それらすべてを包摂するひとつの世界」は存在しないということなのだ。客観的な世界があって、それに対して個別の主観的な世界があるという構図ではなく、「小世界だけが」存在しているということになる（『なぜ世界は存在しないのか』二〇頁）。「すべての世界像は、どれも間違っています。およそ世界像というものは、何らかの像を結ぶひとつの世界を存在することを前提としているからです」（一四三頁）。

これがもうひとつの「無数の意味の場だけが存在する」という可能性につながっている。

あなたは、八歳の頃に世界がどう見えていたか、思い出せるでしょうか。当時の夢、希望、不安。一〇年後の生活や、それよりずっと後の将来の生活をどのように想像していたか。当時の友だち、家族の行事、夏休み、最初の夏日、学校で得た大事な認識などを思い出してみてください。こうしたことを思い出してみようとすれば、わたしたちの感覚が時間の経過とともにどれほど変化したかがわかります。そのような変化に見て取られるのは、意味の場の転換、つまりある意味の場から別の意味の場への移動にほかなりません。しかし、それを見て取るために、これまでの人生の歴史すべてが必要なわけではありません。わたしたちは、あらゆる瞬間ごとに――どれほど些細な瞬間であっても――絶え間なく意味の場の転換を経験しているからです。（一三七～三八頁）

わたしたちの生きている世界は、意味の場から意味の場への絶え間のない移行、それもほかに替えのきかない一回的な移行の動き、さまざまな意味の場の融合や入れ子の動きとして理解することができます。全体としての冷たい家郷など問題ではありません。「全体として」というようなものは存在しないからです。

カントが言っていたように、わたしたちが「人間の立場から」世界を見ていることは、争うべくもありません。だからといって、世界がそれ自体としてどうなっているのかを、わたしたちが認識していないということにはなりません。わたしたちは、世界がそれ自体としてどうなっているのかを、まさに人間の立場から認識しているのです。(一四二頁)

「意味の場」が持つ抗い難い力を受容し、「絶望が絶望のまま是認される」刹那《せつな》、「私たちは超意味の〔意味を超えた〕地平にいる」ということがあり得るのだ。つまり、「世界は存在しない」ことに奇跡を感じ、そして「意味の場の転換」に耳を澄ませることが重要な分かれ目になるのである。自らを害《そこな》わずに自らを殺すことは可能か——映画は然《しか》り(イエス)と答える。わたしたちは、「自殺という出口」を凝視し続けることによって、「存在の超意味」「無数の意味の場」が開かれる場面に立ち合うのである。

第七章　ゾンビはわたしたちとともにある

「俺たち、奴らに勝ったんだよな？」
「ああ、そうとも」

ジョージ・A・ロメロ『ゾンビ　ディレクターズカット完全版』

あなたの死は、あなたの世俗の所有物となり、ある種の財産として自由にできてしまう。あなた自身を破壊することは、奇妙な種類の〈死のなかの生《ライフ・イン・デス》〉とかかわることになる。なにしろそれは、自分自身の空無さを廃棄処分できると嬉々として示唆するからであり、またまさにその瞬間、行為の無益さと権力の空虚さとを宣言するからである。ブランショによれば、自殺者は悲劇的人物かもしれないが、しかし、その彼もしくは彼女は、また不可避に自分のことを突き放して見ているアイロニストでもあるのだ。

テリー・イーグルトン『テロリズム　聖なる恐怖』（大橋洋一訳、岩波書店）

◉カニバリズムは「ありふれたものでしかない」

死という重苦しいテーマを婉曲的に語ることがベターである時――ゾンビカルチャーの流行とその背景にある深層心理のようなものを分析することは、意外と実り多き果実をもたらしてくれる。

ウイルスなどの影響によって死者が蘇《よみがえ》り、人肉を求めてフラフラとさまよい歩き、食欲を満たすことに血道を上げるキャラクターとして市民権を得た「ゾンビ」。彼らを永久に葬り去るには、その頭脳を破壊しなければならず、親しき者がゾンビになった暁《あかつき》には究極のジレンマ――殺すかゾンビになるかの二者択一――を突き付けられる。それが劇中において頻繁に見られるシチュエーションの定番となっている。とりわけ感情的なしこりがなければ、ゾンビを殺すことは娯楽に近く、殺人罪に問われないのが通例である。なぜなら彼らは「人間ではない」とみなされるから。作品によってはゾンビに噛まれてからわずか数十秒の間にゾンビとなる……要するに、誰もが瞬時に人間というカテゴリーから放逐され、殺され得る立場へと移行する可能性があるのだ。

二〇一六年公開の日本映画『アイアムアヒーロー』（監督：佐藤信介／原作：花沢健吾）で、ゾンビ（映画ではZQN〈ゾキュン〉と呼称される）の拡大が報道される中、マンガ家のアシスタントである三谷（塚地武雅）はこう叫ぶ。

「大企業のやつら、小学館の編集ども、ヒルズ族、どんどん感染してる。おれたちのような社会と接触が少ないニートやひきこもりの方が生き延びる確率が高い。ざまあみろ。おれたちの時代がやって来たんだ。……なのにクソ虫が、おれを噛みやがって！」

そして彼もほどなくゾンビへと変容を遂げてしまう。

数十年前のゾンビ映画の黎明《れいめい》期から相対的に速度を増すこの〝移行過程〟は、「万人の万人に対する闘争」（トマス・ホッブズ）的なサバイバリズム（生存主義）が台頭し、グローバル化に伴う不透明感とリスクの遍在化が進む時代状況に完全に照応している。例外なしに気まぐれのように訪れる排除——社会のメンバーではなくなること（！）——が日常茶飯事となり、生物間における自然淘汰《とうた》を人間社会に適用する「社会ダーウィニズム」的な価値体系をほとんど盲目的に受け入れている。のちに述べるように、人間の生肉を欲望するゾンビに投影されるわたしたちの愛憎そのものが、世界全体を覆い尽くす「廃棄物カルチャー」の産物であるからだ。

人類学者であるドナ・ハートとロバート・W・サスマンは、人類史においてわたしたちが捕食者というよりも、被捕食者の立場であることが圧倒的に長かった事実を示した（『ヒトは食べられて進化した』伊藤伸子訳、化学同人）。つまり、進化心理学的に見れば、被捕食種（食べられる側）であったトラウマの刻印は、フロイトのいう「抑圧されたものの回帰」としてわたしたちの脳裏から一瞬たりとも離れることはないのだ。つまり、人類の祖先像として流布している「Man the Hunter（狩るヒト）」は神話に過ぎず、古人類学者の見解では「Man the Hunted（狩られるヒト）」説こそが真相であり、「明らかに人類は、捕食にさらされることによって、行動も生態も形態も適応してきた種である」（『ヒトは食べられて進化した』XV頁）という。

このような捕食と被捕食の関係性を人間社会に持ち込むと、たちまちカニバリズム（食人）というタブーが現出することになる。

人類学者のクロード・レヴィ＝ストロースは、カニバリズムを「他人の身体に由来する部分や物質を、自分の意思によって、人間の身体の中に導き入れるということ」として理解すれば、「カニバリズムの概念はかなりありふれたものでしかない」と看破した。「ジャン＝ジャック・ルソーは、わたしたちを他者と同一化する方へと駆り立てる感情をもって、社会生活の起源だと見なした。何よりまず、他者を自分自身に同一化する最も単純な手段はやはり、他者を食べてしまうことである」[*1]。これをコミュニティの二つの機能——排除と包摂——から考えると、包摂とは相手を自分たちと同化させることであり、排除とは相手を殲滅《せんめつ》することを指している。

◉「永続的な奴隷状態」から「非−人間」の表象へ

現在、このようなコミュニティの暗黒面を喚起するのは、何の前触れも然るべき通知もなく、不要な人間として廃棄されることへの怖れである。

なぜなら、わたしたちはのべつまくなしに大型の捕食動物やカニバリズムの幻影に脅えなくても良い代わりに、「魅力的で役に立つ品でなくなったものを喜んでゴミ箱に捨てる」行動様式が、「魅力的で役に立つ人間ではなくなった自分」をもゴミ箱へと追いやるからだ。ジグムント・バウマンは、「消費社会では、身体は究極の価値ということになっている。身体の状態が良好であることは、どんな生活上の営みにおいても常に至上目的である」（『リキッド・ライフ　現代における生の諸相』長谷川啓介訳、大月書店、一五八頁）と述べる一方で、「人間同士の結びつきが、消費主義のパターンが適用されない例外となる見込みは、もはやほとんどない」（一八六頁）と断じた。これは、「自分」と「自分の身体」との「結びつき」＝関係性においてもまったくあてはまることである。たとえば、心身にハンディを抱えた「自分」にとって「自分の身体」のメリットとデメリットを演算する作業は、すぐさま「この社会にとって必要とされる存在かどうか」という一義的な結論へと回収されてしまう。

つまり、「食べられること」の恐怖よりも、「食べられなくなること」の恐怖が上回ってしまうのだ。「社会が消化不良を起こすもの」は、それを内面化したわたしたちにとっても、あらかじめ廃棄処分の対象として思考され得る。ゾンビのアナロジーを用いると、ゾンビになることは、（ゾンビというカテゴリーに）同化させられることと、（ゾンビというカテゴリーゆえに）殲滅されることが交差する「非人間化」の極北なのである。

「人間廃棄物」、より正しくは役に立たなくなった人間（wasted humans）（「過剰」で「余計」な者、すなわち、居ることの認知や許可を得られなかったか、あるいは望まれなかった者）は、近代化の不可避的な結果であり、モダニティの分離できない付属物である。それは、秩序建設（秩序というものはどんなものであれ、現存の住民の一部を「場違いな」「不適当な」「望ましくない」などと割り振るものである）および経済の進歩（それまでは効果的であった「生計」手段の地位を下げ価値を減ずることによってはじめて可能になるものであり、それゆえ当事者たちの暮らしを奪わないではいない）に不可避的に伴ってくる副作用なのだ。（ジグムント・バウマン『廃棄された生　モダニティとその追放者』中島道男訳、昭和堂、九頁）

これをゾンビ映画の変遷に分かりやすく当てはめていくと、元祖として名高い『ホワイト・ゾンビ』（一九三二年、米国、監督：ヴィクター・ハルペリン／主演：ベラ・ルゴシ）は、ゾンビ伝説の発祥地であるハイチを訪れる夫婦を襲う怪異を描いているが、そこに登場するゾンビたちは「生ける屍」(living dead)ではなく、仮死状態で労働させられる人間であり、いわば永続的な奴隷状態の表象なのである。実際、一八世紀のハイチは、欧州からの白人入植者が作り出した砂糖プランテーションで、大量の黒人奴隷が「人類史上もっとも苛酷な労働」（クリス・ブレイジャ『世界史の瞬間』伊藤茂訳、青土社）に従事していた。白人の農園主は、砂糖の輸出で莫大な富を蓄積する一方、数で圧倒的に上回る黒人奴隷の反乱を恐れていた。

『ホワイト・ゾンビ』からおよそ三〇年が経過した一九六八年にジョージ・A・ロメロが監督した『ナイト・オブ・ザ・リビングデッド』（米国）が公開され、ゾンビは現在のような「生ける屍」として姿を現わした。一九七八年には同じくロメロが監督した『ゾンビ』（イタリア・米国）が公開され、映画評論家のロジャー・イーバートが「アメリカの消費社会を風刺した見事な作品であり、面白く、滑稽であり、残酷なまでに無慈悲である*2」と絶賛したとおり、ゾンビというモンスターを「非―人間」の表象という地位にまで押し上げた。

一九六〇年代～七〇年代にかけてこのような作品の世界観が成立したのは象徴的だ。『ゾンビ』

はショッピングモールを舞台に、生き残ったテレビ局員やSWAT隊員らとゾンビの攻防戦を描いているが、当時ショッピングモールは消費社会の殿堂であった。天候の影響を受けずに買い物ができる米国初の閉鎖型ショッピングモール「サウスデール・センター」は、一九五六年にミネソタ州ミネアポリス近郊にオープンした。[*3] 以降、同様のショッピングモールは全米に拡大し、一九七〇年代には絶頂期を迎えた。これは消費システムへの囲い込みとライフスタイルの画一化を意味した。社会学者のジョージ・リッツアが『消費社会の魔術的体系　ディズニーワールドからサイバーモールまで』(山本徹夫・坂田恵美訳、明石書店)で、「ショッピングモールは技術システムによって管理された王国と見なせる」「ショッピングモールの均一性は、それがどこでも存在し得ることを意味している」「全体的に見て、ショッピングモールには現実とは思えないほどの完璧さがある」(一五四〜五五頁)などと評したように、わたしたちの感覚を麻痺させる新しい消費空間が生活世界を覆い始めたのである。リッツアは、「時間が過ぎるのを気にせずに、何時間もショッピングモール内で浮遊する」「ゾンビ効果」について、「ショッピングモールは消費者が多くの店に立ち寄り、より多くの商品やサービスを見て、それらをより多く買う可能性を高めている。ショッピングモールはそこに収めるものやそこから排除するものの決定だけではなく、『隣接誘引』原理の導入を通して、われわれが買うものを管理している」と指摘した(一五五頁)。確かに、このような風景は既成事実となり、『ゾンビ』に対するイーバートの批評は、夢遊病者のような消費者像がゾンビに仮託された点において特に目新しいものではなくなった。

だが、そういった表面的な理解などよりも本質的な問題は、(劇中でテレビ局員やSWAT隊員がショッピングごっこに熱中する光景に示されていたように）「消費者ではないライフスタイル」が存在しないことの方なのである。わたしたちはすでに消費者的な思考で物事を捉えることに慣れ切っており、プライベートな時空間とコストパフォーマンスを重視するようになっている。政治においても家族関係においても利害得失を超えるものに関与する動機付けは弱まりつつある。そうしてローカルなレベルで自立的な経済圏、それらを支えるための住民同士の連帯に基づく自治的な営みは退潮するか、甚だしく困難なものになっている。市場において価値がある存在かどうか、「役に立たない人間」かそうでないかという有用性に心的傾向が浸食された世界においては、「人間であること」と「ゾンビであること」にさしたる違いはない。不要の烙印としての「非人間化」は容易に起こり得るからだ。それゆえ、『ゾンビ』で交わされる会話、「俺たち、奴らに勝ったんだよな？」「ああ、そうとも」が反語として虚しく響くのである。もはや勝者も敗者もあったものではないのだ。

わたしたちは、ゾンビという非人間性の予感に怯《おび》え、市場から見放されることに注意を払い続ける、いわば強迫的なルーティンに身を捧げることによって、社会そのものに内在する無慈悲な選別装置をやり過ごそうとしている。

◉「盗みの最終形態」としての自殺

「プランテーションの奴隷にとって、唯一の脱出口は自殺であった」。

思想家のフランコ・ベラルディはこのように述べ、「自殺すると永遠にゾンビになる、という彼らの迷信にもかかわらず、幾千となく奴隷が自殺していった」事実に目を向ける。

ベラルディは、ジャーナリストのアミー・ヴィレンツのゾンビ神話についての秀逸な解説を引く――「黒人奴隷にとって死ぬことは、自由を得ることであり、大洋の向こうの祖国に戻ることを可能にするものだった。しかし、すべての奴隷がわが家に戻れることができるわけではなく、多くは道に迷いゾンビになると考えられていた。ゾンビは、いわば奴隷を自殺から遠ざける案山子《かかし》のようなものだった」「プランテーションの所有者は、自殺を盗みの最終形態と見なしていたが、それは自殺によって奴隷の労働による利益が奪われるからだけではなくて、自分の所有物である奴隷という存在そのものが奪われるからでもあった。自殺は、奴隷が自分の身体を自由に扱える唯一の方法だった」――その上で、「ゾンビ神話が現代の創造的世界とりわけ西洋のポピュラーカルチャーや映画のなかで、再び大きな役割を演じ始めているのは驚くべきことではない」と指摘するのである（『大量殺人の〝ダークヒーロー〟なぜ若者は、銃乱射や自爆テロに走るのか?』杉村昌昭訳、作品社、一九五～九七頁）。

このような「所有物」と「盗み」のロジックに底流する感覚を、井上靖は代表作といえる小説『敦煌《とんこう》』の中で分かりやすく展開している。

一一世紀の中国・開封《かいほう》。官吏《かんり》任用試験に失敗した趙行徳《ちょうぎょうとく》は、城外の市場を歩いていた時に黒山の人だかりに遭遇する。そこには、一人の女性が板の上で全裸で横たわっていた。その傍らには獰猛《どうもう》な面構《つらがま》えをした半裸体の男が、大きな刃物を持って見物人をにらみ付け、「さ、どの部分でもいい、買ったり、買ったり」と怒鳴っている。周囲の反応がないと「どうしたんだ、これを買おうというのはいないのか」と不機嫌になった。

行徳が半裸体の男に理由を訊くと、「こいつは西夏《せいか》（現在の中国西北部にかつて存在した王朝）の女だ。男を寝取った上、相手の内儀《かみ》さんを殺そうとした性悪女《しょうわるおんな》だ。肉を切り売りしてやる。欲しければどこでも買え。耳でも、鼻でも、乳でも、股《また》でも、どこでも売ってやる。値段は豚の肉と同じだ」と言い放った。

しびれを切らした半裸体の男は、刃物を振り上げて板に振り下ろす。女性の悲鳴が上がり、左手の指の先端が二本切り落とされたことが分かり、見物人はどよめいて後ろに退《ひ》いた。

行徳は思わず「よし、買う。全部買う」と叫ぶ。だが、女性は血走った目で「おあいにくだが、みんなは売らないよ。西夏の女を見損なってもらっては困る。買うならばらばらにしてもらって行け」と吐き捨て、再び板の上に仰向けの状態で寝そべるのであった。

自分に邪《よこしま》な動機があると誤解されたことを悟った行徳は、「お前をどうしようという気は持っていない」と釈明し、半裸体の男に金を渡すと「この女を自由にしてやれ」と促した。すると、女性は板の上から身を起こして走り出すのだった——。

わずか数頁ほどのエピソードだが、ここには自殺が「盗みの最終形態」であることを、「奴隷」の側からの異議申し立てとして明言している。「全部買う」という買い手に対し、「買うならばらばらにしてもらって行け」というのは、「所有」するという行為そのものを断固として拒否する態度といえる。つまり、作家のクロード・ギヨンとイブ・ル・ボニエックが付言したように、「体を切りきざむことは、死を意味する。だが新しい主人に奴隷として買われるよりは、死んだほうがましだ、作者はそう言いたいのではあるまいか」（『自殺　もっとも安楽に死ねる方法』五十嵐邦夫訳、徳間書店、三頁、傍点引用者）ということなのだ。世界が巨大なひとつのプランテーションと化す中で、人間の品質を見定める市場という価値基準を崇拝するグローバル企業などのトップマネジメント層にとって、労働者たちの自裁は、「自分の所有物である奴隷という存在そのものが奪われる」事態として出来《しゅったい》する。しかし、それは「尊厳が奪われる働き方しか存在しない」ことが運命付けられた立場からしてみれば、市場の審判が下される前に自らその所有物の名誉を守るためにそのゲームから降りるという英断なのだ。あまりにも陰惨な構図ではあるが、これが大規模な「盗み」となれば当然話は違ってくる。

◉「笑い」を誘うアナーキズム的躍動

ゾンビ映画は日常を破壊するパニック映画の側面がある。

要するに、既存の社会が信じてやまない道徳的な秩序への挑戦である。

ゾンビは「消費しない」「所有できない」悪性の「人間廃棄物」として、世界中のショッピングモール的な都市空間を覆い尽くしていく。これは支配者の側から見れば、「自分の所有物である奴隷という存在そのものが奪われる」事態だが、被支配者の側から見れば、「所有・被所有というグローバル市場における権力関係が無効になる」事態であり、一種の〝ハレの日〟＝非日常というエンターテインメントとして享受され得ることを意味する。

わたしたちが映画館のスクリーンに密かに投影している熱烈な欲望の表われこそが、この「所有・

被所有というグローバル市場における権力関係が無効になる」事態なのである。わたしたちは市場から不用品のレッテルを貼られて見放されることを極度に恐れながらも、この恐れの根源にある「所有・被所有というグローバル市場における権力関係」にしがみ付く以外に途《みち》はないからだ。この緊張状態が開放されたように感じられる数少ない瞬間のひとつが、何十億もの予算を掛けて描かれるゾンビの大量発生による世界の終末である。

その時ゾンビは、いわば救世主となる。

すべてが「消費」と「所有」に振り分けられる「息が詰まるような日常」「クソみたいな社会」が、野放図な暴力と引き換えに自発性が物を言う「生き生きとした世界」に変わるのだ。

ゾンビ映画が時として爽快感を伴う「笑い」を誘うのは、この強烈なアナーキズム的躍動が爆発的な弛緩をもたらすからに他ならない。

たとえば『ゾンビランド』（二〇〇九年、米国、監督：ルーベン・フライシャー）は、いわば七〇年代以降の「ゾンビによる終末もの」のパロディのようなものであり、ゾンビ映画の世界観そのものが遊園地のアトラクション的な舞台となっている。主人公の青年、コロンバス（ジェシー・アイゼンバーグ）は「引きこもり」で、ネットゲームオタクという設定だ。社会的な接点の乏しさゆえに生き残りやすかったというのは、前述した『アイアムアヒーロー』の主人公らにも通じる属性といえる。後述するが、これは選別装置を拒否するという意味でゾンビ的でもある。映画は、コロンバスがマッチョで腕力のあるタラハシー（ウディ・ハレルソン）と数多のゾンビを次々と始末してゆく珍道中を描いているが、軽快なノリでギターやバットなどを使って殴り殺すといった、むしろ

「殺戮《さつりく》が奨励される世界」という倒錯を楽しんでいる。とはいえ、標的はあくまでゾンビなのであり、本物の人間を殺戮して回る訳ではない。だが、この珍道中が真に面白いのは、本物の人間をゾンビと見間違えるブラックジョークをそれとなく挿入したところだ。ハリウッドの有名俳優であるビル・マーレイが本人役で登場しているのだが、彼がゾンビのメイクを施してコロンバスを驚かせようとしたら、コロンバスはゾンビが襲ってきたと思い込んで射殺するのだ。ロメロの『ゾンビ』では、「人間であること」と「ゾンビであること」にほとんど差異がないことをある種のナイーヴさとともに知らしめたとすれば、『ゾンビランド』では、「人間であること」と「ゾンビであること」は何の引っ掛かりもなく同一平面上に並ぶ。抱腹絶倒《ほうふくぜっとう》するシーンではあるが、明快なまでに今日《こんにち》の真理を含意している。

　コロンバスのような葛藤なき反倫理性こそが、「砂を噛むような」日常をどうにかやり過ごす、隠れた知恵だとしたらどうだろうか。

◉システムが終わることへの期待

　ベラルディは、日本で拡大する「引きこもり」を「自殺のある変形」とみなす（『大量殺人の〝ダークヒーロー〟』一七八頁）。

　つまり自発的な社会からの離脱、（支配層からしてみれば）ある種のゾンビ化といえるかもしれない。そうしてゾンビは、いわばシステムのバグとして扱われ、カウントされないものの徴《しるし》となる。これが数百万、数千万という単位に膨れ上がっていくと、わたしたちの社会そのものが機能不全に陥るだろう。

ここにも「ゾンビによる終末もの」という鉱脈が見出されることになる。

システムへの従属性を忌避する反システム的なカタストロフィとして前景化するのである。つまり、サバイバリズムに勤《いそ》しむホラー映画の主人公は、旧時代の遺物の反照以上のものではなく、世界をカオスの支配に戻そうとするゾンビこそが新時代を予見させる「ダークヒーロー」となるのだ。

ロメロは自作のリメイク作について「ゾンビが走るのは解せない」と発言したが[*4]、二〇〇〇年代以降、『28日後…』（二〇〇二年、英国、監督：ダニー・ボイル）から『新感染　ファイナル・エクスプレス』（二〇一六年、韓国、監督：ヨン・サンホ）に至るまで、ゾンビはトレードマークであった緩慢《かんまん》な動作を止め、アスリートばりに疾走《しっそう》して人々に襲い掛かるようになった（ただし、『28日後…』に関しては、制作者の側でもゾンビ映画と捉えるかどうかで立場が分かれている。正確には、同作のゾンビは感染者ではあるが死者ではないからだ[*5]）。

しかも、驚くべきことにかつてないほどの破壊力を付与されている。『ワールド・ウォーZ』（二〇一三年、米国・英国、監督：マーク・フォースター）が最初だったように記憶しているが、ゾンビの集団がひとつの意思を持った生きもののように、目標物に向かって複雑な組体操のような〝人の山〟を作り上げる様子――独自の群衆シミュレーションプログラムによって制作された[*6]――からは、ジョージ・オーウェルのディストピア小説『1984年』の主人公ウィンストン・スミスが、「プロール」（労働者階級）に「抹殺することもできない生命力」[*7]（『一九八四年〔新訳版〕』高橋和久訳、ハヤカワepi文庫、一〇八頁）を見込んだのと似たような期待を、同時代人が暴力的なモブ（大衆）キャラクターに担わせつつあることの傍証《ぼうしょう》となるだろう（ちなみに『ワールド・ウォーZ』の製作時期は「アラブの春」〈二〇一〇〜一二年〉とほぼ重なっている）。

ただし、その真意は革命からはほど遠い。

それらに新世界の訪れを見い出すことは、大惨事をもたらす自然の猛威の犠牲になることを厭いながら、自然の猛威が既存の秩序の閉塞感を打ち破ってくれることを待望する心性と同義である。ある種のカタストロフィが時代の推転を速めることに一縷《いちる》の望みを託したところで、社会的な連帯に乏しい世界においては大惨事の後始末はより状況を悪化させるだけだ。そのような他者を顧みない余裕のない社会では、被災に伴う「親しき者の死」によってもたらされる弔慰金で回復された生活ですら嫉妬の対象にならざるを得ない……。つまり、わたしたちには、反システムの拠り所となる共同性が枯渇してしまっているからである。怪物的な災厄がシステムの機能を停止させ、それに依存するわたしたちは息絶えるはずなのだが、システムの残り滓《かす》でしか生存できないことを直視せずに、リバイバル（復活）という古式ゆかしいファンタジーを夢見ているのだ。だが、現代における再生はもっといびつで厄介なものである。

◉「人格ヒエラルキー」に基づく適者生存の悪夢

ガブリエレ・ムッチーノ監督による二〇〇八年の米国映画『7つの贈り物』は、臓器の「リサイクル（再利用）」による人間至上主義の貫徹が、人生を肯定するための究極的な理想モデルとなる顚末《てんまつ》を描いている。

ベン・トーマス（ウィル・スミス）は、かつて自ら招いた自動車事故により、恋人を含む七人の命を奪った。そこで、今度は「命を与える側」になることに人生を捧げる。ただし、無条件ではない。自分のお眼鏡に適う人物をピックアップして肝臓《かんぞう》や腎臓《じんぞう》などを提供し、最終的には自らの死をもって心臓や眼球を提供するのだ。

たとえば、電話でセールスをしているエズラ・ターナー（ウディ・ハレルソン）の人柄を見定めるために、あえてクレーマーを装って「盲目のベジタリアンの臆病者の販売員め！」と悪態を吐《つ》き、相手の出方をうかがうほどの念の入れようである。これがラストの感動的な挿話を演出するための伏線《ふくせん》となるのだが、「自分の大切な臓器の受取主は、それ相応の人格者でなければならない」という主人公の価値観の妥当性は一切顧みられない。とはいえ、臓器提供という善意に基づく行為の崇高性と、身体のリサイクル（再利用）の有用性の二つの大義に裏打ちされた決断を、頭ごなしに否定することはかなり難しい。

ベンが臓器に深刻な問題を抱えている七人の被提供者について、おのが生命の一部を〝受肉〟するに値するかどうかを執拗に精査するのは、いわば（死後もはや意識することが叶わない）「他者の身体にまで延長された自己の身体」への干渉といえる。

腎臓の提供を受けて生き永らえたジョージ（ビル・スミトロヴィッチ）は、ベンにこう尋ねずにはいられない。「なあ、ベン。何度も君に聞くが、どうして……私なんだ？」。ベンは慎重に答える。「それはあなたがいい人間だからだ」。納得のいかないジョージは食い下がる。「いや、本当の理由は？」。ベンは相好《そうごう》を崩す。「誰も見ていない時もいい人間だ」——。

神のごとき視座からベンが人間の行ないを観察し、「信用スコア」のごとき点数表に何ごとかを書き込むとき、すでに「自分自身」もそうだが「自分の身体の一部」は聖別されている。その帰結として「他者の身体にまで延長された自己の身体」も聖別される。つまり、臓器の被提供者となる人々である。七人の聖別された被提供者は、ベンが大声で暗誦《あんしょう》する「アリー・アンダーソン、エド・ライス、スティーブン・フィリップス、サラ・ジェンセン……」など、ベンの事故の犠牲となった七人の死者に対応している。

ベンが米国内国歳入庁のデータベースに不正に侵入するリスクまで冒し、臓器の提供先を探すことに躍起になるのは、わたしたちが生きる消費社会のロジックの必然として、「リサイクル（再利用）可能な身体」が不正な目的で使用されることを警戒してのことと考えられるが、率直な言い方をすれば、偏執狂《へんしつ》のレベルにまで達した「粗探し」によって、たとえばギャンブルで散財して貧困層に転落し、薬物中毒やアルコール依存症となり、肝臓がんで余命わずかといったようなベンの価値観と相容れない者、「完全な人間性」の要件を満たさない者に供されることはあり得ない。ベンの言う「ひどく辛い目にあっていて、助けが必要なのに、施しを求めない人」は、「らくだが針の穴を通る」よりも狭き門なのである。だが、リサイクル（再利用）の対象に相応しい生命とそうではない生命の厳然とした選別のプロセスがまるで最高の美談であるかのように描写される。そもそも「命を奪ってしまったがゆえに命を与えたい」というボディカウントのバランスを取るかのような、帳尻合わせに執心する行動自体が消費者の無意識（借金返済に伴う財産の差し押さえに典型的な等価交換の内面化）から導き出されたものであり、そこには自己の財産＝自己の身体が再利用不可能な廃棄物となることへの過剰な不安と怖れがある。廃棄物とは「聖」の対極である「賤《せん》」の謂《い》いだからだ。ここには清廉潔白《せいれんけっぱく》な言行一致を実践する「適正な身体」がなければ「適正な人々」への弁済が果たせないという同語反復も潜んでいる。

ベンは贖罪《しょくざい》ゆえに人助けがしたいと切望し、そのささやかな施しは善意で成り立っているが、全体としては人間性という「人格ヒエラルキー」に基づく、適者生存の社会ダーウィニズムの悪夢を生み出してしまっている。

◉医学的カニバリズムと人類愛

他者の臓器を用いることで生き延びるリサイクル医療を、哲学者の山口意友《おきとも》は「現代の医学的カニバリズム」と言った。

「臓器移植以外には助かる道のない人たちがおり、その人たちに臓器を提供してよいという善意の人たちがおり、さらに臓器移植を可能とする技術が存在する以上、その患者を救おうとする事は当然のことであって、決して否定されるべきものではない」というのが臓器移植推進派の言《げん》であるとし、「『他人の臓器を取り入れて生きる』ことが積極的に肯定されるべきものとするならば、『人肉を喰って生き延びる』ことも同様に肯定されることになる」と主張する。

両者の違いは、手を下すのが当人か第三者（医者）かの違いだけで本質的な違いを見出すことはできない。その意味で、臓器移植はまさに共食いの思想でありカニバリズム（人肉食）に

> 繋がるとの批判が生じるのである。医者を想定せず、自分自身が他者の胸を切り開き臓器を摘出、自分の臓器と取り替えている姿を想像すれば、それはまさにカニバリズムそのものと言っても過言ではなかろう。（第五章「臓器移植とバイオエシックス」篠原駿一郎・波多江忠彦編『生と死の倫理学　よく生きるためのバイオエシックス入門』ナカニシヤ出版、一三一頁）

臓器のリサイクル（再利用）を巡って、わたしたちは、カニバリズム（人肉食）というタブーに再び接近する。

ここで、ゾンビのアナロジーは、カニバリズム（人肉食）によってしか延命できない、わたしたちの社会システムの深層を照射することになる。ドナー（臓器提供者）とレシピエント（臓器移植者）の圧倒的な数の差を見ると、ごくわずかな生体や脳死者を取り囲む群衆の姿が浮かび上がる。日本国内で年間二千人近くが「肝移植の適応がありながら受けることができずに死亡していると推定され」、実際、脳死肝移植を希望して登録した人のうち、日本で脳死肝移植を受けることができた者は二〇％である。[*7] 端的な事実として、レシピエントとなる者にとっては、ドナーになってくれる身内がいないことは大きな障壁となる。これは家族や友人関係に恵まれていない者ほど、少数の脳死者を待たなければならず、生き残れない可能性が高いということだ。臓器移植は、人類愛に基づくものと広く啓蒙《けいもう》されていながら、実のところ、わたしたちの大多数は死後、自分の身体が「誰にでも食べてもらってかまわない」と公言することができず、わたしたちの親しい者の身体の一部が「何者かの一部に使ってもらってありがたい」とも思えないのだ。人類愛の精神を貫徹しようとすれば、匿名性は必至であり、レシピエントを品定めするなどもっての外だ。『7つの贈り物』は、このような矛盾が存在しないかのように素通りするどころか、矛盾そのものを普遍的な美学にまで高めようとする。

しかし、その美学から少しでもはみ出した連中には、ベンの台詞を借りれば「何も与えない」のだ。

◉「身体しか存在しない世界」の倫理

山口は、医学的カニバリズムの背景に「人間の『生者中心主義』とでもいうべき本能」を挙げる。生者中心主義は、当然ながら人間至上主義に包括されている。

もはやボードリヤールのいう生と死の象徴交換が影を潜め、身体という消費物しか存在しない世界では、機能的に等価なパーツが充当される――これが臓器移植におけるコミュニケーションのネガである。しかし、ここでは生と死の象徴交換が前提としていた最初の贈与が問題となる。通りすがりの人々に「あなたの身体は誰に与えられたのか」と尋ねても、「母親」あるいは「両親」としか返って来ないであろう。科学的説明としては間違ってはいないが、象徴レベルでは実は何も語ってはいない。かつては死者から与えられたがゆえに死者へと返された「生」は、今やマテリアルな物体でしかなくなった。要するに、返送先はどこにもないのである。火葬場が廃棄の場所に映り、遺骨を含む遺体のいずれもが、無残な印象しか残さないのも、そこに天上に見えない何かが返されるといった交換の痕跡すら感じられないからだ。そのため、「身体しか存在しない世界」においては、死後、自分の身体の一部を誰かの身体の内部で「生き延びさせること」は、すべてが廃棄されるよりも相対的にましであるという考え方を取るのかもしれない。この件に関しては第八章で改めて論じたい。

ユヴァル・ノア・ハラリは、「意味も神や自然の法もない生活への対応策は、人間至上主義が提供してくれた」と解き明かす。

> 人間至上主義という宗教は、人間性を崇拝し、キリスト教とイスラム教で神が、仏教と道教で自然の摂理がそれぞれ演じた役割を、人間性が果たすものと考える。伝統的には宇宙の構想が人間の人生に意味を与えていたが、人間至上主義は役割を逆転させ、人間の経験が宇宙に意味を与えるのが当然だと考える。人間至上主義によれば、人間は内なる経験から、自分の人生の意味だけではなく森羅万象の意味も引き出さなくてはならないという。意味のない世界のために意味を生み出せ——これこそ人間至上主義が私たちに与えた最も重要な戒律なのだ。（『ホモ・デウス』〈下〉三四頁、傍点引用者）

人間性が内在するのは、もちろん人間の身体、もっと言えば人間の脳だ。

ハラリは「意味と権威の源泉が天から人間の感情に移るに伴って、世界全体の性質も変化した。それまで神々や妖精で満ちていた外側の世界は、何もない空間となった」（『ホモ・デウス』〈下〉四九頁）と述べる。つまり、神々の世界から精霊を媒介にして生と死のドラマが現れ出ていたが、前述のように何ものも宿ったり抜けたりしない「人間の身体しかない世界」となった。これがあらゆる倫理の基底となる。わたしたちには常時「目に見えない大量の宇宙線」が降り注いでおり、五〇〇種を超える細菌と共生しているが、今も昔もこのような科学的驚異よりも「意味」創出を重視してきたのである。

ハラリはいう。「人間至上主義の人生における最高の目的は、多種多様な知的経験や情動的経験や身体的経験を通じて知識をめいっぱい深めることだ」（五四頁）。

◉「人間性」から疎外されることが自殺を促す

そうであるとすれば、「人間性」が欠如しているように思える者、「感情」がうかがい知れないように思える者が、現代においてどのように遇されているかについて、その根本的な背景要因が至極明快になるのではないだろうか。

オランダでは、終末期の患者ではなくても、認知症を理由に安楽死を選択することが認められている。しかも二〇一七年には、病気の有無に関係なく七五歳以上の人であれば、誰でも希望すれば積極的安楽死が認められるようになった。二〇一八年には知的・発達障害者にも対象が拡大された。

これがわたしたちの社会の行き付く先であるとは言わないが、人間至上主義の教義が世界の隅々にまで浸透している現状を踏まえれば、多かれ少なかれ「自立性」もしくは「自律性」に「人間性」の定義を置く比重が高い文化圏では、安楽死が個人の尊厳を保つ「人生の退場の仕方」のひとつであるという考え方は優勢にならざるを得ないだろう。

だが、これでは「人間性」を維持できない者は、自ら死を選ぶことが潔いとするディストピアになりかねない。事実としてミクロレベルでこのような動きは起こっている。二〇一二年にAFP通信の記事は、長期間アルコール依存症に苦しんでいた四一歳の男性が、薬物注射による安楽死の処置を受けていたことを報じている。

男性は、幼い2人の子どももいたマルク・ランゲディク（Mark Langedijk）さん。アルコール依存症の苦しみから解放される唯一の解決法として安楽死を選び、今年7月、両親の自宅で医師の処置を受けた。

マルクさんの兄でフリーランスジャーナリストのマルセル・ランゲディク（Marcel Langedijk）氏は、先週発売の地元誌「リンダ（Linda）」に寄稿した記事の中で、マルクさんは過去8年間に通算21回に及ぶリハビリを受け、家族にも支えられていたものの、「自分が助けを必要としているとマルクが気づいたときには既に手遅れで、アルコールに支配されていた」と書いている。

マルクさんは「死ぬのに良い日」として7月14日を安楽死の実施日に設定。当日は両親の自宅の庭で食事をしながら、人生最後の数時間を家族と一緒に過ごしたという。

マルクさんが最後の白ワインを飲み終えた後、医師が注射を3回し、マルクさんは眠りについた後に息を引き取った。*8

安楽死に反対の立場を取るヒューマン・ライフ・インターナショナルのスイス支部の幹部は、「医療分野のコスト圧力が高まり、高齢者の孤独感が増幅している上、自殺ほう助が組織化されていることで自殺そのものが助長されている」と述べ、「社会的な貢献ができなくなってしまった人たちは、自分たちのことを社会の負担と捉える傾向が強くなっている」との懸念を表明した。[*9]「人間性」のスタンダードから外れ、社会的に孤立している者ほど、当然ながら疎外感は大きくなる。つまり、「人間性」そのものが「非人間性」を招来し、アウトサイダー的な人物に「耐えられない苦痛」をもたらし、かえって自殺を促進する恐れがあるのだ。

◉「役に立たない人間」から「役に立つ人間」の方へ

このような一連の動向に底流している思考について、生命倫理学者の松田純は、安楽死の問題は健康の捉え方と深く関わっていると指摘する。曰《いわ》く、現代の安楽死では、治らない病気による苦痛・苦悩が要件となっており、治らない病気の対極に位置するのは、WHO（世界保健機関）が定義する「完全な良い状態」としての「健康」だからだ（『安楽死・尊厳死の現在　最終段階の医療と自己決定』中公新書、V頁）。そもそも、WHOの健康定義「身体的・心理的・社会的に完全に良い状態」の「完全」とは、相当にハードルの高いものであることは明らかであり、これを仮に「人間性」を成立させる重要な要素としてしまうと、病気や事故による障害、加齢による身体機能の低下、またそれらを原因とする社会的孤立などが、後ろ指を指されたくないといった形で当事者の意思決定に影響を与えるだろう。

現代社会は自律と自立が重視され、依存はネガティヴにとらえられる。しかし、依存という面があったからこそ、今日に至るまでの人類文化の発展があった。子どものとくに母への依存は文化の継承の基盤である。さらに、支え合い、助け合いという、人と人との絆の文化を築くことができたのは、人間が「依存的存在」でもあったからだ。ダーウィンは自然淘汰のなかでも、この面を人間の「最も高貴な部分」として注目していた。（『安楽死・尊厳死の現在』二一五頁）

近代的な人間像における自律一辺倒のスタンスに対し、松田は「自律・独立と依存は表裏の関係」と指摘する。「個人化」した主体も他者への依存なくしてあり得ない。要するに「人間は自由にして依存的な存在」なのである（二一五頁）。

仮に「狭義」の「人間性」がわたしたちの社会の常識となり、わたしたちの大半がそのことに疑いを持たなくなった場合、「役に立たなくなった人間」を合法的に処分することが容認されるだろう。「役に立たなくなった人間」の定義は、それぞれの社会で異なる部分もあるだろうが、おおむね西洋スタンダードの人間観に基づいている。

二〇一〇年に英国の生命倫理学者のドミニク・ウィルキンソンとジュリアン・サヴレスキュが「臓器提供安楽死」を提言した。これはすぐさま「役に立たなくなった人間」から、「役に立つ臓器」を摘出してリサイクル（再利用）するといった、『7つの贈り物』的な「臓器提供」が安楽死を誘発する逆転現象を起こす可能性がある。程度の差こそあれ「役に立たない」よりは「役に立つ」人間の方が「人間性」のステージが高いだろうと見積もるからだ。

予後の悪い重症者が生命維持治療の中止も臓器提供も自己決定するなら、提供意志を無駄にしないためにも生きている状態で臓器を摘出するという方法で安楽死してもらってはどうか、というものだ。ベルギーの「安楽死後臓器提供」をさらに一歩進めたものと言えるだろう。こちらはまだ現実には行われていないだろうけれど、ベルギーの現実を思えば「安楽死後臓器提供」から「臓器提供安楽死」までの距離は、実際のところ、どれほどあるものなのだろう。[*10]

『アシュリー事件 メディカルコントロールと新・優生思想の時代』（生活書院）などの著作があるライターの児玉真美はこのように述べ、「近親者による自殺幇助が事実上合法化されたに等しい状況」にある英国について、「長年介護してきた家族が、『こんな状態で生きるくらいなら死んだ方がマシだ、死にたいと本人が言ったから死ぬのを手伝った』と言い、愛情と思いやりでやったこととして無罪放免されているケースも多い」ことに着目する。

●「人間性」と「非人間性」の境界は溶解する

「死の自己決定権」なるものは、当事者が生きる社会の無意識――「人間性」についての考え方や家族などの関係性という制約等々――との兼ね合いの結果、導き出されたものに過ぎない。

章の冒頭で、ゾンビになることは、（ゾンビというカテゴリーに）同化させられることと、（ゾンビ

という カテゴリーゆえに）殲滅されることが交差する「非人間化」の極北であると言ったが、「人間性」の定義から派生する「役に立たなくなった人間」を巡る問題に関する限り、末期的な症状も精神疾患もない者が自ら進んで「非人間性」の敷居をまたぐことが珍しい事態ではなくなっている。自由意志に基づき「自らを廃棄することをよしとする人間」の真偽を検証することがもはや不可能である場合に、「人間性」と「非人間性」の境界は溶解してまったく意味をなさなくなるだろう。

辺見庸は興味深いエピソードを述懐している。自身が脳出血を患い、運動障害に陥り、記銘に問題が生じ、一時失語症ともみなされた経験を振り返る中で、「形骸のように生きることにまったく実存的意味はないのか」と問うのだ。そして、入院中に病院の好意で七階のロビーから花火大会を鑑賞した光景について、他の患者たちのリアクションも含めてこのように記している。

ぼくがロビーに行ったときには、折しも大輪の打ち上げ花火の「菊」や「牡丹《ぼたん》」が窓外の闇にいくつも開花して、夜を激しく焼いていました。しかし、それを見ている患者たちからは歓声がまったくわかず、多くの人の眼は虚《うつ》ろなのでした。目玉には花火が映っているのに、放心した顔の患者や車椅子に突っ伏して眠っている、あるいは眠ったふりをしているお婆ちゃんもいたし、恐らく花火に感激したためでなく病気のためなのでしょう、あらぬ方を眺めて涙を流しつづけている患者もいました。さても面妖《めんよう》な花火見物ではあります。ぼくもまた声など上げる気にはなりませんでした。一方、脳は眩《まぶ》しく明滅する光につよく反応しているようです。ですが、花火を窓外に望んでいるというより、どうも己が頭蓋《ずがい》のスクリーンに花火を見ているようなのです。シュルルルドカーンと花火が頭のなかで爆発しているのです。（『自分自身への審問』三三頁）

「花火が頭のなかで爆発している」――このような種類の体験は、他者の理解の及ばない深遠さの内部にある。

たとえ表情や言語を介することができず、誰からもコミュニケートされない状態であったとしても、その人物の内面にある豊饒《ほうじょう》さを否定する根拠にはならない。とはいえ、「物言わない」「記憶を失った」「自分が誰かも分からない」――そんな人々、なおかつ社会的なつながりから切り離されて漂流する人々を、わたしたちの社会が果たして「生きている意味がある」と捉えるかどうかは別の話だ。家族や地域社会などのコミュニティが衰退し、単身化と超高齢化の不安や不自由を民間サービスが引き受けるようになり、ありとあらゆる選択が自己の責任に帰せられる個人化が進展すれば、もはや情緒的な結び付きによる「個々の内面への関与」は期待できない。ガイドライン的なものに依拠した当事者の意思表示らしきものと、契約関係の終了としての生命の停止があるだけだろう。これは優性思想などより遥かに厄介だ。何が「人間性」の最後の拠り所か、というわたしたちが根拠にする「尊厳の源泉」こそが、わたしたちに「非人間性」の条件としての「尊厳の剝奪感」を準備するからである。恥辱の感覚に「正誤表で修復できるような」合理性は通じない。当事者に根本的な〝転回〟をもたらす強烈な経験のみが変容の種子となるのだ。

ロメロは映画作品において、ゾンビと人間の違いを認めないばかりか、その境界線をあえて取り払うことを積極的に意図した。『ランド・オブ・ザ・デッド』（二〇〇五年、米国・カナダ・フランス）で学習能力を持ち、レジスタンス的な立場を担うゾンビを登場させたのには、世界の不公平さに対する反乱以上の意味がある。結局のところ、ロメロはゾンビを「人間の亜種」とみているのだ。そうして、彼らに「非-人間」の烙印を押して「人間性」という台座にふんぞり返る者を好んで襲わせるのである。本作にとどまらずゾンビカルチャーには、すべてのカテゴリーを溶解させることを称揚するカオスと、脱力に誘う皮肉に満ちた「笑い」がある。ここに「人間性」を巡るジレンマとその答えが明確に示されているのではないだろうか。

第八章　永遠に生きることの憂鬱？

『小学校の入学式に、校長先生が「皆さんが、もし、よく勉強し、からだの可能性を自分で一生懸命考えれば、死ななくてもよくなる日がくるのですよ」と言いました[*1]』

荒川修作

「自らの運命もコントロールできない状態で、液体窒素のタンクのなかに浮かぶなんて、まったく魅力的ではありませんが、それでも虫やバクテリアによって身体が蝕まれていくよりはだいぶマシです。巨大なオーブンで火葬されるよりもね[*2]」

アルコー延命財団の最高経営責任者、マックス・モアの言葉

◉未来への〈死体《ギフト》〉、未来からの〈蘇生技術《ギフト》〉

ある朝、深い眠りから目を覚ますと、あなたは見慣れない真っ白なクリーンルームにいる。朦朧《もうろう》とする意識の中で状況を必死に把握しようとするが、頭痛がひどくて何も思い出すことができない……。

生まれたばかりの赤ん坊同然だ。全身が鎧を着たように重く、呼吸をするだけで咳き込んでしまう。ありとあらゆる筋肉組織が奇妙な痺《しび》れに浸っているようだ。周囲の様子を一生懸命把握しようと目を凝らすが、視界が濁っていて焦点を合わせることが難しい。「ここはどこなのだろう?」――そんな疑問を心の中で呟いた瞬間、どこかに設置してあるスピーカーから声がした。誰かがあなたの名前を呼んでいるようだ。その声の主は、あなたの聴覚が正常に機能していることを知っているらしく、あなたが一五〇年前に亡くなった資産家であること、先ほどナノテクノロジーによる細胞修復システムと、マインドデータアップロードシステムのお陰で、無事生前の本人に復元することに成功したことなどを丁寧に説明した。その衝撃の事実にあなたはしばし呆然とする……。

これはクライオニクス(人体冷凍保存)が実現した世界のワンシーンである。

クライオニクスとは、死亡した人間の身体を極低温(絶対零度に近い低温)にまで下げ、科学技術が進化した未来において、その人間を蘇生する日が来るまで保存する技術のことだ。

第七章で、生と死の次元で象徴交換がない、「身体しか存在しない世界」では、死後、臓器移植などによって自分の身体の一部を誰かの身体の内部で「生き延びさせること」は、身体のすべてが廃棄されるよりも相対的にましであるとの考え方を取るのかもしれない、と述べた。これが身体全体に拡大させたものがクライオニクスの真髄といえるだろう。

臓器移植などをせずとも、自らの身体を丸ごと冷凍保存し、数十年あるいは数百年の眠りに就くことは、「土葬」して虫や微生物の餌《えさ》になったり、「火葬」して骨や灰にされて庭園に撒かれるより、「自分という存在」を継続させる可能性が高いという立場だ。座して死を持つよりは「未来への大胆な賭け」を選ぶという発想である。もちろん、そのような未来は訪れないかもしれない。しかしたとえ万分の一の確率であろうとも、蘇生するシナリオがあり得るのであれば、宝くじではないがひと筋の光を見出すということなのだろう。

米最大のクライオニクスの施設を運営するアルコー延命財団では、一四九の人体や頭部をおよそマイナス二〇〇℃で保管している。その中にはメジャーリーグの伝説的な打者テッド・ウィリアムズの頭部もある。財団を取材したメアリー・ピロンのレポート[*3]によると、近年、アルコーは事業規模を拡大させており、現在では一一〇〇人以上の「クライオノーツ（cryonauts）＝冷凍保存希望者」が申し込みをしている。そのうちの約四分の一はテクノロジー関係で仕事をしており、多くが四〇歳代で冷凍保存を決断しているという。このことについてピロンは、「彼らは、身体を未来に〈再起動〉すべきマシンと捉えているのだ」と評している。これは先述した「身体しか存在しない世界」のサバイバリズム（生存主義）の台頭を的確に言い表わしている。クライオニクスを信じている者にとって、死は呼吸や心臓、脳の機能が停止した時ではなく、物質としての「脳が（新鮮さを失って）

ドロドロになった時[4]」なのだ。つまり、死後も身体は「〈死体〉という名の未来への贈り物」となり、「〈蘇生技術〉という名の未来からの贈り物」と会遇《かいぐう》することを切実に望んでいるのである。それは永遠に生きることへの見果てぬ夢である。

◉「不死は災い」論の背景にある人格の一貫性

クライオニクスは、現時点では不確定な未来への投資に過ぎないが、遺伝子工学の爆発的な進歩により医療技術が向上した暁には、「現在の身体」を相当長く健康に保つことが可能となる。

未来学者で有名なレイ・カーツワイルは、二〇二〇年代に最初の実用的なナノマシン（一メートルの一〇億分の一サイズの機械）が、医療目的のために使用されると予測した。「バイオテクノロジーとナノテクノロジーの革命が完全に現実のものになれば、実質的にはあらゆる医学的原因による死をなくすことができると予想される。非生物的存在になっていくにつれて、われわれは『自分をバックアップする』（知識、技能、正確の基本をなす重要なパターンを貯蔵しておく）方法を手に入れ、たいていの死因は取り除けるようになるだろう」（『ポスト・ヒューマン誕生 コンピュータが人類の知性を超えるとき』井上健訳監訳／小野木明恵・野中香方子・福田実共訳、NHK出版、四一八頁）。カーツワイルと親交がある生物学者のオーブリー・デ・グレイは、「老化は決して避けられない運命ではなく、体に様々なダメージが蓄積された結果として起こる『病気』に過ぎない。人体のダメージを包括的に修復すれば、老化は治癒できる[5]」と主張する。彼は人間の寿命が五〇〇年または一〇〇〇年になるなどと途方もない予測をしているが（ジョナサン・ワイナー『寿命1000年　長命科学の最先端』鍛原多恵子訳、早川書房）、そこにはクライオニクスとまったく同様に「現在の困難を未来の技術が解決してくれる」という楽観主義（オプティミズム）がある。カーツワイル自身が自分が亡くなった場合に、アルコーのサービスを利用する手はずになっていることが[*6]、クライオニクスとの共通点を見事に裏付けているように思われる。

しかしながら、現時点において不老不死は夢物語である。

人間の寿命が一二五歳を超えることは（ほぼ）不可能といった研究結果が出されていることもある[*7]が、人間を「半不死化」する「技術上の革命」が可能であると仮定したところで、その技術上の革命がいつ訪れ、その果実をいつ一般の人々が享受できるかがまったく不透明であるからだ。知的誠実さをあくまで貫徹するのであれば、彼らの未来予測を「嘲笑《あざわら》う」ことは間違っているだろうし、逆に鵜《う》呑《の》みにすることは「宗教じみて」いる。

しかし、平均寿命の延伸により「人生一〇〇年時代」の到来は確実視されている。

一〇〇歳以上の人（英語で「センテナリアン」と呼ばれている）は、日本では二〇一八年の統計で七万人近く存在しているが、国連の推計によれば、二〇五〇年までに一〇〇歳以上人口が一〇〇万人を突破するという。国立社会保障・人口問題研究所の国立社会保障・人口問題研究所の推計（二〇二三〈令和五〉年）では二〇六七年には五〇万人に達する見通しだ。

組織論学者のリンダ・グラットンと経営学者のアンドリュー・スコットは、『LIFE SHIFT（ライフ・シフト）』の日本語版の序文で、「2007年に日本で生まれた子どもの半分は、107年以上生きることが予想される。いまこの文章を読んでいる50歳未満の日本人は、100年以上生きる時代、すなわち100年ライフを過ごすつもりでいたほうがいい」と諭した(池村千秋訳、東洋経済新報社、一頁)。社会経済のダイナミックな変化が必須になるだけでなく、わたしたちの生き方も大きな転換を迫られることになるとしている。事実上、わたしたちが初めて経験することになる超長寿社会では、これまで人生七〇・八〇年ライフで営まれてきたロールモデルがほとんど通用しないからだ。成人の時間がほぼ倍になる未知の領域なのである。

このように少しずつ寿命が延びることを踏まえると、わたしたちにとって不死はまだまだ絵空事ではあるものの、半永久的な不死＝「半不死」(amortal)への道程は避けられない運命にあるようだ。そこでは、やはり死そのものへの認識も課題になるだろう。

少しでも長い人生を送ることが本人にとって全体として良い限り、死は悪い。そして少なくとも多くの人にとって、死は早く訪れ過ぎる。だがそうは言っても、不死が良いということには絶対にならない。実際には、不死は災いであり、恵みではない。(『「死」とは何か イェール大学で23年連続の人気講義〔完全翻訳版〕』柴田裕之訳、文響社、三七三頁)

これは哲学者のシェリー・ケーガンがイェール大学で行なっている死をテーマにした人気講義における言葉だ。

そのように考える理由は、「不死の人はただとても長い時間生きるのではなく、並外れて長い時間生きるのでさえなく、文字どおり永遠に生きるということだ。そして、永遠にやりたいと思えるようなことを考えつくのは、とても難しい、いや、不可能だと思う」からであり、「そして、これこそ自分が永遠に続けたいと願うような人生は一つとして思いつかない」と強調している。さらに決定的なものとして、自分が何百年という時を生きることを想像した際に、二〇〇歳の自分と五〇〇歳の自分では、ほぼ別人になっていることが受け入れ難いと思ったことを挙げる。「生き延びるとしたら、そのときには、何を望んでいるのかについて考えたら、遠い将来に私である人間が存在するだけでは十分ではなかった。それは、今と十分似通った人格の人でなくてはならなかったのだ」（二六六～六七頁）。

　そのようないわば個人的な直感だけを頼りに、やすやすと「不死の人生というのは、少しも望ましくないだろう」と結論付けるのだ。

◉センテナリアンの自殺ツーリズムとスカイダイビング

　これは、まだ不死や半不死が現実に生きられていない「現在の価値観」に基づき、すでに不死や半不死が現実に生きられている「未来の価値観」を軽視する典型的な誤解である。

　ケーガンが依拠している思考の尺度は、いわば「人生七〇・八〇年ライフ」の定型であって、仮に不死や半不死が常態となった世界が実現されたとすれば、その時代の「超人間」たちは、わたしたちが思いもしなかったような「新しい生の様式」を単に生きているだけであり、しかも今のわたしたちはそれを正確に思い描くことは困難である。なぜなら、わたしたちはまだ不死を生きているわけでも、半不死を生きているわけでもないからだ。

この点で分があるのはSF小説の方である。

マット・ヘイグの『トム・ハザードの止まらない時間』は、見た目が四〇歳ほどの主人公の男性、トム・ハザードが、実は一五八一年生まれで四三七歳という設定だ。その彼が語り手となって、魔女狩りやシェイクスピアとの出会い、ペストの大流行などの記憶と、女性とのロマンス、生き別れになった娘の捜索などを織り交ぜながら綴られる。

トムはその名も「遅老症」（アナジェリア）という病気を発症しており、普通の人間よりも老化の速度が一〇倍遅い。つまり、四世紀を生きてもまだ身体の細胞は中年のままなのだ。わたしたちからすれば、まさに半不死の存在といえるだろう。彼らは普通の人間のことを「カゲロウ」、自分たちのことを「アルバトロス（アホウドリ）」に譬《たと》える。そして、自分たちの特性を世間から隠すために、八年ごとに名前と住む場所を変えることを掟としている。そのための秘密の組織もある。物語の粗筋に深入りはしないが、このSF小説が特に優れている点は、何百年もの時間を生きる存在を、良否を超えた実存の視点から捉えようとしたことだ。半不死を生きてしまっている存在という事実に寄り添いながら、「カゲロウ」の世界の中で生きることの苦悩を語ろうとするのである。

トムは小説の終盤において、「時間」というものがもたらす、「過去への執着」と「未来への不安」に囚われ過ぎていて、「この瞬間」を生き切れていないことに気づく。つまり、「生きられる時間の長さ」が問題なのではなく、「生きられる生の質」が問題なのだということにである。トムはいう。「時間を止める方法は、時間に支配されることをやめることだ」（大谷真弓訳、早川書房、三八三頁）——。

二〇一八年四月、一〇四歳のオーストラリア人科学者が、安楽死するためにスイスへ渡航しようとしていることが話題になった。

生態学者であるデービッド・グドールは、末期がんなどの不治の病は抱えていなかった。生活の質（QOL）の低下を理由に挙げていたことが、年齢と併せて注目を集める大きな要因になった。豪ABCの取材に対し、「こんな年に達してしまい、残念でならない。私は幸せではない。死にたい。特別悲しくもない。悲しいのはそうさせて（死なせて）もらえない場合だ」と述べ、「私が思うに、私のように年老いた者には、自殺のほう助を受ける権利も含めた完全なる市民権が付与されるべきだ」などと主張した。[*8]

CNNのインタビューによると、彼は何年も前に安楽死推進団体に加入した。「身体が不自由になったことや、視力の衰えも一因となって、5～10年ほど前から人生が楽しくなくなった」という。

「フィールドワークが私の人生だった。だがもうフィールドへ出ることはできない」

今はどこへ行くにも車椅子に頼る生活。「もう1度、草原を歩き回って、周囲を見渡すことができたら、どんなに素晴らしいだろうと思う」

「まだ小鳥のさえずりを楽しむことはできるが、視力の低下が深刻な妨げになる」[*9]

「朝起きて、朝食を食べる。それから昼時までただ座っている。それから少し昼食を食べ、ただ座る。それが何の役に立つのか」[*10]

一九九八年に運転免許が持てなくなった時点で死んでいればよかったと語り、「94歳で自立した生活ができなくなったことは、人生の大きな転機だったと言い添えた」としている。

豪ヴィクトリア州では、二〇一七年に同国で初めてとなる安楽死の合法化法案が可決され、二〇一八年六月に施行されることとなっていたが、末期患者でかつ余命六か月以内とされる場合に限られている。「生活の質の低下」云々では合法的に自らの命を絶つことは不可能だったのである。

対照的なニュースとして捉えることができるのは、同じ年の一二月にオーストラリアの一〇二歳の女性がスカイダイビングに成功したという出来事だ。[*11] 本人の健康状態や価値基準に差があるとはいえ、センテナリアンの自殺ツーリズムとスカイダイビングという両方の極みは、「生の質」が人生全体にまで拡大された新たな段階を示唆している。

◉「人生の高」を決定している自己も変容する

「生（活）の質」（クオリティ・オブ・ライフ）から「人生全体の質」（クオリティ・オブ・ホールライフ）へ――。

シェリー・ケーガンにとっては、それは「今と十分似通った人格の人」を維持できるか否かが大きな焦点だった。デービッド・グドールにとっては、「運転免許が持てなくなった時点」という言葉が示すように自立した生活が可能かどうかに懸《か》かっていた。「老いによるフレイル（虚弱）や主体性の喪失」が生死の判断を決める指標になるというわけである。

このような転換点において参考になる実例を提供してくれるのは、哲学者・社会思想研究家の須原一秀《かずひで》が「哲学的プロジェクトの一環」として行なったとされる自死であろう。

須原は、三〇〜四〇代の頃から自分の人生は六五歳までと決め、「健康上の問題」や「人間関係の悩み」など何もないにもかかわらず、冷静沈着に計画を立てて粛々《しゅくしゅく》と自殺を決行した稀有な人物だ。のちにその論拠は、『自死という生き方 覚悟して逝った哲学者』として上梓された。そのエッセンスを分かりやすく言えば、「人生の最も爛熟《らんじゅく》した時を選んで旅立つ」ということである。「爛熟」とは、人生が最高に熟し切っている状態のことだが、そこにはすでに心身の衰えの予兆が含まれている。須原には独特の人生哲学がある。「『人生とはどういうものか?』」（人生の高《たか》）と『自分とはどの程度ものか?』（自分の高）について、納得の境地に達する年齢と、その人の死亡年齢とが相関するように思える」（『自死という生き方』双葉社、九五頁）というのだ。

「人生との愛の交歓」に永遠はないという当たり前のことを認めることもできず、しかも死ねない人間が老化しながら泣き言を言うのであり、生活も暗くなるとすれば、どうしたら良いのであろうか。

答は簡単である。「死にたがり」になってしまえば良いのである。そうすれば、ガンも脳卒中も経済的破綻も怖くなくなる。なぜなら、治るガンなら治せば良いし、治らなければ、あるいは治っても相当に生活の質が低下しそうなら、その時は死ねばよいからである。脳卒中でも経済的破綻でも、対応できるものは対応し、対応できないものは対応しないだけのことである。

「ひょっとして、あんな風になったらとか、こんな風になったら」などという中途半端な不安とは無縁になるので、生活も明るくなるのである。（一六五頁）

「相当に生活の質が低下しそうなら、その時は死ねばよい」という部分は、「自尊心と主体性」を重視する須原の揺るぎない決意が反映されたものだ。

それは次のような日記の一文に顕著に表われている。

新聞の折込広告にチタンの歯根を埋め込んだ総義歯の広告を見ると、自分が今自分の歯だけで固いものものなんの問題もなく噛めることと、その状態のまま私の人生は閉じることは非常にありがたいことだと思ってしまう。またスーパーで、嫁か娘に介護されつつも不機嫌そうに車椅子にのっている九十歳くらいのお年寄りに出会う時、そしてその生気のない顔を見るとき、自分がこのような状態に陥ることはないことにほっとしてしまう。（二五〇〜五一頁）

須原の盲点は、「自尊心と主体性」を維持することを人生の中心的な価値に置き、「老いによるフレイルや主体性の喪失」とのバランスでその死に時を見極めようとする「自己の立場」が、あたかも「身体という自然」から自由な理性のように「不変」と考えていることだ。つまり、このように物事を判断する自分の「実存」が微動だにしないことが前提になっているのである。「不変」と規定するからこそ「自尊心と主体性」を蝕《むしば》む変化を恐れるという言い方もできるかもしれない。病や老化に伴う不如意《ふにょい》がもたらす感覚の変容、あるいは命にかかわる重大なアクシデントとの遭遇を契機に、人生観や死生観などが急激に変容するのが最たる例だが、人間の「実存」は多かれ少なかれ別の境地への移行を免れない……仮に現在の自分が主観的に「これが人生の高（自分の高）」だと思ったところで、今後さらなる「人生の高（自分の高）」が待ち受けている可能性があり得る。また、そこから下降して再び上昇することで迎える「人生の高（自分の高）」の可能性も否定することはできない。もっと重要なことは、「これが人生の高（自分の高）」だと決定している自己が根底から覆り、「高」そのものを決定する基準が別様になるということだろう。

しかしながら、原理的に須原の決断を批判することは難しい。

ハラリ的に言えば、人間一人ひとりの内面には、超越的な神とのつながりを示す証拠がなくとも、不可侵の神のごとき尊厳が宿るからだ。終末期という局所的な事象に限定されることなく、人生全体にまで範囲が拡げられた「生の質」を評価するのは、本人しか知り得ない「感情の働き」に基づく体験なのである。それゆえ「それに何の意味があるのか」と吐露する経験を尊重しないことは、今日でいうところの人権侵害とみなされる可能性がある。

ただし、前章、前々章の議論を踏まえれば、「相対化」を回避することはできず、「見込み違い」のリスクが常にあることを受け入れざるを得ない。

◉「実態としての死に様」が見えない

そもそも、理想的な死などあるのだろうか。

終末期において人工的な延命措置を拒む「尊厳死」（消極的安楽死）、過剰な栄養や水分を控え、胃瘻《いろう》などの経管栄養を避ける方が安らかに死を迎えられるという「平穏死」〔特別養護老人ホームの医師である石飛《いしとび》幸三が著した『「平穏死」のすすめ　口から食べられなくなったらどうしますか』（講談社）で提唱された〕が持て囃《はや》されているのは、「死期」を誤魔化さずに従容として死に就きたいという精神性への憧れと、それを可能にする疼痛《とうつう》コントロールに対する期待が高まっていることを表わしている。

ここでわたしたちは、「望ましい死」（good death）の概念をめぐる神話に踏み込むことになる。おそらく重要な鍵となるのは、「良き死なのかどうかは、本人も含めて誰も知り得ないという謙虚さ」だ。

四八歳の会社員の男性が医師から末期の肺がんと診断され、余命半年を宣告される。彼は延命治療を試みることを拒否して会社を辞職し、自分の人生を全うすることに力を注ぐ。喧嘩別れになってしまっていたかつての親友、初恋の女性、倒産に追い込んだ取引先の元社長の男性、さらには長年音信不通だった兄などに直接会いに行くのだ。そして自らの病状と本音を伝え、それが意外なほど好意的に受け入れられたことに満足すると、最後は海辺のホスピスで妻子に見守られながら安らかな死を迎える――。

秋元康原作の映画『象の背中』（二〇〇七年、監督：井坂聡）である。

本作は、あり得ない夢想に満ち満ちている。まず末期がんになった程度で人間関係が容易に修復されるというご都合主義で貫かれていることだ。それは、ホスピスに愛人が突然訪れて来ても波風ひとつ立てない妻といった、かなり無理のある人物設定に如実に表われている。本来ならば大きなトラブルを招く要素がことごとく、「死」という緊急事態の威光を放つことによって、周囲が死にゆく者を不問に付すことが暗黙の了解となった世界である。そのような主人公の願望をひたすら充足させる類《たぐい》のファンタジーは、ある程度人生経験のある観客であれば、苦笑するしかない薄っぺらさしか感じないであろう。

　ラストシーンのホスピスは独立型のホスピスであり、日本ではまだ数が少ないことで知られている。しかも、主人公は兄に一四〇〇〇万円もの大金を家族に対する援助として支出することを確約させ、死後に備えて一億五〇〇〇万円以上の資産を確保できてしまう身分なのである。小説には、「俺の医療費やホスピスに入った時のことを考えて、三百万円」（『象の背中』扶桑社BOOKS文庫、二三六頁）とサラっと書いてあるが、貯蓄ゼロ世帯が二割を占め、既婚世帯の平均貯蓄額が一三〇〇万円に満たない[*12]現状を考えると、特権階級に近いポジションの人間が「自分に相応しい終《つい》の棲家《すみか》」をたやすく手に入れ、その恵まれた生活水準に依存する家族を持つがゆえに適切なケアが受けられる物語として理解するのが正しいだろう。裏を返せば、経済力のない中流以下の階層の人々は、できるだけ早く「楽になる（死ぬ）」ことが最良だと思わされる〝終末期格差社会〟である。

　しかも、臨終の瞬間は、本人の意識はある程度清明で、タイミングよく家族に看取られ、あまりにも喉越しの良い結末になっている。だが、この映画を批判的に論じる以上に重要なのは、このような〝絵空事〟が一定の支持を集めていたという現実の方である。これは「実態としての死に様」が見えなくなっていることの証左ではないか。

●「理想の死なんて最初からなかったのではないか」

『象の背中』とは反対に、さまざまな力学が渦巻く死の現場を、綺麗ごとで装飾せずに見せてくれるのが、NHKのドキュメンタリー『ありのままの最期　末期がんの〝看取り医師〟死までの450日』だ。

僧侶で終末期を専門に診察して来た医師である田中雅博の晩年を追っている。

田中は、ディレクターの佐野広記が取材を申し入れたことに対し、「（自分の番組の）放送は全部終わって、私が死んでお葬式の後ぐらいでいいんじゃないですか？」と述べ、自分が死ぬまでの経過を含めてすべて撮影することを快諾する。

最初のナレーション――「しかし目にしたのは、私の想像とは大きくかけ離れたものだった」――が象徴的だ。これは譫妄状態の田中の映像に付されていた佐野の言葉だが、かつて看取りの文化が存在していた日本では何の違和感もなく認識されていた光景が、若い制作者にとってはショッキングなものとして受け止められているのである。

普段とは異なる言動を取ったりするため、精神病の発症や認知症と間違われたりする譫妄は、脳に行きわたる酸素が少なくなったり、肝臓や腎臓の働きが低下して、有毒な物質が排泄されなくなるなどして、脳の活動が鈍くなることで引き起こされる。がんが進行した七割の人々にみられる症

状だという。＊13

田中は、親友の住職が挨拶《あいさつ》に訪れた場で、自分の考えが思ったように発話されず、会話することがままならないことに当惑する。終始、せわしなく動き回り、身の置き所がない様子が印象的だ。それを佐野は、（それが田中と会って以来）「初めて目にする不安な表情だった」と述べる。そして、譫妄がさらに悪化すると、同じく医師である妻の名をうわ言のように連呼し始め、佐野は「このまま撮影を続けるべきか」と自問自答するようになる。また、田中は「眠らせてください」＝「持続的深い鎮静の実行（！）」と妻に繰り返し頼むが、それがすんなりとは受け入れられることはなく、鎮静を開始した後も何度も中断しては、身体を強制的に動かすなどの措置が試みられることになる。

最大の山場といえるのは、田中が生前ＤＮＡＲ（Do Not Attempt Resuscitation 蘇生措置拒否）の意思表示をしていたものの、いざ心停止に至ると妻がそれに従わず心臓に直接注射を打ち、心臓マッサージを行なうなどして蘇生を図ったエピソードだろう。医者同士、しかも夫婦間であっても事前指示書どおりに物事が運ぶ確証はない――これほど説得力のある事例はないだろう。

佐野は、田中の〝ありのままの最期〟を見届けた上で、「実は理想の死なんて最初からなかったのではないか」ということを述懐する。番組全体を総括するナレーション――「田中さんが教えてくれたのは、死は綺麗ごとではない。思いどおりにはいかないということ」――は至言《しげん》である。

佐野にとっての当初の関心は、田中が〝看取りのスペシャリスト〟として自らの死をどのように迎えるのかにあった。それゆえ、「生き様」がそのまま「死に様」に転写されなかった事実に衝撃を受けたことは想像に難くない。波平恵美子の言葉を借りれば、「人は生きてきたように死ぬ」ものだと思い込んでいたのである。

◉死に接する機会の喪失が「期待外れ」を生む

波平は、一九六〇年代頃までの日本で経験されていた「死の立ち会い」が消え失せたことで、「人は生きてきたように死ぬ」という考えが一般に流布するようになったと指摘している。

> 医療現場にいる人々が書いたものの中に、「人は生きてきたようにしか死ねない」とか、「死はその人の人生の総決算」という表現を見出すことがある。私自身も医療関係の学会で報告者の同様の表現を聞いたことがある。周囲の人々に深い感銘を与える死に様を見せた（と周囲の人々が考えるような）場合には、その人の生前のあり方が高く評価されているようである。明記されてはいないが、苦しみ抜いて死を受容しないままで死ぬ人は逆の評価を受ける。確かにそのような例が数多いのであろうが、それは新しいタイプの「因果応報」のステレオタイプな判断のような印象を受ける。村落生活では、人は周囲の人々に自分を偽って見せることはできない。その人の人格、生前の善悪の行為、他の人々と結んだ人間関係等々があからさまになっている。そして生き様のように、死に様もまた、人々の目に一部始終が映し出される。それらの人々にとって死は「生きてきたように人は死ぬ」とは映っていない。死は、生の一部ではあるが、生の結果としての死が起り、その死に様がそれまでの生の価値を決定するとは、少なくとも私が調査している村落の人々は考えない。（『いのちの文化人類学』一七九頁、傍点引用者）

波平は、「死はその人の人生の総決算」という見方が広がった背景に、「死についての否定的な考え方」（一八〇頁）があるとみているが、おそらくそれだけではないだろう。わたしたちは、死のあり方をコントロール可能なものと捉えたがるが、「生とひと続きになった死」である臨終を間近で見る経験の不在（リアリティの空白）を埋めるような形で、「生前の行ない」が「人生の最期」を決めるといった単純化された解釈を要求するのだ。それによって「新しいタイプの『因果応報』」的な虚構、神話が発生したと推測するのが妥当ではないだろうか。つまり、これも死のコントロール願望のひとつの表われなのである。

終活サポートを行なう一般社団法人LMN代表理事の遠藤英樹は、波平のいう共同体の成員が各人を「誰かを看取る」という体験が圧倒的に少数派になった現代において、「本当に自分の死について考えたいと思うのならば、他人が亡くなるのをお手伝いすること」が最良の方法と述べている。*14「わたしも両親を含めてさまざまな死に立ち会ってきましたが、それを実際に目の当たりにしない限りは死は分からない」。そのような問題意識を強く持っていることから、遠藤は、自身のサービスを受ける六〇～七〇歳代の人たちには、「（親近者などに）ちゃんと死に様を見せてあげてください」と話しているという。近年、家族が看取りに当たって専門家からコーチングを受けることを必要とする動きがあるが、それこそが「虚像と実像の誤差」が深刻なレベルに達していることを暗に物語っている。

意識的に自分から「人の生き死に接する」機会を作る努力をしなければ、「死をめぐる誤解」に基づく期待外れに振り回され続けることは避けられない――わたしたちが生きている快適性追求の時代は、中身を伴わない「死の情報」だけが氾濫する一方、「死の現場」を生活空間から周到に排除したことによって、実像ではなく虚像による不条理と付き合わざるを得ない新しいフェーズに入っているのだ。

◉死の線引きが無限に可能な状態

だが、誰であろうとも自分の最期についてある種の線引きをせざるを得ない。

「望ましい死」という言葉に囚われ過ぎず、自分なりに現実的な妥協点を探っていくということになるだろう。

「生の質」と「死の質」が完全に地続きである以上、人生観や死生観の問題は中心的な課題として残るからである。より良く生きるために何を優先すべきか、どのような体験に重きを置くべきか、それによって住処と環境と人の適切な組み合わせが導き出される。しかし、医療技術の高度化によって、わたしたちは、自然経過に単純に身を委ねるような死に方が不可能になっており、化学療法や放射線治療など数多の延命治療の成否とその中止の時機をめぐって、あたかも「無限に線引き（選択）が可能な状態」に置かれているのが実情といえる。外科医で公衆衛生研究者であるアトゥール・ガワンデは、その核心部分について明晰に書き記している。少し長いが引用する。

今日、急速に破滅へと進行する病気というのは例外的だ。ほとんどの人にとっての死とは、本質的には進行を止められない変化――たとえば末期のがんや認知症、パーキンソン病、進行性の臓器不全（もっとも多いのが心臓、つぎに肺と腎臓、肝臓が続く）、あるいは加齢による体の機能の喪失、長い期間医学的な闘いを挑んだ後にやっと訪れるものである。そうしたケースのすべてで死ぬことは確実だが、そのタイミングは不確実だ。だからみなが不確実さと闘う――病気との闘いに負けたことを、どのように受容するのか、いつ受け入れるのかについて闘う。辞世の句はもはや存在しないもののようだ。現在の医療技術は、意識と思考力を保持できるような状態をはるかに越えた時期まで内臓をもたせることができる。医学のおかげで誰が死ぬのかをはっきりさせることが不可能になってしまった今、どうやって死について考えたり、死の床にある人を思いやったりできるだろうか？　末期がんの患者と認知症の患者、治療不能の心不全の患者、そのうち誰が死ぬのか正確に決められるだろうか？（『死すべき定め　死にゆく人に何ができるか』原井宏明訳、みすず書房、一五三頁、傍点引用者）

そして、ガワンデは自身の患者の例を挙げる。

私は腸閉塞で胸と腹部に激しい痛みがある六〇代の女性の手術を担当したことがある。腸閉塞は結腸を破裂させ、心臓発作が起き、敗血症ショックと腎不全が生じていた。私は緊急手術で開腹し、破れた結腸を取り除き、人工肛門を形成した。循環器内科医が彼女の冠状動脈をステントで拡げた。透析を開始し、呼吸器につなぎ、中心静脈から栄養補給を行ってようやく容体が安定した。しかし二週間後、これ以上彼女は回復しないことが明らかになった。敗血症ショックによって心不全と呼吸不全が生じ、さらに切断が必要な乾性壊疽が片足に生じていた。腹部の大きく開いた傷からは腸内容物が漏れ出しており、傷を治すためには数週間にわたって毎日二回、包帯交換と傷口の消毒が必要だった。食べることはもうできない。気管切開も必要である。腎臓は機能を停止し、一週間に三日の透析を一生受けつづけなければならない。

彼女は未婚で子どももいなかった。それでICUの面会室で彼女の姉妹に会い、足の切断と気管切開に進むべきかどうかについて話し合った。

「姉は死にそうなのですか?」と姉妹の一人が私に尋ねた。

この質問にどう答えるべきかわからなかった。「死にそう」が何を意味するのかすらよくわからなかった。過去二、三〇年の医学の進歩は死に関する何世紀にもわたる人類の経験や伝統、言葉を時代遅れにしてしまい、かわりに新たな難しい課題を人類に与えた――どうやって死ぬのか?(一五三~五四頁)

◉「意志表示しないこと」が最悪の事態を招く

要するに、わたしたちは、医療技術の力を借りて身体機能を外部化させ、死にゆくプロセスを最大限引き延ばすことが可能になっている。それこそ患者本人の主要臓器が機能不全に陥り、意識そのものが喪失してしまった後も、である。

老衰時における胃瘻や中心静脈栄養法などの人工的水分・栄養補給法（artificial hydration and nutrition＝AHN）による延命が分かりやすい。

基本的に本人が経口《けいこう》摂取できない場合、本人や家族から拒否されない限りは、AHNのいずれかの方法が取られることになる。ただし、事前にこの件に関するコミュニケーションが適切に行なわれているとは言い難く、往々にして本人の意識の低下や、認知症を発症するなどして意思の表明が困難な段階になってから、家族が医師からAHNを選択するか否かの判断を突き付けられる。この場合、前時代的でオプティミスティックな発想ともいえる「定めに身を任せる」態度は、家族に「自己の意思決定で生じ得る責任のすべて」を〝丸投げ〟することに他ならない。つまり、今や終末期の医療を享受する者は、ありとあらゆる局面において、「何も意思表示しない」ということがひとつの「意志表示」、しかも場合によっては最悪の事態を招く「意志表示」にしかならないのである。自らの運命の「責任主体」であることを放棄し、他者に責任を転嫁したも同然というわけだ。延命措置がほとんど存在せず、経口摂取が困難であれば死ぬしかなかった時代がエデンの園であったとすれば、もうそのような至極明快な楽園には二度と戻ることは叶わない。これがガワンデのいう「新たな難しい課題」なのである。「認知症終末期の患者へのAHNについて、多くの医療者が『導入しないことに倫理的な問題を感じ』ているが、また『導入することに倫理的な問題を感じ』てもいるというような困惑を、臨床現場にもたらしている」[*15]という状況そのものがこの種のジレンマを浮き彫りにしている。

また、治療手段の高度化・多様化は、数え切れないほどの、一縷の希望として立ち現われる。緩和ケア医で、ベストセラー『病院で死ぬということ』（一九九〇年）の著者で知られる山崎章郎《ふみお》は、近年のがん治療において、遺伝子治療を基盤にした分子標的治療薬の登場などにより、治療医が一次二次三次と治療法を提示できるようになった事実を挙げる。

ワラにもすがる思いの患者さんや家族は、それら治療法に治癒の希望を託し続けることになる。身体がぼろぼろになるまで治療を受け続けてきた患者さんは、ある日、治療医から、もはや治療の限界であることを、伝えられる。そして間もなく死を迎える。要するに、死の間際まで治療が継続され、「治療の限界＝命の限界」の如き状況が生まれている。（『「在宅ホスピス」という仕組み』新潮選書、三七〜三八頁）

そのため、「患者さんや家族が、人生の最終章をしっかりと生きる時間を持てないままに、いきなり現実的な死に直面することが、目立ってきた」と指摘する。「分子標的治療薬登場以前であれば、もっと早い段階で、治療の継続を断念せざるを得ないケースであった。言葉を変えれば、その後をどう生きるか、考える時間もあったのだ」と。医師からの新たな治療法を提示されること自体が、「治癒の可能性がある」という文脈で受け取られ、安易にゴールを先延ばしできるとの思い込みにつながるのである。山崎は、「そもそも、転移・再発した固形がん（血液がん以外のがん）のほとんどは、最新の分子標的治療薬をもってしても、治癒することは困難であり、その延命効果は、時に数年に及ぶこともあるが、月単位のことも少なくない。副作用で命を縮める場合もある。そのことを知っている患者さんや家族は、一体どれほどいるのだろうか。治療医は、そのことをきちんと説明しているのだろうか」と危機感を募らせる。治療による治癒が目的化してしまうと、本人も家族も死を脇に置いてしまい、「未来の生」のために「現在の生」を犠牲にする方向に舵を切る可能性が高い。それゆえ、想定していた「未来の生」が叶わなかった場合のショックは甚大なものとなる。仮に、年単位の延命を考えていたにもかかわらず、月単位の延命しか得られず副作用で心身ともに疲弊する事態になれば、自己の死と向き合う時間的な余裕、いわば死を受容するための準備期間がないまま、容体が急変するなどして死が目前に迫り、心理的に不意を突かれた格好になるだろう。これこそが、ガワンデが述べた「だからみなが不確実さと闘う――病気との闘いに負けたことを、どのように受容するのか、いつ受け入れるのかについて闘う」状況の一場面なのである。

わたしたち自身も遅かれ早かれ「技術的に可能な生」と「尊厳ある生」の間で引き裂かれることを免れない。

◉自分が下した自己決定に裏切られる

二〇一八年八月、東京都福生《ふっさ》市の「公立福生病院」で腎臓病患者の女性が人工透析《とうせき》治療中止を選び、約一週間後に死亡したことの妥当性をめぐって議論が巻き起こった。

未だ事実関係が錯綜《さくそう》している部分があるが、透析中止後に女性は「こんなに辛いなら、透析治療を受けようか」と発言し、のちほどそれを撤回していると報道されている。また、自殺の恐れがある精神病に罹患《りかん》していたとの情報もある。その後、日本透析医学会が取りまとめた「調査報告」に基づく拡大倫理委員会の検討結果では、「本症例では患者さんの血液透析終了の意思は固く、透析終了の真摯な意思は明らかであった」と結論付けている。*16

いずれにしても、この透析治療中止事件の要となるのは、意志決定の静的な側面ではなく、絶えず更新され得る動的な側面である。

ここで非常に面白い雛形《ひながた》を提供してくれる映画がある。

一九九〇年に公開され大ヒットしたSF映画『トータル・リコール』（米国、監督：ポール・バーホーベン／原作：フィリップ・K・ディック『追憶売ります』）だ。

未来世界で建設労働者として働いているダグラス・クエイド（アーノルド・シュワルツェネッガー）は、毎晩のように「火星の夢」にうなされていた。そこで、たまたま通勤途中の電車内で見付けた広告――「火星旅行の記憶を売ります」――に惹かれ、周囲の反対をよそにリコール社を訪れる。だが、記憶を移植するための処置を行ない始めた途端、クエイドは気が狂ったように暴れ出す。リコール社は危険人物と判断して放逐するが、彼はこの事件を契機に「自分が誰かに重要な記憶を消されたのではないか」と疑念を持つようになる。帰宅すると、妻のローリー（シャロン・ストーン）に銃撃されて殺されかけた末、「おまえの記憶は全部偽物で、自分は妻ではなく、監視役である」と告げられる。そして、混乱するクエイドの下に、謎の人物から電話がかかり、大きなケースを受け取ることになる。その中に入っていたパソコンのモニターにはクエイド本人が映り、自分のことをハウザーと名乗るのである……つまり「記憶を消される前の自分」が「記憶を消された後の自分」

に任務を焚《た》き付け、火星に向かうよう仕向けるのだ。

最終的にクエイドは、火星の反乱分子のリーダーであるクワトーと出会い、採掘会社が火星を支配するため「酸素の供給」を操作していることを知る。だが、治安部隊の突入によって、クワトーは無残に殺害され、クエイドは採掘会社のトップであるコーヘイゲンの下に連行される。コーヘイゲンはクエイドを二重スパイだと主張するが、採掘会社の不正に憤り反乱分子に共感するクエイドは、怒りを露わにして断固否定する。しかし、コーヘイゲンが動かぬ証拠として突き付けるビデオメッセージには、「クワトーを探し出すため、あえて自ら二重スパイを志願し、記憶を消して地球に潜入した」経緯を説明し、「君をひどい目に遭わせてすまない」と終始笑顔で語りかける自分が映る。コーヘイゲンからしてみれば、ハウザーが二重スパイとして記憶を加工したわけだが、その加工によって誕生したクエイドが、自分の命を狙う立場として襲いかかるのである。ここには、以前の自分A＝ハウザーが自己決定したことが、現在の自分B＝クエイドの自己決定によって裏切られるというきわめて今日的な問題構造が示されている。

要するに、ハウザーとしての「実存」を完全に消し去ることが野望の達成（仕事上の成果）のための必要条件であり、クエイドとしての「実存」を「真の自分」として生きることで難易度の高い任務を成し遂げ、再び自身の記憶を復元して元の自分＝ハウザーとしての「実存」に戻る手はずだった。だが、いざクエイドとしての「実存」を生き始めると、それが「真の自分」のように体験され、ハウザーとしての「実存」が悪い冗談に思えてくる――ハウザーのビデオメッセージ「僕の身体を返してもらいたいのだ。何といっても最初の持ち主だからね」は大いなる皮肉である。そして、ハウザーとしての「実存」をともに生きていた取り巻きを易々《やすやす》と退け、何の迷いもなく過去の自分に死刑判決を下してしまうのだ。しかし、これは逆のパターンもあり得ることを否定してはいない。

◉「現在の実存」による「未来の実存」の先取り

この映画で示されるジレンマは、事前指示書の内容と、現在の本人の意思をめぐる相克とまったく同じ質のものである。

たとえば、患者本人が認知症になった場合、症状が進行する前の意思が尊重されるのか、それとも現在の意思が尊重されるのか、という根本的な問題が生じてくる。

松田純は、ロナルド・ドウォーキンが挙げた認知症の女性が事前指示書で「認知症が進行して、何もわからなくなったら、延命治療をしないでほしい。肺炎になっても抗生剤を処方せず、死なせてほしい。たとえ、そのときの私が〝死にたくない〟と叫んだにしても」と記述したケースを俎上に載せる。事前指示から二年が経ち、女性は認知症がかなり進行し、家族の顔も分からなくなったが、毎日おいしく食事をとり、眺めの良いリビングでくつろぎ、読書も楽しんでいた。だが、ある時、肺炎になって高熱を発した。抗生剤で比較的簡単に治る見込みがある肺炎だが、この場合、「過去の事前指示に従って抗生剤を処方せず死ぬに任せる」と「現在のしあわせそうに見える生活に復帰させるべく抗生剤を投与する」の二つの選択肢【表】があるという（『安楽死・尊厳死の現在』二一〇〜二一一頁）。

A　過去の事前指示に従って抗生剤を処方せず死ぬに任せる
——認知症が進行して、判断能力がなくなり、自己決定ができなくなっても、事前指示書を書いておけば、自己決定が将来にわたって保障されることを期待して記した。その指示を受けた受託者（家族や医療者）がその通り実行するのが、本人の意思を尊重することであり、正当である。
B　現在のしあわせそうに見える生活に復帰させるべく抗生剤を投与する
——過去に「肺炎になっても治療しないで死なせてほしい」と指示していたとしても、いまこんなにしあわせそうに暮らしているのに抗生剤で簡単に治る肺炎を放置して、死ぬに任せるなんてとてもできない。肺炎を治療し、いつもの穏やかな日々を取り戻してあげたい。

【表】4-4「過去の人」、それとも「現在の人」?（『安楽死・尊厳死の現在』120-21頁）

ドゥオーキンはAの立場を支持する。「ドゥオーキンは知性主義的な人間観に立って、批判的に吟味され熟慮された過去の判断（リヴィングウィルの指示内容）を尊重することが、認知症の人の自律を尊重することになると考える」（一二三頁）からだ。

一方、レベッカ・ドレッサーはBの立場を支持する。「彼女はこう批判する。実際に判断能力を失い重篤となれば、その人の利益や関心は根本的に変化し、以前は価値を見出せなかった些細なこと、〔例えば、家族との語らいや、三度の食事、入浴など〕ふだんの生活のなかでは当たり前のことがきわめて重要な関心事や喜びになったりする。また、以前は受け入れられなかった依存的な生存〔介護を受ける状態〕でも、なおも重要なものであるかもしれない、と」。松田は、「これは、事前指示書の執筆時と実行時との間に時間間隔があり、その間に気変わりがするかもしれないという程度の問題」ではないことを強く主張する（一二三〜一二四頁）。つまり、その人の「実存」そのものの変化である。

人間の心がたえず変わりうるのはその通りだが、ここには、もっと深い価値観の変容がある。医師から重い病気の告知を受

> けたときには、以前に考えていた通り、「そんな状態では生きていたくない」と思っても、その後、価値観が変容し、物語の書き換えが起こり、事態を前向きにとらえ返すことはしばしばありうる。つまり、病気になったり重篤になったとき、自分がどういう思いをもつかを健常時や軽症時の自分が正確に推測することは難しい。それゆえ、判断能力が衰えた現在の患者を、あたかも判断能力がしっかりしている者のように扱い、過去の事前指示書の記載に基づいて、いま「自己決定権を行使する」と考えるのは虚構である。（一二四頁）

これは、いわば「現在の実存」による「未来の実存」の先取りである。

現実問題として「別の実存を生きている」かもしれない、おそらくは「別の実存を生きている」可能性が高いであろう未来の自分を、事前に「現在の実存を生きている」（いわば過去の）自分が自己決定できるという「虚構」に基づいているというわけだ。クエイド／ハウザーの図式で説明したような不条理――「過去の自分」が「未来の自分」を抹殺しようとする――は空想の世界の話などではない。

「別の実存の可能性」――これは松田がいう「健常時」から「病気」、「軽症」から「重篤」といった身体に内在する要因だけではなく、人間関係をはじめとする環境的要因や、思わぬ出来事に直面するなど偶発的な要因によっても新しい地平が切り拓かれる。

わたしたちは、たとえ永遠に近い生を全うすることができるとしても、「時間の外」に出ることはできないのだ。

エピローグ　柔軟性こそが恵みとなる

もし、生と死の変形が可能であるとすれば、それは、死の彼方においてあるのではなくて、生きた実践《プラクシス》の中にあるはずだろう。

エドガール・モラン『人間と死』（古田幸男訳、法政大学出版局）

「僕はもう唯一の解決策は、はっきりしていると思っていて、結局、高齢者の集団自決、集団切腹みたいなのしかないんじゃないかなと。やっぱり人間って引き際が重要だと思うんですよ。別に物理的な切腹だけじゃなくてもよくて、社会的な切腹でもよくて。過去の功績を使って居座り続ける人が、いろいろなレイヤーで多すぎるっていうのがこの国の問題」

これは二〇二三年に入ってネット炎上した経済学者である成田悠輔の発言だ。[*1]

まずTwitter（現X）で「集団自決」という禍々しいワードがトレンド入りし、最終的にはニューヨーク・タイムズなどの海外メディアが、日本社会の問題と絡めた舌禍《ぜっか》事件として報道するに至った。発言の出所は、一年以上前のインターネットテレビ番組である。日本の高齢化をテーマに討論した際に、半ばブラックジョークのようなノリで「自決」「切腹」といった強い表現を意識的に使いながら、「老害」化する高齢者たちを表舞台から排除することを提案したのだった。

わざと人の反発を買いそうなことを言って、注目を集めようとする「炎上商法」の一種といえるが、有識者までが安易にキャンセルカルチャーに迎合して、彼の社会的地位を貶《おとし》めることに傾倒するようになったことは非常にまずかった。むしろ、彼を公けの場に呼んで、できるだけ多くの専門家や学識者などと意見をぶつけ合うべきであった。だが、そのような動きは皆無だった。ひたすら地上波などのテレビへの出演を取りやめさせようとしたり、各種媒体《ばいたい》で徹底的に批判するといった陰湿ともいえる対応に終始した。筆者は、彼の発言で肯定できない部分はあるが、発言の真意を探ったり、その意図するところを明確にし、むしろ日本における難題を炙り出す好機と捉えて、公開の場で広く議論を行なうべきであったと今でも思っている。

まず現状を見る限り、高齢者はお荷物ではない。

建設現場や製造現場などでは人手不足が深刻で、むしろベテランの高齢者に依存している状態にある。エッセンシャルワーカーと呼ばれる人々も同様で、今後さらに労働力を投入しなければ維持すら危ういといわれている。パーソル総合研究所の推計によれば、二〇三〇年には、七〇七三万人の労働需要に対し、六四二九万人の労働供給しか見込めず、「六四四万人の人手不足」となることが分かっている。[*2]働くシニアを増やしても一六三万人しか確保できないため、働く女性や外国人も増やさなければならないと結論付けている。空前絶後の人手不足時代の到来がさまざまなデータによって裏付けられており、仮に高齢者全体のことを指しているのであればかなり的外れな物言いにならざるを得ない。では、そうではなくひと握りの特権的な高齢者、たとえば政財界の有力者といった人々のことや、経営トップのような一定の社会的地位がある高齢者のことを指しているのであれば、まだそのニュアンスは理解することができるだろう。「過去の功績を使って居座り続ける人が、いろいろなレイヤーで多すぎる」というのは、この辺りの階層のことを意味していると受け取れるからだ。

けれども、成田は以前、「G1サミット2019」の社会保障改革に関するパネルディスカッションにおいて、「この高齢化して延々と生き続けてしまうこの世の中をどう変えて、社会保障などという問題について議論しなくてもいいような世界を作り出すか」と挑発的な主張を展開し、「かつて三島由紀夫がしたとおり、ある年齢で自ら命を絶ち、自らが高齢化し老害化することを事前に予防するというのは、いい筋なのではないか」とも提案している。[*3]この発言の直接的な背景には、彼自身が述べているように親が福祉の対象になっており、あまり良いイメージを持っていないことがある。[*4]のちに彼はインタビューで「自決」「切腹」という言葉は「議論のためのメタファー」だったと弁明しているが、同時に「文字通りの切腹」から世代交代までのグラデーションがあることも説明している。[*5] つまり、高齢であることそれ自体が社会の負担を増やしているため、予防的に取り除くこと（あわよくば自ら人生から退場すること）が最適との認識がある。

これは典型的なカテゴリー主義といえる。ある年齢を境に「生き残れる者」と「生き残れない者」を区別する発想である。思えばコロナ禍は、この種の問題が世界中で噴出した。ヒューマン・ライツ・ウォッチ（ＨＲＷ）は、すでに二〇二〇年四月時点で高齢者に対する人権侵害が起こり始めていることを訴えていた。

ウイルスによる深刻な症状や死亡のリスクが高いことに加えて、差別が高齢者の権利を脅かしている。新型コロナウイルスの経済的影響を論じた英国のある新聞のオピニオン記事には、高齢者の死が「高齢扶養家族を減らせる」ので、有益かもしれないと書かれていた。ウクライナの元保健相は3月22日のインタビューで、65歳以上の人びとは「すでに遺体」であり、政府は新型コロナウイルス感染症対応を「まだ生きている」人に集中すべきだと述べた。

テキサス州のダン・パトリック副知事は、高齢者は経済のために自らを犠牲にしても構わないと言ってくれるかもしれないと発言。69歳の副知事は、3月23日の全米向けテレビ番組で、「さあ、仕事に戻ろう」と呼びかけた。「賢く振る舞い、日常に戻るのです。70歳以上である私たちは自分で自分の面倒をみますから、国を犠牲にするのはもうやめましょう。[*6]」

「65歳以上の人びとは『すでに遺体』」という言葉はなかなか衝撃的ではあるが、往々にしてカテゴリー主義とはそういう帰結を生むものである。

特定の年齢層や性別、階層に単一のイメージを押し付け、個別性を認めない。「子ども」「若者」「サラリーマン」「主婦」「高齢者」「障害者」といったステレオタイプに基づく言説や政策は、すべてカテゴリー主義に便乗したものだ。非常時には、それが強制的な仕組みとして出現することがあるため、悪夢のような光景をもたらす。なぜなら個々の事情は一切顧みられず、システマティックな処理だけが存在するようになるからだ。災害時に限られた医療資源を効果的に傷病者の治療に充てることを目的に優先順位を決定する「トリアージ」とはかなり意味合いが異なる。確かに、人類史を紐解くまでもなく食糧不足や、移動する体力がないという理由から、特定の社会で高齢者の殺害や遺棄は行なわれてきた。主にその集団の生産能力や文化的価値観によって決定されていたものだが、そのほとんどは緊急的な措置であって、平時から実行されていたわけではない[*7]。

コロナ禍では、強制力を伴ったロックダウンの実行などにより、自らの人生観、死生観に基づき感染リスクをあえて冒すといった移動の自由を含む私権が侵害されたが、それと並行して基礎疾患を持つ者や高齢者が「ウイルスで死んでも仕方がない人々」とみなされ、生存権などが侵害された(前出のHRWの記事は両方の権利も守れと言っている)。WHOが「国際的に懸念される公衆衛生上の緊急事態」の終了を宣言し、コロナ禍からの解放感で満たされた途端、わたしたちはどちらかといえば前者の損害の方に目を向けがちで、後者を過小評価するきらいがある。

経済学者のジャック・アタリは、「今回の危機により、われわれの経済と社会は大規模な、しかし予測可能である事態に対し、備えができていないことが明らかになった。また、われわれの生活様式と生態系への影響が、今回のパンデミックを（引き起こしたわけではないにせよ）大きく悪化させたことも判明した」とし、組織構造、消費、生産の形態を抜本的に見直す必要を提言した（『命の経済　パンデミック後、新しい世界が始まる』林昌宏・坪子理美訳、プレジデント社、一六六頁）。その核心をひと言でいえば、「指導者は、自分たちを守るためになすべきことをしかるべき時期に実行しなかったのではないか」（一一四頁）という疑念だ。「ウイルスで死んでも仕方がない人々」とは、もともと今回のウイルス禍に関係なく、消極的という留保は付くものの、予防的殺害の対象であったことが浮き彫りになったのである。わたしたちは死人に口なしという状況に胡坐《あぐら》をかき、いわゆる健康で従順な人間を頂点とするカテゴリー主義を容認してきたと言っても過言ではない。これは先の社会保障改革における極論にも当てはまる。「社会保障などという問題について議論しなくてもいいような世界」を一足飛《いっそく》びに求める態度は、これまでの為政者《いせいしゃ》の不作為を不問に付すだけでなく、超長寿化という重要な課題の解決をも事実上放棄するに等しい。ちなみに、「弱者」はわたしたちが思っているほど自明ではない。大正時代に日本を襲ったスペイン風邪では、若年層で高い死亡率を示したことで知られるが、将来的なパンデミックが懸念されている鳥インフルエンザにも同様の傾向が指摘されている。病原体はわたしたちが精緻《せいち》に築き上げたカテゴリー的な諸価値を越境するのである。人類全体のリスクヘッジの観点から見ても、カテゴリー主義はまったく現実的ではないのだ。

別の機会に成田は、「安楽死の解禁とか、将来的にあり得る話としては安楽死の強制みたいな話も議論に出てくると思う」と語っている。[*8] 先述のグラデーションの最も濃い部分に相当するものである。

安楽死は、本書の第六章〜第七章でも指摘したが、個人主義の色彩が濃い国々で進められている。家族などの意思が重んじられる日本とはかなり社会状況が異なっており、ジャーナリストの宮下洋一が安楽死の実態を赤裸々に綴った労作『安楽死を遂げるまで』（小学館文庫）の結語で、「こうした価値観を持つ日本で、周囲との対話を通じて自らの最期の在り方を醸成していくのは、なかなか困難だ。やはり日本で安楽死容認は難しい」（三五四頁）と述べたように、筆者も日本での制度化はかなり厳しいと考えている。おそらく制度が始まれば、末期の人々は、「世間体」や「社会の目」を気にして死ぬことになるだろう。さらにはそれを内面化した家族などの顔色を窺って死ぬことになるだろう。コロナ禍で自粛要請に過剰適応し、増税に次ぐ増税にも忍従する国民性を見れば明らかだが、経済的合理性というファクターも今や無意識にまで及んでいる。「お金がかかる」「迷惑がかかる」「医療費を無駄に費やすのは恥」といった自発的な〝口減らし〟としての安楽死の横行は避けられないだろう。個人の判断に委ねられるといえば、聞こえはいいが、日本ではおおむね「世間」と「家族」が共犯的に事実上の意思決定を担うことになるのである。現状は、リヴィング・ウィル（書面による生前の意思表示）などがまだ一般的ではなく、宮下が記述したような海外の「安楽死」の実情もほとんど知られておらず、日本における「尊厳死」との違い[*9]も正確に理解されていない状態にある。仮に導入を検討するにしても、法律以前に死生観に関わる問題であるため、相当長期間、国民的な議論が必要であり、本書で取り上げた緩和ケアの実情も踏まえなければならない。残念ながら答えは「解禁」とか「強制」という切れ味のいい言葉の対極にある。

「この世に生まれた者は健康な人々の王国と病める人々の王国と、その両方の住民となる」――これは作家のスーザン・ソンタグが『隠喩としての病い』(富山太佳夫訳、みすず書房、五頁)の冒頭に掲げた上手い例えだが、わたしたちは遅かれ早かれ、「病める人々」の一員となる。

けれども驚いたことに、わたしたちの多くは、自らが年老いて庇護される立場になることを想定していない。これは老化への反動であるアンチエイジングブームの深層にある時間感覚の欠如とでも評すべきものである。「時間」とは何か? それは生成と消滅の不可逆性のことであり、誰一人この制約からは逃れられない。しかしながら、わたしたちはしばしば重大な決定をする際に「健康な人々の王国」にいるだけではなく「時間の外」に自らを置いているのだ。衰えたり、病んだり、死んだりしない社会的な存在として物事を捉え、何がしかの判断を下すのである。流動的な生を超時間的な尺度によって固定化しようとする厄介な思考である。ほとんどすべての現役世代が確実に介護の必要な高齢者(あるいは障害者)、つまりは「弱者」の仲間入りをするにもかかわらず、「生産年齢人口」という永遠の楽園でわが世の春を謳歌するつもりでいるのだ。

今のわたしたちが漠然と信仰しているのは、経済的合理性に基づく生産性という指標である。これが何の役に立つのか、これに何の価値があるのか、といった物言いで、物品やサービス、仕事、人間関係、果ては余暇の内容をも吟味《ぎんみ》する。第七章で詳しく述べたように、人生の全方位に向けられたこの指標は、すべての人々に「役に立つ者」か「役に立たない者」かの二分法を強いる。これは最終的に自らが「社会のお荷物になっていないか」「益よりも害が多くなっているのではないか」という強迫観念を惹起《じゃっき》することになる。そもそも、生の本質はこのような些末な議論に収まらない不確定な要素、もしくは過剰性にこそあるはずなのだが、わたしたちは人生を徹底したコスト意識によって管理しようと躍起になっている。その結果として、理想的な生（あるいは死）のあり方を盲目的に追求したり、テクノロジーによる死や病の克服という夢想に執着したりしている。

思想家のジャン＝ピエール・デュピュイは、ブラジルで養子を迎えたばかりのカップルから、彼らがたまたまブラジルに滞在していた際に、赤ん坊が捨てられたという情報が耳に入り、自分たちの信念から顔も見ずに養子を決断した話を聞いて感銘を受ける。「それは未規定性と呼んだほうがよい。それは生命にまつわる偶然性だ」と（『カタストロフか生か　コロナ懐疑主義批判』渡名喜庸哲監訳、明石書店、一一三頁）。これはデュピュイが「命の価値は比較することができない」「通約不可能性を前提とするということだ」（一一〇頁）と述べていることとつながっている。そして、まったく違う事象を論じているように感じるかもしれないが、哲学者のスラヴォイ・ジジェクがコロナ禍で主張した、「たとえCOVID-19のワクチンが開発されたとしても、今後も感染発生や環境変動に脅かされ続ける〝ヴァイラルワールド〟から逃れられない――ということを受け入れる勇気を持つべきだろう」（『パンデミック2　COVID-19と失われた時』岡崎龍監修・解説／中林敦子訳、Pヴァイン、六一頁）というスタンスと通底するものでもある。要は何がどうなるか分からないという「未規定性」にこそ大いなる可能性が秘められているのだ。前出の記事に登場するHRWの高齢者の権利担当調査員ベサニー・ブラウンは、「高齢者の平等権が無視されれば、それは私たち全員が危機に直面しているということに他ならない」[10]と警告したが、これは物事の一面しか語っていない。平等は不平等と同じく比較や代替の可能性を前提にしているからだ。さらに付け加えると、平等権を人類に限定しているところに危機の真因があることも抜け落ちている。ブッシュミート（食用に供される野生動物の肉）にされる動物たちを含めた生態系全体への眼差しである。[11]今後、わたしたちは、新興感染症の出現をはじめとする気候危機の壊滅的影響という局面において、ますます「未規定性」に対する前向きな応答が求められるようになるだろう。

いずれにしてもラディカルなカテゴリー主義、カテゴリーの絶対化は、ホモ・サピエンスの生来の柔軟性に馴染まない。人口統計学者で人類学者のエマニュエル・トッドは、人類史を「家族」という視点から解き明かした『我々はどこから来て、今どこにいるのか？　アングロサクソンがなぜ覇権を握ったか』（上）（堀茂樹訳、文藝春秋）で、核家族システムの原初的要素の一つに「柔軟性」を挙げ、「原初におけるホモ・サピエンスという種は、考え得るさまざまな形を生み出す正真正銘の道具箱」（一五一頁）だったと述べている。

この柔軟性には、若いカップルが彼らの両親と一時的に同居する可能性のみならず、独りになった老人たちを彼らの子供たちが引き取ること、あるいは、食料が不足する場合にはその老人たちを切り捨てることも含まれる。柔軟性は、同じ理由で子殺しも可能にする。一夫多妻、一妻多夫、離婚、そして本書のさらに先の方で見るように同性愛をも許容する。ホモ・サピエンスはきわめて自由だったのだ。(一五〇頁)

わたしたちの種としての基底にある柔軟性は常に両義的である。

このような現代社会にとっては野放図にも思える側面は、わたしたちがあまりにも制度やシステムに依存的になり、考えないようにしてきた領域でもある。そこでは、おのおのの線引きは便宜的なもので、機転や即興こそが重視される。自ら命を絶つことはいかなる場合に許容されるか、人になるのは受精の瞬間からか心拍が確認できた段階からか、経口摂取できなくなった高齢者をどうすればいいのか……。

人生を覆うジレンマを自動的に片付けてくれる魔法の杖[*12]を欲望する人々には、この柔軟性こそが人類の生存戦略における恵みでもあった事実が見えていないのである。もちろん、わたしたちはなべて死すべき定めにあるので、究極的には柔軟性に活路を求めざるを得ない。途方もない飛躍に聞こえるかもしれないが、ここには小惑星の衝突や破局噴火、太陽の膨張を免れたとしても、人類そのものがやがて滅び去る運命にあることも含まれている。小説家のパオロ・ジョルダーノが『コロナの時代の僕ら』(飯田亮介訳、早川書房)で述べた至言、「僕らは自然に対して自分たちの時間を押しつけることに慣れており、その逆には慣れていない」(二〇頁)は、ありとあらゆる次元において貫かれている警句だといえる。

そもそも、わたしたちは思うように生きられないのと同じく、思うように死ぬことなどできないのだ。

◉注

第一章　なぜ死はバッドニュースなのか

＊1　『ファイナル・デスティネーション』シリーズにおける特殊効果が作り出す死のリアリティは、インターネットでの動画配信がローコストで行なえるようになり、実際の死体や事故の瞬間などがアーカイヴとして集約され、手軽に閲覧できるようになった環境が直に反映されたものだ。事実、死体の造形に関しては、「Rotten.com」（一九九六〜二〇一七年）や、「LiveLeak」に統合された「Ogrish.com」（二〇〇〇〜〇六年）などのショックサイトに投稿された画像などを参考にしていることが容易に見て取れる。ちなみに「LiveLeak」は二〇二一年にサービスを終了し、過激なコンテンツを禁止した「ItemFix」にリダイレクトされるようになっている。

＊2　統計数理研究所が、一九五三年から五年ごとに実施している社会調査「日本人の国民性調査」（二〇一三年）によると、「あなたは『あの世』というものを、信じていますか？」という設問に対し、「信じてはいない」が三三％、「どちらともきめかねる」が一九％で、懐疑を含めると否定的な回答は五二％を占めた。「信じる」は四〇％だった<https://www.ism.ac.jp/kokuminsei/table/data/html/ss3/3_5/3_5_all.htm>

　国際比較調査グループ、ISSP（International Social Survey Programme）の調査（二〇〇八年）では、「死後の世界」について「絶対にある」（八・三％）と「たぶんあると思う」（三五・三％）が合わせて約四四％、「たぶんないと思う」（二二・八％）と「決してない」（八・七％）が合わせて約三一％、「わからない、無回答」は二六％だった<https://www.nhk.or.jp/bunken/summary/research/report/2009_05/090505.pdf>

＊3　経済産業省委託事業・三菱UFJリサーチ&コンサルティング／安心と信頼のある「ライフエンディング・ステージ」の創出に向けた調査研究事業報告書／二〇一二（平成二四）年三月二九日<http://www.meti.

go.jp/meti_lib/report/2012fy/E002295.pdf>（二〇一七年確認済み、現在リンク切れ）

＊4 『ファイナル・デスティネーション』シリーズの三作目『ファイナル・デッドコースター』（二〇〇六年、米国、監督：ジェームズ・ウォン）。

＊5 ウルリヒ・ベックがチェルノブイリ原発事故直後の一九八六年に出版した『危険社会 新しい近代への道』（東廉・伊藤美登里訳、法政大学出版局）で提唱した概念。ベックは、「近代が発展するにつれ富の社会的生産と平行して危険が社会的に生産されるようになる。貧困社会においては富の分配問題とそれをめぐる争いが存在した。危険社会ではこれに加えて次のような問題とそれをめぐる争いが発生する。つまり科学技術が危険を造り出してしまうという危険の生産の問題、そのような危険に該当するのは何かという危険の定義の問題、そしてこの危険がどのように分配されているかという危険の分配の問題である」（二三頁）と述べた。「産業システムの内部に組み込まれた第二の自然がもたらす脅威に対しては、われわれはほとんど無防備である」（四～五頁）とし、「危険が今までとは異なった形で強制的に割り当てられることとなったのであり、いわば一種の「文明社会の宿命としての危険状況」が生じている」（五九頁）と主張した。

＊6 〝米、タカタ製エアバッグで今年5人目の死者 所有者に修理要請〟ロイター（二〇二二年一二月二〇日）<https://jp.reuters.com/article/stellantis-air-bag-idJPKBN2T31KW>

＊7 〝米当局、2001–03年型の一部ホンダ車「安全でない」と注意喚起〟ニューズウィーク日本版（二〇一六年七月一日）<https://www.newsweekjapan.jp/headlines/business/2016/07/172937.php>

第二章 ポスト無葬時代の不安な「わたし」

＊1 土肥義則「NHK記者が語る、〝無縁社会〟の正体〟」ITmedia ビジネスオンライン（二〇一一年三月一〇日）<https://www.itmedia.co.jp/makoto/articles/1103/10/news030.html>

＊2 〝おくりびと：「納棺夫日記」との違いは？ なぜ原作ではない？（3止）「納棺夫日記」著者・青木さんに聞く〟毎日新聞（二〇〇九年三月二日）<http://mainichi.jp/enta/cinema/news/20090302mog00m200035000c.html>（二〇一七年確認済み、現在リンク切れ）

*3 〝すがも平和霊苑のご紹介〟 <https://www.haka.co.jp/1reien.php>

*4 特定非営利活動法人りすシステム「りす倶楽部」二〇一六年九・一〇月合併号第二四六号 <https://www.seizenkeiyaku.org/wp-content/uploads/2017/05/246.pdf>

〝孤立死 ひとごとじゃない〟朝日新聞（星野哲）（二〇一〇年四月二日）<http://www.asahi.com/jinmyakuki/TKY201004020234.html>

*5 小谷みどり「墓の現代的課題」㈱第一生命経済研究所『Life Design Report』（二〇一六年四月一日）<https://www.dlri.co.jp/pdf/ld/2016/rp1604a.pdf>

*6 ベストセラーとなっている代表的な著作としては、五木寛之『孤独のすすめ 人生後半の生き方』（中公新書ラクレ、二〇一七年）や、下重暁子『極上の孤独』（幻冬舎新書、二〇一八年）などがある。

*7 廣渡健司「孤立死のリスクと向き合う 平成二二年度老人保健健康増進等事業「セルフ・ネグレクトと孤立死に関する実態把握と地域支援のあり方に関する調査研究報告書」から」ニッセイ基礎研究所（二〇一一年五月二五日）<http://www.nli-research.co.jp/files/topics/39250_ext_18_0.pdf?site=nli>

*8 斉藤雅茂・岸恵美子・野村祥平「高齢者のセルフ・ネグレクト事例の類型化と孤立死との関連——地域包括支援センターへの全国調査の二次分析」一般財団法人厚生労働統計協会『厚生の指標』第六三巻第三号（二〇一六年三月）<https://www.hws-kyokai.or.jp/images/ronbun/all/201603-01.pdf>

*9 〝増加する「献体登録」 火葬・墓代…経済的理由も要因〟産経新聞（二〇一六年二月二六日）<https://www.sankei.com/article/20160226-YY4HPPK6ABJIVPWEUODIB7LL2M/>

*10 〝『「終活」をする意向が最も高いのは30代。実際に始めたい年齢は「60代」がトップ』 終活に関する調査〟楽天インサイト（二〇一九年五月二七日）<https://insight.rakuten.co.jp/report/20190527/>

小谷みどり「葬送に対する意識」㈱第一生命経済研究所『Life Design Report』（二〇〇七年一一月一日）<https://www.dlri.co.jp/pdf/ld/01-14/notes0711a.pdf>

*11 〝公営の「合葬墓」、大都市圏で急増 生前予約が殺到〟朝日新聞（室矢英樹）（二〇一九年一月一四日）<https://www.asahi.com/articles/ASM1F61QDM1FPTIL01C.html>

*12 〝秋田市の「合葬墓」年明け再募集　「人気で増設」一転、需要は「家」から「個人」へ〟産経新聞（八並朋昌）（二〇一九年一一月一八日／）<https://www.sankei.com/article/20191118-5BFRBQNIHZKVJGWAZBTQ56YYFM/>

*13 「35歳から79歳までの全国の男女６００名に聞いた『お墓のゆくえ――継承問題と新しいお墓のあり方』」㈱第一生命経済研究所（二〇一〇年七月）で、「先祖」とは誰かと尋ねたところ、自分の家系の初代または初代以降すべてと回答する者が半数に上った。㈱第一生命保険株式会社 "News Release" <https://www.dlri.co.jp/pdf/ld/01-14/news1007.pdf>

*14 佐久間裕美子「死を民主化せよ：コロンビア大学院建築学部「デスラボ」の挑戦」WIRED（二〇一四年一二月二八日）<https://wired.jp/2014/12/28/deathlab-vol14/>

*15 同前。

*16 梅原明彦・沼田宗純・目黒公郎「効率的かつ遺族心理にも配慮した巨大災害時の遺体処理業務プロセスの提案」東京大学生産技術研究所『生産研究』六六巻四号（二〇一四）<https://www.jstage.jst.go.jp/article/seisankenkyu/66/4/66_393/_pdf>

*17 二〇一七年九月一四日に東京都内で行なった筆者によるインタビュー。

*18 黒沢眞里子「19世紀アメリカにおける「田園墓地」運動――アメリカの「聖地」の創造」アメリカ学会『アメリカ研究』第三二号（一九九八年三月）一四五～六一頁<https://www.jstage.jst.go.jp/article/americanreview1967/1998/32/1998_32_145/_pdf/-char/ja>

*19 小谷みどり「「死の社会化」への提言」㈱第一生命経済研究所『Life Design Report』（二〇一八年四月一日）<https://www.dlri.co.jp/pdf/ld/2018/rp1804a.pdf>

*20 同前。

第三章　生きている死体と向き合う

*1 井上智紀・廣渡健司・山梨恵子「セルフ・ネグレクトと孤立死に関する実態把握と地域支援のあり方に関する調査研究報告書」（平成二二年度老人保健健康増進等事業）ニッセイ基礎研究所（二〇一一年四月二一日）

<https://www.nli-research.co.jp/report/detail/id=39199?site=nli>

＊2　二〇一七年四月二二日に東京都内で行なった筆者によるインタビュー。

＊3　二〇一八年一〇月七日に東京都内で行なった筆者によるインタビュー。

＊4　YouTubeなどの動画投稿サイトで「ศพ（タイ語で死体の意）」と入力して検索すると、現地の人々によって撮影された火葬シーンをいくつか視聴することができる。

＊5　二〇一七年九月二二日に東京都内で行なった筆者によるインタビュー。

＊6　鵜飼秀徳「「死者のホテル」が繁盛する時代」日経ビジネス（二〇一六年一一月二日）<https://business.nikkeibp.co.jp/atcl/book/16/102400002/102800005/>

＊7　一般社団法人日本遺体衛生保全協会（ＩＦＳＡ）「エンバーミングの法的解釈」<http://www.embalming.jp/embalming/interpretation/>

＊8　厚生労働省「健康のため水を飲もう」推進運動 <https://www.mhlw.go.jp/stf/seisakunitsuite/bunya/topics/bukyoku/kenkou/suido/nomou/index.html>

＊9　アルゴダンザ・ジャパン「遺骨からダイヤモンド。魂に重さはありますか?」<http://www.algordanza.co.jp/>

＊10　Forbes JAPAN 編集部「素粒子物理学者 村山斉「人々はアイデアを生み出すために食事をする」」#Forbes2050 Forbes JAPAN（二〇一八年一一月七日）<https://forbesjapan.com/articles/detail/23766>

＊11　西尾治「ノロウイルスによる食中毒はなぜ無くならないのか」一般財団法人食品分析開発センター SUNATEC（二〇一二年一〇月発行）<http://www.mac.or.jp/mail/121001/01.shtml>

＊12　遺骨サポート サライ <http://www.serai.co.jp/>

＊13　二〇一七年一〇月四日に東京都内で行なった筆者によるインタビュー。

第四章　来世（アフターライフ）を夢みながら

＊1　〝「天国も死後の世界もない」、英物理学者ホーキング氏が断言〟ロイター（二〇一一年五月一七日）<https://jp.reuters.com/article/idJPJAPAN-21136220110517>

＊2　ドキュメンタリーチャンネル、ナショナル ジオグラフィック（TV）の番組『死と意識の謎』（原題 Return From The Dead <https://natgeo.nikkeibp.co.jp/atcl/tv/18/030500040/>

＊3　Pierre Bourdin, Itxaso Barberia, Ramon Oliva, Mel Slater, “A Virtual Out-of-Body Experience Reduces Fear of Death” PLOS ONE, January 9, 2017 <https://journals.plos.org/plosone/article?id=10.1371/journal.pone.0169343>

＊4　Caren Chesler, “AI's new frontier: Connecting grieving loved ones with the deceased” *The Washington Post*, November 12, 2022.

＊5　〝人類は永遠の夢「不死」をデジタルで手に入れるのか〟（Courtney Humphries, “Digital immortality: How your life's data means a version of you could live forever”）MITテクノロジーレビュー［日本版］二〇一八年一〇月二三日 <https://www.technologyreview.jp/s/108830/digital-immortality-how-your-lifes-data-means-a-version-of-you-could-live-forever/>

＊6　Maxwell Strachan, “Metaverse Company to Offer Immortality Through ‘Live Forever’ Mode” VICE, April 13, 2022 <https://www.vice.com/en/article/pkp47y/metaverse-company-to-offer-immortality-through-live-forever-mode>

＊7　〝オルツ、人格生成プラットフォーム「CLONEdev」のα版をリリース〟PR TIMES（二〇二二年五月一三日）<https://prtimes.jp/main/html/rd/p/000000034.000111359.html>

＊8　＊6と同じ。

＊9　なすはたらき。作用。また、人間のなす行為。身体の動作、口でいうことば、心に意思する考えすべてを総称する。行為の残す潜在的な余力という意味もある（中村元『仏教語大辞典』東京書籍）。

＊10　〝映画ナビ最新ニュース：『エンター・ザ・ボイド』ギャスパー・ノエ監督インタビュー <http://eiganavi.entermeitele.net/.s/news/2010/05/post-bd30.html>（二〇一六年確認済み、現在リンク切れ）

第五章　「恐怖管理」に至る病

＊1　〝新型肺炎で世界に「反中感情」広がる、入店拒否やネット誹謗も〟ロイター（二〇二〇年一月三〇日）<https://jp.reuters.com/article/virus-china-sentiment-idJPKBN1ZU03X>

＊2　〝「まるでアジア系全員が保菌者扱い」新型肺炎で人種差別相次ぐ、欧州〟AFPBB News（二〇二〇年一月三一日）<https://www.afpbb.com/articles/-/3266066>

＊3　〝「火を付けるぞ」営業の飲食店脅した疑い　豊島区職員を逮捕〟ＮＨＫ（二〇二〇年五月二二日）<https://www3.nhk.or.jp/news/html/20200522/k10012441681000.html>

＊4　賀茂美則（ルイジアナ州立大学社会学部長／米在住）「「自粛警察」の怖さを社会学的に分析する」時事ドットコム（二〇二〇年四月八日）<https://www.jiji.com/jc/v4?id=202008jsks0001>

＊5　Beth Mole「がんの代替治療は、5年以内の死亡率が標準治療の「最大5.7倍」だった：研究結果」［翻訳：Mayumi Hirai / GALILEO］WIRED（二〇一七年八月三一日）<https://wired.jp/2017/08/31/alternative-medicines-toll-on-cancer-patients-death-rate-up-to-5x-higher/>　〝代替療法選んだがん患者、死亡リスク2倍に 米研究〟ＣＮＮ（二〇一七年八月二一日）<https://www.cnn.co.jp/fringe/35106049.html>

＊6　厚生労働省がん研究助成金「我が国におけるがんの代替療法に関する研究」班、主任研究者：兵頭一之介「我が国におけるがんの代替療法に関する研究」<https://www.ncc.go.jp/archive/kaihatsu/mhlw-cancer-grant/2004/keikaku/13-20.pdf>

＊7　桂星子「太宰治も現代に復活「異世界転生」小説が開く新境地」『日本経済新聞』夕刊（二〇一八年一一月一三日付）「出版科学研究所の調べによると「異世界」や「転生」がタイトルに含まれる新刊書籍点数は２０１４年に１２８点だった。１７年は４９０点に上り、3年で4倍に増えている。タイトルにこれらの言葉を含まないものもあるので、実際はもっと多いと考えられる」NIKKEI STYLE（二〇一八年一一月一五日）<https://style.nikkei.com/article/DGXKZO37646880S8A111C1BE0P00/>

第六章　「救済の手段」としての自殺

＊1　Dennis Cauchon and Martha Moore, “Desperation forced a horrific decision” USA TODAY, September 2, 2002 <https://usatoday30.usatoday.com/news/sept11/2002-09-02-jumper_x.htm>

＊2　宇田薫「安楽死が認められている国はどこ?」SWI swissinfo.ch（二〇二三年一月三一日）<https://www.

swissinfo.ch/jpn/society/%E5%AE%89%E6%A5%BD%E6%AD%BB%E3%81%8C%E8%AA%8D%E3%82%81%E3%82%89%E3%82%8C%E3%81%A6%E3%81%84%E3%82%8B%E5%9B%BD%E3%81%AF%E3%81%A9%E3%81%93--/47739244>

*3 特定非営利活動法人日本緩和医療学会　緩和医療ガイドライン作成委員会編集『苦痛緩和のための鎮静に関するガイドライン 2010 年版』金原出版株式会社 <https://www.jspm.ne.jp/files/guideline/sedation_2010/sedation2010.pdf>

*4 日本緩和医療学会理事会「苦痛緩和のための鎮静に関するガイドライン　苦痛緩和のための鎮静に関するガイドライン」（二〇〇五年三月）<https://www.jspm.ne.jp/files/guideline/sedation_2005/sedation01.pdf>

*5 自宅で最期まで過ごしたいという終末期患者に対する苦痛緩和のための鎮静についての検討 <http://www.zaitakuiryo-yuumizaidan.com/data/file/data1_20170426051004.pdf>（二〇一七年確認済み、現在リンク切れ）

*6 〝「終末期鎮静は緩和ケアの一環」と確認――日本リビングウイル研究会〟日本医事新報社 Web 医事新報 No. 4914（二〇一八年六月二五日）<https://www.jmedj.co.jp/journal/paper/detail.php?id=10168>

*7 ＊3と同じ。

*8 新城拓也《さよならを言う前に～終末期の医療とケアを語りあう～》「「最期は苦しみますか?」全ての苦痛は緩和できるか（下）」読売新聞ヨミドクター（二〇一七年二月九日）<https://yomidr.yomiuri.co.jp/article/20170126-OYTET50035/>

*9 内閣府「平成二九年版高齢社会白書（概要版）」<https://www8.cao.go.jp/kourei/whitepaper/w-2017/html/gaiyou/s1_2_3.html>

*10 すべての生物は種特有の知覚世界をそれぞれ生きており、自らの知覚によってのみ世界を理解しているという考え。そのため、すべての生物にとって世界は客観的な環境ではなく、それぞれの生物が主体的に構築しているものと捉える（ユクスキュル／クリサート『生物から見た世界』日高敏隆・羽田節子訳、岩波文庫、参照）。

*11 〝～この人の話を聞きたい～　その9：橋の上で自殺をしようとする人にカメラを向け続けた　エリック・ス

ティール〃シネマトゥデイ（アーカイブ）<https://web.archive.org/web/20090201191636/http://cinematoday.jp/page/A0001216>

第七章　ゾンビはわたしたちとともにある

＊1　クロード・レヴィ＝ストロース「われらみな食人種（カニバル）」泉克典訳（岩波書店編『思想』二〇〇八年一二月号 no.1016〈クロード・レヴィ＝ストロース　生誕100年を祝して〉所収）岩波書店、二〇〇八年、二五四頁。

＊2　Roger Ebert, “Reviews Dawn of the Dead, May 04, 1979” rogerebert.com <https://www-rogerebert-com.translate.goog/reviews/dawn-of-the-dead-1979?_x_tr_sl=en&_x_tr_tl=ja&_x_tr_hl=ja&_x_tr_pto=sc>

＊3　M. Jeffrey Hardwick, *Mall Maker: Victor Gruen, Architect of an American Dream*. University of Pennsylvania Press, 2003, pp. 143–44.

＊4　映画.com 速報〝ゾンビ映画の父ジョージ・A・ロメロ、「ゾンビが走るのは解せないよ（笑）」〟映画.com（二〇〇八年一一月一四日）<https://eiga.com/news/20081114/4/>

＊5　フロントロウ編集部〝『28日後…』はゾンビ映画か否か論争、脚本家がついに意見！〟フロントロウ（二〇二三年四月二三日）<https://front-row.jp/_ct/17535724>

＊6　Angela Watercutter「AIで動くゾンビの群衆：映画『ワールド・ウォーZ』CGメイキング動画」［翻訳 Wataru Nakamura］WIRED（二〇一三年七月一五日）<https://wired.jp/2013/07/15/wwz-digital-zombies/>

＊7　ウィンストン・スミスは「誰もが胸と腹と筋肉のなかにいつの日か世界を転覆させる力を蓄えつつあるのだ。希望があるとするなら、それはプロールたちのなかにある！」と確信する。

＊8　一般社団法人日本移植学会「2022臓器移植ファクトブック」（執筆：野尻佳代）<http://www.asas.or.jp/jst/pdf/factbook/factbook2022.pdf>

＊9　〝アルコール依存症に苦しんだ40代男性が安楽死 オランダ〟AFPBB News (Jo Biddle)（二〇一六年一一月二日）<https://www.afpbb.com/articles/-/3109919>

＊10 〝欧州で「死ぬ権利」拡大か、安楽死めぐる議論再燃〟ロイター（二〇一二年六月一三日）<https://jp.reuters.com/article/tk0827200-swiss-assisted-suicide-idJPTYE85C04L20120613>

＊11 児玉真美「安楽死や自殺幇助が合法化された国々で起こっていること」SYNODOS（二〇一二年一〇月一日）<https://synodos.jp/society/1070/2>

第八章 永遠に生きることの憂鬱？

＊1 二〇〇四年一〇月二九日に開催された立命館大学文学部人文学科開設記念講演会のタイトル。荒川修作の講演テーマは「生命・環境から人間と建築を考える」。

＊2 Mary Pilon「全身２２００万円でできる 人体冷凍保存の最前線」VICE（二〇一五年二月一七日）<https://jp.vice.com/lifestyle/would-you-pay-dollar80000-to-freeze-your-head-if-it-meant-you-had-a-second-shot-at-life>

＊3 同前。

＊4 〝永遠の命を手に入れられる場所、ロシアの人体冷凍保存施設〟AFPBB News (Alissa de Carbonnel)（二〇一〇年七月二日）<https://www.afpbb.com/articles/-/2738784?>

＊5 太田啓之「アンチエイジングのスタートアップ、西海岸で急増 不老不死の時代は近づいたか」朝日新聞GLOBE+（二〇一八年一〇月一〇日）<https://globe.asahi.com/article/11862297>

＊6 Kristen Philipkoski「著名発明家のカーツワイル氏、自身の冷凍保存による延命を計画（上）」[日本語版：矢倉美登里／高森郁哉] WIRED（二〇〇二年一一月二一日）<https://wired.jp/2002/11/21/%e8%91%97%e5%90%8d%e7%99%ba%e6%98%8e%e5%ae%b6%e3%81%ae%e3%82%ab%e3%83%bc%e3%83%84%e3%83%af%e3%82%a4%e3%83%ab%e6%b0%8f%e3%80%81%e8%87%aa%e8%ba%ab%e3%81%ae%e5%86%b7%e5%87%8d%e4%bf%9d%e5%ad%98%e3%81%ab/>

＊7 Liat Clark「人間が１２５歳を超えることは（ほぼ）不可能：研究結果」[翻訳：Minori Yagura / GALILEO] WIRED（二〇一六年一〇月八日）<https://wired.jp/2016/10/08/never-beyond-125/>

＊8 〝１０４歳のオーストラリア人科学者、自ら命を絶つため来月スイスへ〟AFPBB News（二〇一八年四月

三〇日）〈https://www.afpbb.com/articles/-/3173106?〉

＊9　″104歳科学者、10日に安楽死へ　「死を歓迎」の心境語る″ＣＮＮ（二〇一八年五月九日）〈https://www.cnn.co.jp/world/35118875.html〉

＊10　同前記事〈https://www.cnn.co.jp/world/35118875-2.html〉

＊11　″102歳、スカイダイビング　先立った娘への思いを胸に″朝日新聞デジタル（小暮哲夫）（二〇一八年一二月一一日）〈https://www.asahi.com/articles/ASLDB4TGBLDBUHBI01W.html〉

＊12　金融広報中央委員会の「家計の金融行動に関する世論調査［総世帯］（令和三年以降）」によると、貯金なしが二五・八％、貯金があっても金額が一〇〇万円未満は全体の約一割になっている。明治安田生命保険が行なった「家計に関するアンケート調査」では、「0円」が一九・四％と最も高かった。明治安田生命保険相互会社「家計」に関するアンケート調査（二〇一九年四月二五日）〈https://www.meijiyasuda.co.jp/profile/news/release/2019/pdf/20190425_01.pdf〉

＊13　緩和ケア普及のための地域プロジェクト（厚生労働省科学研究　がん対策のための戦略研究）「これからの過ごし方について」〈http://gankanwa.umin.jp/pdf/mitori01.pdf〉

＊14　二〇一七年一一月九日に筆者が東京都内で行なったインタビュー。

＊15　鷲澤尚宏「人工的水分・栄養補給法（artificial hydration and nutrition；AHN）とはなにか」『日本静脈経腸栄養学会雑誌』第三一巻六号（二〇一六年）〈https://www.jstage.jst.go.jp/article/jspen/31/6/31_1221/_pdf/-char/ja〉

＊16　一般社団法人日本透析医学会「日本透析医学会ステートメント」［令和元（二〇一九）年五月三一日］〈https://www.jsdt.or.jp/info/2565.html〉

エピローグ　柔軟性こそが恵みとなる

＊1　二〇二一年一二月一七日に放送されたインターネットテレビ局ABEMAのニュースチャンネル、AbemaNewsで人気の報道番組「ABEMA Prime」（アベマプライム、略称アベプラ）における発言。番組のタイトルは「少

子化ってダメなこと？　人口減少で60代が労働力の中心に？　ひろゆき×成田悠輔」だった <https://abema.tv/video/episode/89-66_s99_p3390?utm_medium=social&utm_source=youtube&utm_campaign=official_yt_abemaprime_20211219111_ap_free_episode_89-66_s99_p3390>

＊2　パーソル総合研究所「労働市場の未来推計２０３０」（公開日：二〇一八年二月二一日）<https://rc.persol-group.co.jp/thinktank/spe/roudou2030/>

＊3　二〇一九年二月九日に行なわれたグロービス主催の「G1サミット２０１９」の社会保障改革に関するパネルディスカッション（第3部分科会H「安倍政権の残された聖域～社会保障制度改革は進むのか～」）での発言。タイトルは「『社会保障改革』は実現できるか～小黒一正×成田悠輔×古川俊治×村井英樹×武田洋子」。江戸時代の武士の修養書である『葉隠《はがくれ》』（『葉隠聞書《ききがき》』）の「武士道と云うは死ぬ事と見付けたり」という一節を引き、高齢化し老害化しないために「集団自決みたいなことをするのがいいんじゃないか。特に集団切腹みたいなものがするのがいいんじゃないか」と問題提起した <https://globis.jp/article/7030>（二〇一九年六月一〇日／更新日二〇二三年二月二一日）<https://youtu.be/OkIIuRGqn_o>

＊4　同前。成田は、『葉隠』の話をする前段で、「僕の親は、早くに破産して今障害者になっていて、毎日『死にたい』『死にたい』っていうメッセージを送ってくるような社会保険にズブズブにお世話になっている人間なんですが、僕にとっての社会保障のイメージっていうのは、そういう感じです。なので、できれば避けて通りたい」などと語っている。

＊5　老人ホーム検索サイト「みんなの介護」に掲載されたインタビューでの発言。「〝切腹〟や〝自決〟は議論のためのメタファーで、肉体的なものだけでなく、社会的・文化的なものも含めた色々な形があり得ます。具体像にはグラデーションがあり、大きくわけて3つのレイヤーがあり得ると思っています」と説明。そのグラデーションは大きく3つのレイヤーがあり得ると解説した。「一番過激でラディカルなものは、三島由紀夫がやったような文字通りの切腹」「もうちょっとラディカルさを抑えたレイヤーでは、例えば尊厳死の解禁や一定以上の延命措置への保険適用を見直すことなど」「一番穏健なレイヤーは世代交代〔……〕例えば一定以上の年齢になったら選挙権や被選挙権を返上する」を挙げている〔「賢人論。」第一五九回【前編】

／成田悠輔「私が〝言ってはいけない〟ことを言う理由」みんなの介護（二〇二二年二月二八日）」<https://www.minnanokaigo.com/news/special/yusukenarita/>

＊6　〝新型コロナウイルス感染症の対応　高齢者の人権侵害も〟ヒューマン・ライツ・ウォッチ（二〇二〇年四月七日）<https://www.hrw.org/ja/news/2020/04/07/340469>

＊7　ジャレド・ダイアモンドは、高齢者の殺害や遺棄が実行されていた社会について、「そのような行為以外に選択肢がなかった」点を強調した上で、「余剰食糧と医療保障がある社会で生きるわれわれは幸運なだけなのである。自分が犠牲者や高齢者自殺の幇助者、殺害者になったりするという、辛い思いをせずにいられるだけ幸運なのである」（『昨日までの世界　文明の源流と人類の未来〈上〉』倉骨彰訳、日経ビジネス人文庫）と述べた。ダイアモンドも若干言及しているが、その場合、コミュニティにおける世界観の共有や関係性の密度が影の主役となる。しかもそれは一律になされるものではなく、ケース・バイ・ケースがほとんどである。

＊8　二〇二二年一月一七日に放送された経済メディアNewsPicksの動画での発言。内容は堀江貴文のYouTubeチャンネルで確認できる。「【成田悠輔×堀江貴文】高齢者は老害化する前に集団切腹すればいい？成田氏の衝撃発言の真意とは」<https://www.youtube.com/watch?v=7vorlkYheFw&t=490s>

＊9　この場合の安楽死は、第六章で扱った自殺幇助や積極的安楽死のこと、尊厳死は延命治療の停止＝消極的安楽死を指している。

＊10　＊6と同じ。

＊11　霊長類学者のジェーン・グドールは、「われわれが自然を無視し、地球を共有すべき動物たちを軽視した結果、パンデミックが発生した。これは何年も前から予想されてきたことだ」と述べた。森林破壊により多くの種の動物たちが近接して生息せざるを得なくなり、その結果、病気が動物から動物へと伝染を繰り返し、最終的に人間に伝染する可能性が高まるとしている（〝コロナパンデミックの原因は「動物の軽視」霊長類学者グドール氏〟AFPBB News (Stéphane Orjollet)（二〇二〇年四月一二日）<https://www.afpbb.com/articles/-/3278221>

＊12　二〇二二年五月一五日に日経テレ東大学のYouTubeチャンネルで公開されたトーク番組『Re:Hack』内で、実業家の「ひろゆき」こと西村博之と成田悠輔が小中学生と討論するコーナーがあった。そこで、「成田さんはよく老人は自害しろとか言ってるじゃないですか。老人は実際退散した方がいいと思うんですけど、そういう時に老人が自動的にいなくなってしまうシステムを作るとしたらどうやって作りますか？」という質問が寄せられた。成田は「結構ありえる未来社会像なんじゃないかなと思ってて、そういう社会を描いた映画があるんですよ、みんな生まれた時にタイマーが埋め込まれていて何十年か経つとそのタイマーが作動して自動的に亡くなるようになっている。皆等しく寿命の上限みたいなものが与えられていて、皆その時間になったら亡くなるというのが身体に埋め込まれているという社会」などと二本の映画を紹介（タイトルは明言していないが、内容紹介から『ミッドサマー』（二〇一九年、米国、監督・脚本：アリ・アスター）と『TIME／タイム』（二〇一一年、米国、監督・脚本：アンドリュー・ニコル）のことと思われる）。その上で、「それがいいのかどうかっていうと、それは難しい問題ですよね。なので、もしいいと思うならそういう社会を作るために頑張ってみるというのも手なんじゃないかと思うんですが」と述べ、そのような過激な発言に伴う脅迫などのリスクがあることについても触れている。

◉参考文献

＊各新聞・論文・ネット記事の出典は、注に記載している。

アタリ、ジャック『命の経済　パンデミック後、新しい世界が始まる』林昌宏・坪子理美訳、プレジデント社、二〇二〇年。

アリエス、フィリップ『死を前にした人間』成瀬駒男訳、みすず書房、一九九〇年［一九九三年］。

――『死と歴史　西欧中世から現代へ』伊藤晃・成瀬駒男訳、みすず書房、二〇二二年。

イーグルトン、テリー『テロリズム　聖なる恐怖』大橋洋一訳、岩波書店、二〇一一年。

ヴィリリオ、ポール『情報化爆弾』丸岡高広訳、産業図書、一九九九年。

ウェイド、ニコラス『宗教を生みだす本能　進化論からみたヒトと信仰』依田卓巳訳、NTT出版、二〇一一年［二〇一二年］。

ウォルター、トニー『いま死の意味とは』堀江宗正訳、岩波書店、二〇二〇年。

エピクロス『エピクロス　教説と手紙』出隆・岩崎允胤訳、岩波文庫、一九五九年［二〇一九年］。

エリアス、ノルベルト『死にゆく者の孤独』中居実訳、法政大学出版局、一九九〇年。

オーウェル、ジョージ『一九八四年〔新訳版〕』高橋和久訳、ハヤカワepi文庫、二〇〇九年［二〇一二年］。

オコネル、マーク『トランスヒューマニズム　人間強化の欲望から不死の夢まで』松浦俊輔訳、作品社、二〇一八年。

ガザニガ、マイケル・S『〈わたし〉はどこにあるのか　ガザニガ脳科学講義』藤井留美訳、紀伊國屋書店、二〇一四年。

カーツワイル、レイ『ポスト・ヒューマン誕生　コンピュータが人類の知性を超えるとき』井上健訳監訳／小野木明恵・野中香方子・福田実共訳、NHK出版、二〇〇七年。

カフカ、フランツ『実存と人生』辻瑆編訳、白水社、一九九六年［二〇〇〇年］。

ガブリエル、マルクス『なぜ世界は存在しないのか』清水一浩訳、講談社選書メチエ、二〇一八年。

カミュ、アルベール『シーシュポスの神話』清水徹訳、新潮文庫、一九六九年［二〇〇九年］。

ガワンデ、アトゥール『死すべき定め　死にゆく人に何ができるか』原井宏明訳、みすず書房、二〇一六年。

ギデンズ、アンソニー『モダニティと自己アイデンティティ　後期近代における自己と社会』秋吉美都・安藤太郎・筒井淳也訳、ハーベスト社、二〇〇五年［二〇二一年］。

キューブラー・ロス、エリザベス『死の瞬間　死にゆく人々との対話』川口正吉訳、読売新聞社、一九七一年［一九八六年］。

ギヨン、クロード／ル・ボニエック、イブ『自殺　もっとも安楽に死ねる方法』五十嵐邦夫訳、徳間書店、一九八三年。

キング、スティーヴン『スタンド・バイ・ミー』山田順子訳、新潮文庫、一九八七年［二〇〇二年］。

グラットン、リンダ／スコット、アンドリュー『LIFE SHIFT（ライフ・シフト）』池村千秋訳、東洋経済新報社、二〇一六年。

ケーガン、シェリー『「死」とは何か　イェール大学で23年連続の人気講義〈完全翻訳版〉』柴田裕之訳、文響社、二〇一九年。

ゴフ、マディソン・リー『死体につく虫が犯人を告げる』垂水雄二、草思社、二〇〇二年。

コーワン、D・E／ブロムリー、D・G『カルトと新宗教　アメリカの8つの集団・運動』村瀬義史訳、キリスト新聞社、二〇一〇年。

サンペドロ、ラモン『海を飛ぶ夢』轟志津香・宮崎真紀・中川紀子訳、アーティストハウスパブリッシャーズ、二〇〇五年。

ジジェク、スラヴォイ『パンデミック2　COVID－19と失われた時』岡崎龍監修・解説／中林敦子訳、Pヴァイン、二〇二一年。

ジャンケレヴィッチ、ヴラジミール著／シュワップ、フランソワーズ編『死とはなにか』原章二訳、青弓社、一九九五年。

ショウペンハウエル『自殺について　他四篇』斎藤信治訳、岩波文庫、一九七九年［一九九五年］。

ジョルダーノ、パオロ『コロナの時代の僕ら』飯田亮介訳、早川書房、二〇二〇年。

スコット－モーガン、ピーター『NEO HUMAN ネオ・ヒューマン　究極の自由を得る未来』藤田美菜子訳、東洋経済新報社、二〇二一年。

セーガン、カール『人はなぜエセ科学に騙されるのか』〈上・下〉青木薫訳、新潮文庫、一九九七年［二〇〇〇年］。

ソロモン、シェルドン／グリーンバーグ、ジェフ／ピジンスキー、トム『なぜ保守化し、感情的な選択をしてしまうのか　人間の心の芯に巣くう虫』大田直子訳、インターシフト、二〇一七年。

ソンタグ、スーザン『隠喩としての病い』富山太佳夫訳、みすず書房、一九八二年。

ダイアモンド、ジャレド『昨日までの世界　文明の源流と人類の未来』〈上・下〉倉骨彰訳、日経ビジネス人文庫、二〇一七年［日本経済新聞出版社、二〇一三年 Kindle 版］。

――『危機と人類』〈上・下〉小川敏子・川上純子訳、日本経済新聞出版社、二〇一九年［日経ビジネス人文庫、二〇二〇年］。

チェスタトン、G・K『正統とは何か〈新装版〉』安西徹雄訳、春秋社、二〇〇九年。

デネット、ダニエル・C『心はどこにあるのか』土屋俊訳、草思社、一九九七年［ちくま学芸文庫、二〇一六年］。

デュピュイ、ジャン＝ピエール『カタストロフか生か　コロナ懐疑主義批判』渡名喜庸哲監訳、明石書店、二〇二三年。

トッド、エマニュエル『我々はどこから来て、今どこにいるのか？ アングロサクソンがなぜ覇権を握ったか』〈上・下〉堀茂樹訳、文藝春秋、二〇二二年。

ネルソン、ケヴィン『死と神秘と夢のボーダーランド　死ぬとき、脳はなにを感じるか』小松淳子訳、インターシフト、二〇一三年。

バウマン、ジグムント『リキッド・モダニティ　液状化する社会』森田典正訳、大月書店、二〇〇一年［二〇一八年］。

――『廃棄された生　モダニティとその追放者』中島道男訳、昭和堂、二〇〇七年。

――『リキッド・ライフ　現代における生の諸相』長谷川啓介訳、大月書店、二〇〇八年。

――『液状不安』澤井敦訳、青弓社、二〇一二年。

パス、オクタビオ『孤独の迷宮　メキシコの文化と歴史』高山智博・熊谷明子訳、法政大学出版局、一九八二年［一九九〇年］。

ハート、ドナ／サスマン、ロバート・W『ヒトは食べられて進化した』伊藤伸子訳、化学同人、二〇〇七年。

ハラリ、ユヴァル・ノア『ホモ・デウス　テクノロジーとサピエンスの未来』〈上・下〉柴田裕之訳、河出書房新社、二〇一八年。

バーリー、ナイジェル『死のコスモロジー』柴田裕之訳、凱風社、一九九八年。

ブラックモア、スーザン『生と死の境界「臨死体験」を科学する』由布翔子訳、読売新聞社、一九九六年。

フランクル、V・E『それでも人生にイエスと言う』山田邦男・松田美佳訳、春秋社、一九九三年［二〇一二年］。

ブリュル、レヴィ『未開社会の思惟』〈上・下〉山田吉彦訳、岩波文庫、一九五三年［二〇一三年］。

ブレイジャ、クリス『世界史の瞬間』伊藤茂訳、青土社、二〇〇四年。

ヘイグ、マット『トム・ハザードの止まらない時間』大谷真弓訳、早川書房、二〇一八年。

ベッカー、アーネスト『死の拒絶』今防人訳、平凡社、一九八九年。

ベック、ウルリヒ『危険社会　新しい近代への道』東廉・伊藤美登里訳、法政大学出版局、一九九八年［二〇一八年］。

ヘッジズ、クリス『戦争の甘い誘惑』中谷和男訳、河出書房新社、二〇〇三年。

ベラルディ（ビフォ）、フランコ『大量殺人の〝ダークヒーロー〟なぜ若者は、銃乱射や自爆テロに走るのか？』杉村昌昭訳、作品社、二〇一七年。

ベリング、ジェシー『ヒトはなぜ神を信じるのか　信仰する本能』鈴木光太郎訳、化学同人、二〇一二年［二〇一三年］。

ボードリヤール、ジャン『象徴交換と死』今村仁司・塚原史訳、ちくま学芸文庫、一九九二年［二〇〇九年］。

モース、マルセル『贈与論』吉田禎吾・江川純一訳、ちくま学芸文庫、二〇〇九年［二〇一五年］。

モラン、エドガール『人間と死』古田幸男訳、法政大学出版局、一九七三年。

ライト、ロバート『なぜ今、仏教なのか　瞑想・マインドフルネス・悟りの科学』熊谷淳子訳、早川書房、二〇一八年。

ラニアン、ブレント『14歳。焼身自殺日記』小川美紀訳、小学館、二〇〇七年。

ラフルーア、ウィリアム・R『水子〈中絶〉をめぐる日本文化の底流』森下直貴・遠藤幸英・清水邦彦・塚原久美訳、青木書店、二〇〇六年。

リッツア、ジョージ『消費社会の魔術的体系　ディズニーワールドからサイバーモールまで』山本徹夫・坂田恵美訳、明石書店、二〇〇九年。

リンポチェ、ソギャル『チベットの生と死の書』大迫正弘・三浦順子訳、講談社、一九九五年［二〇〇一年］。

レヴィ＝ストロース、クロード「われらみな食人種（カニバル）」泉克典訳（岩波書店編『思想』二〇〇八年一二月号 no.1016〈クロード・レヴィ＝ストロース　生誕100年を祝して〉所収）岩波書店、二〇〇八年。

ワイナー、ジョナサン『寿命1000年　長命科学の最先端』鍛原多惠子訳、早川書房、二〇一二年。

ワイルド、キャレブ『ある葬儀屋の告白』鈴木晶訳、飛鳥新社、二〇一八年。

『原典訳 チベットの死者の書』川崎信定訳、筑摩書房、一九八九年［ちくま学芸文庫、一九九八年］。


青木新門『納棺夫日記　増補改訂版』文春文庫、一九九六年［二〇〇九年］。

――『それからの納棺夫日記』法藏館、二〇一四年。

秋元康『象の背中』扶桑社 BOOKS 文庫、二〇〇七年
安斎育郎『霊はあるか　科学の視点から』講談社、二〇〇二年。

井上治代『墓をめぐる家族論　誰と入るか、誰が守るか』平凡社新書、二〇〇〇年。

井上靖『敦煌』新潮文庫、二〇〇九年。

井之口章次『日本の葬式』ちくま学芸文庫、二〇〇二年。

NHK「無縁社会プロジェクト」取材班編著『無縁社会　〝無縁死〟三万二千人の衝撃』文藝春秋、二〇一〇年。

遠藤周作『深い河（ディープ・リバー）』講談社文庫、一九九六年。

大田俊寛『現代オカルトの根源　霊性進化論の光と闇』ちくま新書、二〇一三年。

梶井基次郎『檸檬』集英社文庫、一九九一年。

黒田日出男『境界の中世 象徴の中世』東京大学出版会、一九八六年［一九八七年］。

近藤麻理恵／スコット・ソネンシェイン『Joy at Work　片づけでときめく働き方を手に入れる』古草秀子訳、河出書房新社、二〇二〇年。

佐藤弘夫『死者のゆくえ』岩田書院、二〇〇八年。

――『死者の花嫁　葬送と追想の列島史』幻戯書房、二〇一五年。

澤井敦『死と死別の社会学　社会理論からの接近』青弓社、二〇〇五年。

島薗進『日本人の死生観を読む　明治武士道から「おくりびと」へ』朝日新聞出版、二〇一二年。

清水幾太郎『流言蜚語』ちくま学芸文庫、二〇一一年。

新村拓『在宅死の時代　近代日本のターミナルケア』法政大学出版局、二〇〇一年。

須原一秀『自死という生き方　覚悟して逝った哲学者』双葉社、二〇〇八年。

高江洲敦『事件現場清掃人が行く』飛鳥新社、二〇一〇年。

立川昭二『江戸人の生と死』ちくま学芸文庫、一九九三年〔一九九七年〕。

田所聖志『秩序の構造　ニューギニア山地民における人間関係の社会人類学』東京大学出版会、二〇一四年。

筒井賢治『グノーシス　古代キリスト教の〈異端思想〉』講談社選書メチエ、二〇〇四年〔二〇一五年〕。

筒井康隆『敵』新潮文庫、二〇〇〇年。

鶴見済『完全自殺マニュアル』太田出版、一九九三年〔一九九六年〕。

戸塚洋二著／立花隆編『がんと闘った科学者の記録』文藝春秋、二〇〇九年。

中村生雄編著『思想の身体　死の巻』春秋社、二〇〇六年。

ナショナルジオグラフィック編集部『ナショナル ジオグラフィック日本版』二〇一六年四月号、日経ナショナルジオグラフィック社、二〇一六年。

波平恵美子『いのちの文化人類学』新潮選書、一九九六年。

――『日本人の死のかたち　伝統儀礼から靖国まで』朝日新聞社、二〇〇四年。

服部洋一著／服部洋一遺稿刊行委員会編『生きられる死　米国ホスピスの実践とそこに埋め込まれた死生観の民族誌』三元社、二〇一八年。

深谷克己『死者のはたらきと江戸時代　遺訓・家訓・辞世』吉川弘文館、二〇一四年。

藤原新也『メメント・モリ〈新装版〉』情報センター出版局、一九九〇年。

布施英利『死体を探せ！　バーチャル・リアリティ時代の死体』法藏館、一九九三年。

辺見庸『自分自身への審問』毎日新聞社、二〇〇六年〔角川文庫、二〇〇九年〕。

――『いまここに在ることの恥』毎日新聞社、二〇〇六年〔角川文庫、二〇一〇年〕。

前野隆司『霊魂や脳科学から解明する 人はなぜ「死ぬのが怖い」のか』講談社+α文庫、二〇一七年。

松田純『安楽死・尊厳死の現在 最終段階の医療と自己決定』中公新書、二〇一八年。

南直哉『なぜこんなに生きにくいのか』講談社インターナショナル、二〇〇八年。

――『語る禅僧』ちくま文庫、二〇一〇年。

宮崎学『アニマルアイズ 動物の目で環境を見る2 死を食べる』偕成社、二〇〇二年。

宮下洋一『安楽死を遂げるまで』小学館、二〇一七年〔小学館文庫、二〇二一年〕。

村上陽一郎『〈死〉の臨床学 超高齢社会における「生と死」』新曜社、二〇一八年。

森謙二『墓と葬送のゆくえ』吉川弘文館、二〇一四年。

森岡正博「まるごと成長しまるごと死んでいく自然の権利――脳死の子どもから見えてくる「生命の哲学」」（第六章）シリーズ生命倫理学編集委員会編『シリーズ生命倫理学第20巻 生命倫理のフロンティア』丸善、二〇一三年。

森田達也『終末期の苦痛がなくならない時、何が選択できるのか？ 苦痛緩和のための鎮静〔セデーション〕』医学書院、二〇一七年。

柳田國男『明治大正史 世相篇〔新装版〕』講談社学術文庫、一九九三年。

山口意友「臓器移植とバイオエシックス」（第五章）篠原駿一郎・波多江忠彦編『生と死の倫理学 よく生きるためのバイオエシックス入門』ナカニシヤ出版、二〇〇二年。

山崎章郎『「在宅ホスピス」という仕組み』新潮選書、二〇一八年。

山本聡美『九相図をよむ 朽ちてゆく死体の美術史』角川選書、二〇一五年。

湯本香樹実『夏の庭 The Friends』新潮文庫、一九九四年〔二〇一二年〕。

養老孟司『日本人の身体観の歴史』法藏館、一九九六年〔二〇〇一年〕。

養老孟司・齋藤磐根『脳と墓Ⅰ ヒトはなぜ埋葬するのか』弘文堂、一九九二年。

養老孟司・森岡正博『対論 脳と生命』ちくま学芸文庫、二〇〇三年。

渡辺博司・齋藤一之『新訂 死体の視かた』東京法令出版、二〇一〇年。

『桜桃の味』劇場パンフレット、ユーロスペース、一九九八年。

◉映像資料

『アイアムアヒーロー』〔二〇一六年〕監督：佐藤信介、一二七分、販売元：エイベックス・ピクチャーズ
『海を飛ぶ夢』〔二〇〇四年、スペイン〕監督：アレハンドロ・アメナーバル、日本語字幕：松浦美奈、一二五分、販売元：ポニーキャニオン
『エンター・ザ・ボイド』〔二〇〇九年、フランス〕監督・脚本：ギャスパー・ノエ、日本語字幕：田中和香子、一四三分、販売元：ハピネット
『桜桃の味』〔一九九七年、イラン〕監督：アッバス・キアロスタミ、日本語字幕：齋藤敦子、九九分、販売元：ブロードウェイ
『おくりびと』〔二〇〇八年〕監督：滝田洋二郎、一三一分、販売元：メディアエイト
『おみおくりの作法』〔二〇一三年、英国・イタリア〕監督・脚本：ウベルト・パゾリーニ監督、日本語字幕：大西公子、九一分、販売元：ポニーキャニオン
『死体解剖医ヤーノシュ　エデンへの道』〔一九九五年、ドイツ〕監督：ロバート・エイドリアン・ペヨ、八六分、販売元：アップリンク
『新感染　ファイナル・エクスプレス』〔二〇一六年、韓国〕監督：ヨン・サンホ、日本語字幕：根本理恵、一一八分、販売元：ツイン
『スタンド・バイ・ミー』〔一九八六年、米国〕監督：ロブ・ライナー、日本語字幕：菊地浩司、八八分、販売元：ソニー・ピクチャーズ エンタテインメント
『潜水服は蝶の夢を見る』〔二〇〇七年、フランス〕監督：ジュリアン・シュナーベル、日本語字幕：松浦美奈、一一二分、販売元：角川映画
『象の背中』〔二〇〇七年、井坂聡監督、一二三分、販売元：ポニーキャニオン

『ゾンビ　ディレクターズカット完全版』〔一九七八年、イタリア・米国〕監督：ジョージ・A・ロメロ、日本語字幕：岡田壮平、一三九分、販売元：アスク講談社
『ゾンビランド』〔二〇〇九年、米国〕監督：ルーベン・フライシャー、日本語字幕：風間稜平、八八分、販売元：ソニー・ピクチャーズ エンタテインメント
『トータル・リコール』〔一九九〇年、米国〕監督：ポール・バーホーベン、日本語字幕：戸田奈津子、一一四分、販売元：パイオニアLDC
『ナイト・オブ・ザ・リビングデッド』〔一九六八年、米国〕監督：ジョージ・A・ロメロ、日本語字幕：岡枝慎二、九六分、販売元：デックスエンタテインメント
『夏の庭　The Friends』〔一九九四年〕監督：相米慎二、一一三分、販売元：オデッサ・エンタテインメント
『7つの贈り物』〔二〇〇八年、米国〕監督：ガブリエレ・ムッチーノ、日本語字幕：桜井裕子、一二三分、販売元：ソニー・ピクチャーズ エンタテインメント
『楢山節考』〔一九八三年〕監督・脚本：今村昌平、一三〇分、販売元：東映
『28日後…』〔二〇〇二年、英国〕監督：ダニー・ボイル、日本語字幕：松浦美奈、一一四分、販売元：20世紀フォックスホームエンタテインメントジャパン
『ハート・ロッカー』〔二〇〇八年、米国〕監督：キャスリン・ビグロー、日本語字幕：菊池浩司、一三一分、販売元：ポニーキャニオン
『ファイナル・デスティネーション』〔二〇〇〇年、米国〕監督：ジェームズ・ウォン、日本語字幕：森泉佳世子、九八分、販売元：ワーナー・ホーム・ビデオ
『フォーリング・マン／9・11　その時、彼らは何を見たか？』〔二〇〇六年、英国〕監督：ヘンリー・シンガー、七六分、販売元：エスピーオー
『ブリッジ』〔二〇〇六年、米国〕監督：エリック・スティール、日本語字幕：石田泰子、九三分、販売元：アミューズソフトエンタテインメント
『ブレインストーム』〔一九八三年、米国〕監督：ダグラス・トランブル、日本語字幕：木原たけし、一〇六分、販売

元：ワーナー・ホーム・ビデオ
『ホワイト・ゾンビ』〔一九三二年、米国〕監督：ヴィクター・ハルペリン、六六分、販売元：フォワード
『ミスト』〔二〇〇七年、米国〕監督・脚本：フランク・ダラボン、日本語字幕：松浦美奈、一二五分、販売元：ポニーキャニオン
『ランド・オブ・ザ・デッド』〔二〇〇五年、カナダ・米国・フランス〕監督：ジョージ・A・ロメロ、日本語字幕：石田泰子、九七分、販売元：ジェネオン・ユニバーサル
『ワールド・ウォーZ』〔二〇一三年、米国・英国〕監督：マーク・フォースター、日本語字幕：松浦美奈、一〇六分、販売元：KADOKAWA

◉著者紹介◉

真鍋 厚（まなべ・あつし） 評論家、著述家。

1979年、奈良県天理市生まれ。大阪芸術大学大学院修士課程修了。

2016年、テロリズムを評論・映画・小説・マンガなどを渉猟しながら考察し、一律に解釈できない多様な正義を読み解いた『テロリスト・ワールド』（現代書館）でデビュー。社会学者の宮台真司氏から激賞される。研究分野は、ネット社会、コミュニティ、宗教、自己啓発、陰謀論、テロなど多岐にわたる。

主な著書に、現代社会に蔓延する排外主義やヘイトなどがどのように形成されてきたかを歴史的過程から掘り起こした『不寛容という不安』（彩流社、2017年）、『山本太郎とN国党 SNSが変える民主主義』（光文社新書、2020年）がある。

2022年、安倍元首相銃撃事件の容疑者について、自身の宗教二世体験を踏まえたエッセイ「山上徹也が夢見た「社会との接点」」（『週刊東洋経済』）を発表した。

現在、ひろゆきブームに象徴される意識低い系自己啓発の興隆と展望を追った『引き算型自己啓発の時代』（仮）を執筆中。東洋経済オンライン（東洋経済新報社）、現代ビジネス（講談社）などのウェブ媒体でも積極的に記事を寄稿している。

共同体《きょうどうたい》なき死《し》——いずれ死《し》にゆく生者《せいじゃ》たちへ

2023年9月25日 初版第1刷発行　　定価はカバーに表示してあります

著　者　**真鍋　厚**
発行者　**河野和憲**

発行所　株式会社　**彩流社**
〒101-0051 東京都千代田区神田神保町3-10 大行ビル6階
電話 03-3234-5931 FAX 03-3234-5932
https://www.sairyusha.co.jp
sairyusha@sairyusha.co.jp
印刷　明和印刷㈱
製本　㈱村上製本所
装幀　ナカグログラフ（黒瀬章夫）

落丁本・乱丁本はお取り替えいたします

ISBN978-4-7791-2927-8 C0036

家族にとってのグリーフケア

978-4-7791-2567-6 C0047(19.03)

医療の現場から考える　坂下ひろこ編著

グリーフケアは、闘病中の患者と家族のための人間的配慮、また手を尽くしてくれた医療行為により、死別後のケアとなっている。子どもを亡くした経験から、遺族と医療者をむすぶ会を主催している著者が、体験者とともに開催した講座の記録。四六判並製　1800円＋税

死別の悲しみを乗り越えるために

978-4-7791-2686-4 C0011(20.06)

体験から学びとること　長田光展著

遺された者たちが新たな道を歩むために。自身も妻を亡くし、日本グリーフ・ケア・センター代表として喪失という悩みを持つ人たちを「支える会」を運営してきた著者による、ボランティア活動で感じたこと、気づいたことを当事者の視線から綴る。四六判並製　1800円＋税

ためらいつつ歩む

978-4-7791-2913-1 C0095(23.07)

「なぜ」と問うパートナーの喪失　山本洋子著

喪失体験の闇の中からの「安らぎ」を求め続けた軌跡。何らかの理由でパートナーや愛する人を亡くし、深い悲しみと悔恨の念に襲われて深淵を彷徨う人たちにとって大きな福音となる書。四六判並製　1800円＋税

空よりも広く

978-4-7791-1767-1 C0098(12.03)

シンディー・マッケンジー／バーバラ・ダナ編

エミリー・ディキンスンの詩に癒やされた人々　大西直樹訳

アメリカを代表する詩人エミリー・ディキンスンの詩に心を救われた人びとのエッセイ。愛する者との死別、心を苛むトラウマ、9・11、航空機事故といった深い悲しみや苦しみ、恐怖のなかで、いかにして人びとは生きる力を取り戻したのか。四六判上製　2800円＋税

2011年123月

978-4-7791-2741-0 C0036(21.03)

3・11 瓦礫の中の闘い　菱田雄介［写真・文］

やってくるのは2012年1月ではなく、2011年13月なのだと考えようと思った……。東日本大震災・原発事故後、葛藤を抱えながらも継続的に向き合い続けた気鋭の写真家が、美しい写真と臨場感あふれる文で綴る10年の記録。Ａ５判並製　2200円＋税

夕霧花園

978-4-7791-2764-9 C0097(23.02)

タン・トゥアンエン著／宮崎一郎訳

天皇の庭師だったアリトモと、日本軍の強制収容所のトラウマを抱えるユンリン。英国統治時代のマラヤ連邦を舞台に、戦争で傷ついた人びとの思いが錯綜する。同名映画原作。マン・ブッカー賞最終候補、マン・アジア文学賞等受賞の名作。四六判上製　3500円＋税

貧困は自己責任か

978-4-7791-7108-6 C0336(23.04)

高沢幸男著

終身雇用制、年功序列型賃金等が崩壊し、それまであった地縁・血縁に社縁も失われた。30年以上、横浜寿町に関わり、困窮者を支え続ける著者が、派遣労働者や社会的孤立など困窮にまつわるあらゆる問題を読み解き、ともに生きるための社会を考える。四六判並製　1600円＋税

地域で社会のつながりをつくり直す 社会的連帯経済

978-4-7791-2798-4 C0036(22.03)

藤井敦史編著

新自由主義による格差拡大が加速し、コロナ禍で若年層や女性たち、非正規雇用の困窮層が急増し、深刻な貧困問題に直面する中、NPO、協同組合、社会的企業など多様な実践が生まれている。分断を乗り越えるための世界と日本の具体的取り組みを論じる。　Ａ５判並製　2500円＋税

どこで、誰と、どう暮らす？

978-4-7791-2465-5 C0036(18.04)

40代から準備する共生の住まいづくり　近山恵子・櫛引順子・佐々木敏子著

年金はもらえるのか、不安定な雇用で大丈夫なのだろうか――将来に明るい見通しを持てない多くの若い世代は高齢期に大きな不安を抱えている。高齢者住宅シリーズを始め、自立と共生のコミュニティ作りを手がける女性３人が、体験と具体的なヒントを語る。Ａ５判並製　1600円＋税

ひきこもりのライフストーリー

978-4-7791-7107-9 C0336(20.04)

保坂 渉著

ひきこもりに至るまで、そしてその状態を抜け出すまでの軌跡を当事者たちが語る。彼らの声に耳を傾けることで、そこに至るまでの理由も現象もステレオタイプでは捉えられないほど多様化していることがわかる。自分の人生を自ら選び取り、主体的に生きていくには。四六判並製　1800円＋税

親をおりる

978-4-7791-2735-9 C0036(21.03)

「ひきこもり」支援の現場から　明石紀久男著

ひきこもり問題のベテラン相談員が、親や相談員に今伝えたいこと。親の立場や役割を手離し、親を降りて、「個人」に、「一人の人間」に、戻る必要がある。そうすることで息子や娘も「個人」として、「一人の人間」として自律していけるのだ。　四六判上製　1600円＋税

家族が死ぬまでにするべきこと

978-4-7791-2184-5 C0036(15.12)

斉藤弘子著

大切な人の看取りに必要な心得と準備。夫に寄り添い、ともに闘病し看取った終活カウンセラーの著者が自身の体験をもとに語る。医療・介護の現場、葬儀、相続、死別と悲嘆。のこされたものが向き合わなければならないことを実用的な情報・知識で綴る。　四六判並製　1500円＋税

不寛容という不安

978-4-7791-2393-1 C0036(17.10)

真鍋 厚著

なぜこんなにも生きづらい時代になったのだろうか。「排外主義」という「敵意」が蔓延する背後には一体、何が息づいているのか。現代の私たちの「不安」と「憂鬱」はどのように形成されてきたのか、歴史的過程から掘り起こす。宮台真司氏推薦。　四六判並製　2300円＋税

日本人の他界観の構造

978-4-7791-1479-3 C0039(09.10)

大東俊一著

「この世」とは異なる世界と認識されながら、漠然として曖昧な日本人の他界観。『古事記』『日本書紀』『万葉集』から中世の文字資料、「来迎図」といった絵画資料、現代における民俗行事の観察などから、日本人の他界観形成の特性を考察する。　四六判上製　1900円＋税

日本人の聖地のかたち

978-4-7791-1960-6 C0039(14.01)

熊野・京都・東北　　大東俊一著

神道系の自然崇拝、山岳信仰、仏教信仰、祖霊信仰・祖先崇拝。日本の「聖地」は複数の宗教的要素が重層的に融合して歴史的に形成されてきた。日本の「聖地」がどのように形成されたのか、歴史的断面に焦点をあて、日本人の持つ宗教の特性に迫る。　四六判上製　2000円＋税

戦死とアメリカ

978-4-7791-1566-0 C0022(10.10)

南北戦争62万人の「死」の意味　　ドルー・ギルピン・ファウスト著／黒沢眞里子訳

米国史上最多の戦死者をだした南北戦争。南部人も北部人も、いかに死を迎えるべきか、戦争の現実を直視することを余儀なくされ、同時に国家と文化を再定義することになった。死への対処は米国人の基本的な仕事となった。写真図版多数。　Ａ５判上製　3800円＋税

ダーク・エデン

978-4-7791-1387-1 C0098(09.10)

19世紀アメリカ文化のなかの沼地　　デイヴィッド・C・ミラー著／黒沢眞里子訳

沼地の現象学―― 19世紀アメリカ文学・絵画に見るゴシック文化を、沼地が喚起する神話的・民話的文脈から検証。それは罪・死・腐敗の領域、魔術の舞台であり、気味の悪い、恐ろしい生き物の棲む場所だった。図版多数。　Ａ５判上製　4000円＋税

ナポレオンの柳

978-4-7791-2748-9 C0022(21.05)

西洋人と柳、墓地、ピクチャレスク　　黒沢眞里子著

ナポレオンは本人の希望により、生前その下で瞑想していたとされる柳が、死後の埋葬場所となった。アメリカの古い墓地の多くの墓石に柳が存在する理由を辿り、西洋と柳文化の関係に迫る。「墓地と〈ピクチャレスク〉――「絵のように美しい」アメリカの墓地」等。　四六判並製　3000円＋税